"十二五"职业教育国家规划教材

经全国职业教育教材审定委员会审定

创新电子商务系列教材　　总主编◎鲍泓

电子商务法律法规（第二版）

主　　编　王永钊

副主编　李丽军　李淑梅　赵红梅　郭　静

程　扬　潘其旺　张金良

华东师范大学出版社

·上海·

图书在版编目(CIP)数据

电子商务法律法规/王永钊主编. —2 版. —上海:华东师范大学出版社,2020
ISBN 978 - 7 - 5760 - 0162 - 4

Ⅰ.①电… Ⅱ.①王… Ⅲ.①电子商务-法规-中国
Ⅳ.①D922.294

中国版本图书馆 CIP 数据核字(2020)第 068906 号

电子商务法律法规(第二版)

主　　编　王永钊
责任编辑　皮瑞光
责任校对　周跃新　时东明
封面设计　俞　越

出版发行　华东师范大学出版社
社　　址　上海市中山北路 3663 号　邮编 200062
网　　址　www.ecnupress.com.cn
电　　话　021 - 60821666　行政传真 021 - 62572105
客服电话　021 - 62865537　门市(邮购)电话 021 - 62869887
地　　址　上海市中山北路 3663 号华东师范大学校内先锋路口
网　　店　http://hdsdcbs.tmall.com

印 刷 者　上海市崇明县裕安印刷厂
开　　本　787×1092　16 开
印　　张　17
字　　数　353 千字
版　　次　2020 年 12 月第 2 版
印　　次　2020 年 12 月第 1 次
书　　号　ISBN 978 - 7 - 5760 - 0162 - 4
定　　价　39.00 元

出 版 人　王　焰

创新电子商务系列教材
编 委 会

总序

沈丹阳

  诺贝尔经济学奖获得者保罗·萨缪尔森曾预言:电子商务模式将会彻底改变经济生态、商业生态。他的预言正在全世界范围内逐渐变成事实。如今,互联网金融、大数据时代、移动电子商务、跨境电商、传统企业触网等热潮,正推动着电商产业走到中国经济的舞台中央。

  近几年,从事电子商务行业的人数正在迅猛增长,但人才培养与市场需要之间的鸿沟在扩大,电子商务专业的教学面临着极大的挑战和极好的机遇。电子商务实践需要科学的、理论的指导,因此,构建一个既源于电子商务实践又经得起电子商务实践检验的科学的课程体系与理论,是电子商务专业教师和实践者的共同追求。华东师范大学出版社组织出版的这套以职业为导向的电子商务教材是在为我国的电子商务教材建设添砖加瓦,特别可贵的是他们的探索和创新精神。

  我国电子商务的蓬勃发展,主要源于经济快速发展的肥沃土壤,离开了这片土壤,理论的鲜活性和普适性就会受到不同程度的影响。这套教材立足于实践和企业真实案例,充分阐释了"实践之树常青"的含义。

  但是,电子商务是个可能每分钟都在发生变化的行业,而且带有高科技的光环,这决定了它对从业者的要求是多重的:创新能力、技术性思维、快节奏的反应等。另外,电子商务学科处于快速发展中,且与多个学科交叉,这个专业非常需要教师和学习者有开放的心态、创新的意识和快速学习的能力。电子商务专业需要复合型人才,需要培养既懂得技术,又具备专业的产品知识,同时还具有商务洞察能力的专业人才。这套教材在这方面也作出了许多努力,在案例讲授、问题讨论、情境体验等方面颇有创新。

  值得一提的是,这套教材十分注重师生互动尤其是学生间的互动实践,这会成为未来电子商务教学的重要趋势。我相信电子商务专业的进步将会给我国电子商务行业的发展带来更加美好的明天。

2014 年 12 月

《中国电子商务发展指数报告(2018)》显示,2018 年全国电子商务交易额为 31.63 万亿元,同比增长 8.5%。2018 年全国网上零售额90 065亿元,比上年增长 23.9%。2018 年通过海关跨境电子商务管理平台零售进出口商品总额 1 347 亿元,同比增长 50%。电子商务的快速发展,随之而来的是相关电子商务法律法规的问题。

《中华人民共和国电子商务法》(以下简称《电子商务法》)已由中华人民共和国第十三届全国人民代表大会常务委员会第五次会议于2018 年 8 月 31 日通过,一共八十九条,自 2019 年 1 月 1 日起施行。作为我国首部电子商务领域综合性法律,《电子商务法》的出台标志着中国电子商务已经进入历史发展新阶段。该法律科学合理地界定了电子商务法调整对象,规范了电子商务经营主体权利、责任和义务,完善了电子商务交易与服务,强化了电子商务交易保障,促进和规范了跨境电子商务发展,对加强监督管理、实现社会共治等若干重大问题进行了合理规定。

本教材基于《电子商务法》,在第一版的基础上,做了如下修订:

(1) 结合《电子商务法》等相关内容,将教材各章中过时的法律法规全部进行更换,更加体现出与时俱进的特点。

(2) 将教材中的开篇案例导读及相关案例根据最新的法律法规进行了更新,使全书的时效性进一步增强。

(3) 增设了一些新栏目,如法律法规概要等,让读者对最新的法律法规掌握起来一目了然,弥补了第一版的不足,使知识点更加明确具体。

(4) 为了明确社会对电子商务税收的关切以及跨境电商的规范发展,增加了"第十章 电子商务税收和跨境电子商务的法律法规"等内容。

本书由河北政法职业学院王永钊担任主编,对本书提出整体的框架结构,负责各章节的设计,并最后对全书进行统稿、修改和定稿;由河北政法职业学院李丽军、李淑梅、赵红梅、程扬,河北外国语学院郭静,河北服务贸易和服务外包协会潘其旺,河北农业大学张金良担任副主编,参与编写。

编者在编写本书的过程中参考了大量的文献及网上资料,在此向相关作者表示诚挚的谢意。另外,由于时间仓促及电子商务知识更新速度较快,本书难免存在疏漏和不足,敬请广大读者不吝指正。

2019 年 6 月

　　近年来,电子商务行业高速发展。据艾瑞统计数据显示,2013 年中国电子商务市场交易规模达 9.9 万亿元,同比增长 21.3％。从市场结构来看,网络购物即将突破十万亿元大关。与传统商务相比,电子商务呈现出强劲的竞争优势。与此同时,有关电子商务的法律法规建设也得到国内外各界人士的高度重视,发展极为迅速。本书根据当前电子商务专业人才和行业的相关法律教育需求,努力将法律法规知识与实践能力融入教材中,根据电子商务发展实际,突出前沿性、现实性和实用性,系统、全面地介绍了电子商务相关法律法规问题。

　　本书注重学生的智能结构特点与认知规律,充分考虑非法学专业学生学习的实际需要,注意法学知识的衔接和相关实体法、程序法等的铺垫,注意相关技术性知识的简要说明和拓展性知识的导读,做到了理论简约,条理清晰,通俗易懂;同时,注重理论与实践的结合,每章都安排了活动项目设计,引导读者将理论应用于实际案例的研究与分析,满足了应用型案例教学的需要。

　　《电子商务法律法规》在结构上力求创新。全书分为总论、实体法、程序法三个部分。第一部分包括第一章,电子商务法律法规概述。第二部分包括第二章,电子商务主体的法律规范;第三章,电子签名与电子认证法律制度;第四章,电子合同法律制度;第五章,电子支付法律制度;第六章,电子商务物流法律制度;第七章,电子商务与知识产权保护。第三部分包括第八章,电子商务诉讼及纠纷解决;第九章,电子证据的法律问题。全书体系完整,资料丰富,较好地涵盖了电子商务法律问题的各个方面。

　　本书可以作为职业院校电子商务类、经济贸易类、市场营销类、工商管理类等专业的教材,也可作为各类与电子商务有关的短期培训班的培训教材,还可作为从事电子商务工作或有志于利用电子商务进行创业的读者的自学参考书。

　　本书由王永钊(河北政法职业学院)、李丽军(河北政法职业学院)、李淑梅(河北政法职业学院)、赵红梅(河北政法职业学院)、张金良(河北农业大学)编写。全书由李丽军负责统稿和审定。

　　本书在编写过程中,学习、参考和借鉴了大量的相关书籍、教材、著作、论文和网站。如果没有这些研究成果,本书是难以写就的,在此向相关作者深表谢意!

　　本书的出版得益于华东师范大学出版社编辑们的辛勤工作,责任编辑吴余同志为本书的出版付出了艰辛的努力,在此向华东师范大学出版社的编辑们表示衷心的感谢!

　　由于时间紧促,编者水平和能力有限,书中肯定存在不少疏忽和错漏之处,敬请同行专家、学者以及广大读者不吝赐教、批评指正。

2014 年 2 月

Contents 目 录

01

第一章
电子商务法律法规概述

【本章概要】

本章从电子商务概述讲起,介绍了电子商务及其涉及的法律问题。阐述了电子商务法律法规的含义,包括电子商务法的概念、特征、基本原则、作用和适用范围;探讨了电子商务法与其他法律、法规的关系;较为详细地讲解了电子商务的立法概况,侧重对联合国和美国电子商务立法概况的介绍;对其他国际组织和国家以及中国的电子商务立法概况作了简单介绍。

【学习目标】

1. 了解电子商务的概念及其特点,熟悉电子商务涉及的法律问题;
2. 了解电子商务法与其他法律、法规的关系;
3. 掌握电子商务法的概念、特征、基本原则;
4. 了解国际组织和外国有关电子商务立法概况,熟悉中国电子商务立法概况。

【重点与难点】

重点:掌握电子商务法与其他法律、法规的关系。
难点:联合国和美国电子商务立法概况以及中国的电子商务立法概况。

【关键术语】

电子商务　交易网络化　B2B　电子商务法　中立原则

1931年，周荆庭用1.5万银元创办华字金笔厂，后更名为英雄金笔厂。1958年，"英雄"用9个月时间研发的"英雄100型"金笔，在抗漏、圆滑度、间歇书写等11项指标上追赶上美国名牌"派克"，上海天马电影制片厂为此还拍摄了影片《英雄赶派克》。

"英雄"钢笔不仅受到消费者的青睐，还见证了无数激动人心的历史大事件。例如，1997年香港回归、1999年澳门回归、上海合作组织成立声明、中国加入世贸组织等，均是使用"英雄"钢笔签署完成的，并多次作为国礼送给友好国家首脑和运动健儿。1992年和1993年，"英雄股份"先后在A股和B股市场上市，成为上海最早一批上市企业。1996年英雄集团的半年财报显示：总资产超过7亿元，净资产3.72亿元。

但是，从1999年开始，"英雄"的主营业务开始亏损，不得不变卖资产，包括上海永生金笔37.57%的股权等。"英雄"的光环逐渐退却，沦落为上海交易所的ST股。2001年，"英雄股份"挂牌不到十年便退市。2003年，海文集团收购了英雄金笔厂，投资3 600万元组建了上海英雄金笔有限公司，并整合了41件英雄商标，2006年将集团名称改为英雄集团。2011年英雄集团亏损472万元。总资产从1996年的7.03亿元降到2012年7月的2 498万元，净资产则从3.72亿元缩减为208万元。2012年11月，英雄集团挂牌以250万元的低价转让上海英雄金笔厂49%的股权。从1999年到2014年的15年间，细心的人们发现，"英雄""消失"了。

2015年，"英雄"因电商渠道在半年时间内销售额达700多万元，当年营收实现33%的增长。到目前为止，英雄的电商经销商有100多家，天猫旗舰店1家，天猫专卖店10多家，专营店90多家，京东直营店1家，唯品会、亚马逊也有"英雄"的网店。2017年电商渠道销售额达4 000万元。英雄金笔厂有限公司销售增长22.80%，整个集团销售收入增长10%。

"英雄"曾经在20世纪80、90年代叱咤风云，身价亿万的民族品牌经历了从波峰到波谷的震荡，在长达15年的沉寂之后，终于回归。如今的归来，在很大程度上得益于电子商务的发展。

第一节　电子商务概述

》一、电子商务

↘（一）电子商务的概念和特点

1. 电子商务的概念

电子商务是在计算机信息技术和网络通信技术的迅速发展中崛起并逐步发

展完善的,是以互联网为依托,随着互联网的广泛应用而发展起来的。电子商务是随着信息技术、通信技术的发展而使传统商务活动发生巨大变革的一种全新的商务方式,电子商务的发展已经使人类的社会文明和经济生活发生了重大的变化。随着互联网在全球各国的快速推广、应用、普及,世界各地的商务活动越来越受到电子信息技术的影响,电子商务日益成为商业、贸易界的热门话题。电子商务已实现从电子购物到商业贸易、咨询服务等商务交易活动全过程的网络化、电子化。

据中国互联网络信息中心(CNNIC)发布的第43次《中国互联网络发展状况统计报告》,截至2018年12月,我国网民规模为8.29亿,全年新增网民5 653万,互联网普及率达59.6%,较2017年底提升3.8%。我国手机网民规模达8.17亿,全年新增手机网民6 433万;网民中使用手机上网的比例由2017年底的97.5%提升至2018年底的98.6%,手机上网已成为网民最常用的上网渠道之一。

我国网络购物用户规模达6.10亿,较2017年底增长14.4%,占网民整体比例达73.6%。网络支付用户规模达6.00亿,较2017年底增加6 930万,使用比例由68.8%提升至72.5%。社交电商等新玩法的出现,也让电商领域增添新活力。其中,我国5G发展进入全面深入落实阶段,5G核心技术研发和标准制定取得突破,5G产业化取得初步成果。在巴塞罗那举行的2019年世界移动通信大会上,华为、小米等众多国产手机厂商纷纷发布5G手机,充分展现了我国在5G应用上的实力。

我国云计算技术、大数据领域也呈现良好发展态势。我国大型云服务商已经跻身全球市场前列,阿里2018年云计算收入同比增长超90%,前三季度同比增长超过100%,均保持了高速增长。

在政策的指导下,我国大数据产业不断成熟,持续向经济运行、社会生活等各应用领域渗透。

从表现形式上讲,电子商务是通过电子信息技术、网络互联技术以及现代通信技术,使得交易涉及的各方当事人借助电子方式联系,而无须依靠纸面文件、单据的传输,实现整个交易过程的网络化、自动化、电子化。这是对电子商务狭义上的理解。在此意义上电子商务意味着通过互联网的在线销售活动和劳务买卖活动,交易内容可以是有形的产品和劳务,也可以是一些无形的产品。前者可以是书籍、日用品、咨询服务等,后者则可以是新闻、录像制品、软件等。

如果从广义上理解,电子商务就是以整个市场为基础的与数字化处理有关的商务活动。电子商务不仅仅是通过网络进行的商品或劳务交易活动,还会涉及传统市场的各个方面,电子商务是商务活动的网络化、自动化、电子化,商务是核心,网络是手段。电子商务让整个商务活动,从产品的制造、销售、交易洽谈,到合同订立、结算、售后服务等都发生了划时代的变化。

综上所述,电子商务的概念是:电子商务是利用计算机和互联网设备与基础设施,在电子网络环境下从事的各项商务活动。由此可见,电子商务组成要素必须包括两方面的因素:一是电子方式,二是商务活动,即必须是利用电子方式或

电子信息技术来进行的商务活动。因此,对于电子商务概念应从以下几个方面理解:

① 电子商务是商务活动的电子化和网络化;

② 电子商务是利用电子信息技术进行商务活动的过程;

③ 电子商务内容广泛,是以信息流、物资流、货币流为核心,包括销售支付、运输、售后服务等在内的全方位的商务活动;

④ 电子商务参与主体广泛,包括消费者、销售商、供货商、银行、金融机构和政府机构等;

⑤ 电子商务是高效率低成本的商务活动;

⑥ 电子商务是跨越国界、跨越时空的全球性商务活动。

2. 电子商务的特点

电子商务与传统的商务活动相比,具有以下特点。

(1) 交易网络化

电子商务所依赖的各项技术中,最重要的是网络技术。电子商务必须通过计算机网络系统来实现信息的交换和传输。因此,电子商务的实现和发展与信息技术密切相关。

(2) 交易虚拟化

电子商务利用计算机网络技术或其他任何电信手段进行货物贸易、服务贸易、信息服务以及电子支付,交易双方无须面对面洽谈,而是通过计算机与互联网完成交易过程,整个交易过程完全虚拟化。

(3) 交易成本低

电子商务为商家与消费者提供了信息交换平台,并且在提高商品交换数量和加快交易速度的同时降低了交易成本,提高了效率。电子商务降低了生产、加工、销售和通信的成本,减少了交易的中间环节,实行"无纸贸易",可大量减少文件处理费用。

(4) 交易全球化

电子商务能够不受时间和空间的限制,真正实现贸易的全球化。电子商务拓宽了国内及国际市场,商家能以最少的成本支出,在世界范围内简单而又迅速地寻找到更多的消费者、最好的供货商和最合适的贸易伙伴。

(5) 交易透明化

电子商务的买卖双方从交易的洽谈、签约到货款的支付、交货通知等整个交易过程都在网络上进行,通畅、快捷的信息传输可以保证各种信息之间互相核对,可以防止伪造信息的流通。例如,在典型的许可证电子数据交换(EDI)系统中,由于加强了发证单位和验证单位的通信、核对,所以假的许可证就不易漏网。海关 EDI 也能帮助控制边境的假出口、骗退税等行径。

(二) 电子商务的经营模式和应用形式

1. 电子商务的经营模式

电子商务的经营模式是指电子化企业(e-business)运用资讯科技与互联网来

经营企业的方式。根据交易主体的不同,电子商务分为 B2B(Business to Business)、B2C(Business to Consumer)、C2B(Consumer to Business)、C2C (Consumer to Consumer)四种经营模式,其中前两种是最常见的电子商务经营模式。

(1) B2B

B2B 是企业与企业之间通过互联网进行产品、服务及信息的交换。通俗的说法是指进行电子商务交易的供需双方都是企业,企业之间使用互联网技术或各种商务网络平台,达到供应链(SCM)的整合,完成商务交易的过程。这些过程包括:发布供求信息,订货及确认订货,支付过程及票据的签发、传送和接收,确定配送方案并监控配送过程等。

拓展知识

B2B 大多发生在企业之间的大宗交易中,如电子元器件、会计服务、商业抵押、证券、网络产品、解决方案等。通过 B2B 的商业模式,不仅可以简化企业内部资讯流通的成本,还可使企业与企业之间的交易流程更快速,成本的耗损更少。B2B 的典型是阿里巴巴网、中国制造网、慧聪网等。

(2) B2C

B2C 是企业通过网络销售产品或服务给个人消费者。企业通过互联网为消费者提供一个新型的购物环境——网上商店,消费者通过网络进行购物、支付款项。

拓展知识

网络购物、中介服务、金融、股票交易、鲜花礼品、一般网站的资料查询等,都是属于企业直接接触个人消费的 B2C 电子商务模式。B2C 模式是我国最早产生的电子商务模式,以 8848 网上商城正式运营为标志。由于这种模式节省了客户和企业的时间和空间,大大提高了交易效率,所以一经产生就得到了快速的发展。

(3) C2B

C2B 是将商品的主导权和先发权,由厂商转交给了消费者。传统的经济学概念认为,针对一个产品的需求越高,价格就会越高。而由消费者社群通过集体议价或商家确定有消费者社群需求,只要越多消费者购买同一个商品,购买的效率就越高,价格就越低,这就是 C2B 的主要特征。

拓展知识

C2B 的模式，强调用"汇聚需求"（demand aggregator）取代传统"汇聚供应商"的购物中心形态，被视为是一种接近完美的交易形式。

（4）C2C

C2C 是指消费者与消费者之间的互动交易行为。C2C 商务平台就是通过为买卖双方提供一个在线交易平台，使卖方可以主动提供商品上网拍卖，而买方可以自行选择商品进行竞价。

相关知识

我国目前比较成熟的电子商务经营模式是以 C2C 模式为典型表现的"淘宝模式"。淘宝向商家提供一个网络的分销平台，聚合商家资源集中向用户展示，帮助消费者节约成本，方便消费者购物。消费者网购后，把钱打进第三方平台支付宝，可以保护其利益。这些是信息资源和资金的整合。而网购所产生的物流，淘宝则是采用化整为零的方法分散到相应的各个商家，因为淘宝只提供一个网络平台而已。"淘宝模式"就是平台模式。"淘宝模式"的价值就是电子商务平台型企业的价值，同时反映出电子商务平台型企业的社会价值。

拓展知识

O2O，全称 Online To Offline，又称为线上线下电子商务，区别于传统的 B2C、B2B、C2C 等电子商务模式。O2O 是把线上的消费者带到现实的商店中去，在线支付线下商品、服务，再到线下去享受服务。通过打折、提供信息、服务等方式，把线下商店的消息推送给互联网用户，从而将他们转换为自己的线下客户。

2. 电子商务的应用形式

（1）电子商务的应用层次

电子商务的应用有三个层次：市场电子商务、企业电子商务、社会电子商务。市场电子商务是以市场交易为中心的电子商务活动，包括网上展示、网上公关、网上洽谈、网上信息沟通、网上支付、网上售后服务等；企业电子商务是企业利用网络进行的研、供、产、销活动，与市场电子商务有交融；社会电子商务是整个社会经济活动利用网络进行，如政府的活动、社团的活动等。

（2）电子商务的具体应用形式

从广义的电子商务概念来看，电子商务的具体应用形式有以下几种：

① 企业的网上采购业务。如利用网络举办的订货会、洽谈会等。

② 消费品网上购物活动。如以淘宝网和易趣网为代表的各种各样的网上商城、网上超市、网上商店等。

③ 旅游业网络应用。如利用网络进行机票预订、火车票预订、酒店预订、旅游线路预订、旅游产品网上销售、旅游企业网上广告、网上旅游咨询、网上旅游交易会等。

④ 网上房地产交易。如利用网络开展房产交易业务的中介服务、为商家和产品进行网上推广、向用户推荐安家产品、提供按揭业务和保险业务的详细咨询、提供信息的登记和查询服务、自动交易撮合系统、网上竞拍等。

⑤ 网上支付结算。如利用电子货币进行银行转账、付款等。

⑥ 网上证券交易。如在网上了解证券交易行情和进行证券的买卖等。

⑦ 网上保险。如通过网络及时获得保险公司的信息和得到保险服务等。

⑧ 网上税务。如通过网络获取税收信息，进行税务登记、纳税申报、税务文件下载等。

⑨ 网上银行。如金融企业利用网络为企业和个人提供理财服务。

⑩ 网上广告。如利用网络进行广告信息发布、广告网上交易、广告网上搜索等。

⑪ 网上售后服务。如利用网络进行售后商品的使用指导、维护咨询，电子产品的软件升级等。

⑫ 网上招聘与求职。如用人单位在网上发布信息和收取信息，求职者在网上查询和登记申请等。

⑬ 网上订票。如通过网络进行各种演出、展览的门票预订与申购，飞机票、火车票、汽车票、船票的查询、预订与申购等。

⑭ 网上医疗。如网上预约和挂号、远程诊断、疑难病会诊等。

⑮ 网上调查。如利用网络进行企业的市场调查、政府的民意调查、各种社会统计等。

⑯ 网上信息咨询。如通过网络提供各种公共信息服务。

⑰ 网上娱乐。如网上互动游戏、智力活动、网上阅读书刊等。

》二、我国电子商务应用

随着计算机与网络技术的普及与发展，我国的电子商务得到了迅速发展。1998年3月6日，我国国内第一笔互联网电子商务由世纪互联通信技术有限公司和中国银行共同携手完成，标志着我国电子商务已开始进入实用阶段。

1999年5月18日，北京珠穆朗玛（8848）电子商务网络服务有限公司正式成立，6月阿里巴巴成立，8月易趣网成立，11月当当网成立，年底卓越网上线，现在让人耳熟能详的电子商务巨头，几乎全部选择在1999年起步，从而也让人们把1999年称为"中国电子商务元年"。

1995 年 1 月,中国电信开通了北京、上海两个接入互联网的节点,这一年被称为"中国互联网元年"。1998 年 4 月 16 日,招商银行在国内率先推出了网上银行系统"一网通",成为国内首家通过网上提供服务的银行,1998 年 4 月,深圳的彭先生通过招商银行"一网通"购买了一批价值 300 元的 VCD 光碟,并成功地进行了网上实时的资金交付,它标志着中国电子商务翻开了崭新的一页。在这之后,国内各家银行也相继开发网上支付业务。

到 2002 年底,中国各家银行普遍进行网上支付,这时候商业银行已经达到了 21 家,银行业的网上支付系统建设初成气候,网上支付也呈现了多元化的雏形,更多的参与者加入了网上支付。到 2005 年,支付企业数量激增,同时也催生了第三方平台的发展,这时候快钱公司出现了基于邮件的平台,易拍网也推出了易拍通。2005 年阿里巴巴推出了支付宝,以第三方支付保障交易安全,这家全球最大的移动支付商在中国推出了第三方平台。2006 年 2 月,招商银行首推了变革性的网上支付新模式支付通,可以直接在招行合作方网站上完成支付,极大地提高了支付业务的效率。

截至 2011 年 5 月 26 日,各界期待已久的第三方支付牌照终于发放,支付宝、腾讯财付通、快钱、网银在线、易宝支付、拉卡拉等 27 家企业获得了央行颁发的支付业务许可证(业内又称"支付牌照"),从而成为首批获牌企业。

2019 年第 43 次中国互联网络发展状况基本数据

截至 2018 年 12 月,我国网民规模为 8.29 亿,全年新增网民 5 653 万,互联网普及率达 59.6%,较 2017 年底提升 3.8%。

截至 2018 年 12 月,我国手机网民规模达 8.17 亿,全年新增手机网民 6 433万;网民中使用手机上网的比例由 2017 年底的 97.5%提升至 2018 年底的 98.6%。

截至 2018 年 12 月,即时通信用户规模达 7.92 亿,较 2017 年底增加7 149万,占网民整体的 95.6%。手机即时通信用户达 7.80 亿,较 2017 年底增加8 670万,占手机网民的 95.5%。

截至 2018 年 12 月,我国网络购物用户规模达 6.10 亿,较 2017 年底增长14.4%,占网民整体比例达 73.6%。手机网络购物用户规模达 5.92 亿,较2017 年底增长 17.1%,使用比例达 72.5%。

截至 2018 年 12 月,我国网上外卖用户规模达 4.06 亿,较 2017 年底增长18.2%,继续保持较高增速。手机网上外卖用户规模达 3.97 亿,增长率为23.2%,使用比例达 48.6%。

截至 2018 年 12 月，我国网络支付用户规模达 6.00 亿，较 2017 年底增加 6 930 万，年增长率为 13.0%，使用比例由 68.8% 提升至 72.5%。手机网络支付用户规模达 5.83 亿，年增长率为 10.7%，在手机网民中的使用比例由 70.0% 提升至 71.4%。网民在线下消费时使用手机网络支付的比例由 2017 年底的 65.5% 提升至 67.2%。

第二节　电子商务法基本理论

》一、电子商务法的概念

目前，世界上对电子商务的概念还没有统一的说法，所以作为规范电子商务的电子商务法也没有一个完整统一的概念。但大部分的国内外法律法规文件或论著都对电子商务法有广义和狭义两种解释。广义的电子商务法与广义的电子商务相对应，包括了所有调整以数据电文方式进行的商务活动的法律规范。其内容涉及广泛，包括调整以电子商务为交易形式的和以电子信息为交易内容的法律规范，如联合国的《电子商务示范法》、《电子资金划拨法》，美国的《统一计算机信息交易法》等。

狭义的电子商务法则对应于狭义的电子商务，是调整以数据电文为交易手段而形成的因交易形式所引起的商事关系的法律规范。这是实质意义上的电子商务法，也是作为部门法意义上的电子商务法。它不仅包括以电子商务命名的法律法规，还包括其他各种制定法中有关电子商务的法律规范，如我国合同法中关于数据电文的规定、刑法中关于计算机犯罪的规定等。

在实际运用中，广义的电子商务法概念虽然有时在具体应用时比较通俗、方便，特别是在对涉及将电子商务法作为一个法律群体给予称谓时，可以方便使用，但是在具体的立法与司法实践中却比较难以运用。一方面是因为不可能制定一部调整对象涵盖电子商务交易形式、交易内容、交易手段等如此广泛的电子商务法；另一方面，也不可能在某一具体的案件中，将这种广义的电子商务法适用于其中，充其量是针对具体问题由特定的法律规范来调整而已。所以，从便于立法和研究的角度出发，狭义的电子商务法概念比较适用于实际。

本书主要从狭义的电子商务法的角度来研究相关的法律问题，所以将电子商务法的概念具体归纳为：电子商务法是调整政府、企业和个人以数据电文为交易手段，通过信息网络产生的，因交易形式所引起的各种商事交易关系，以及与这种商事交易关系密切相关的社会关系、政府管理关系的法律规范的总称。

二、电子商务法的调整对象和范围

(一) 电子商务法的调整对象

电子商务法的基础是电子商务活动,电子商务作为一种商务活动,属于商事行为范畴,应当遵循传统商法的一般规则。而之所以要制定和修改相关法律来调整电子商务,是因为这些商务活动移至网上进行,其传导介质、交易手段和交易环境发生了重大变化,导致传统的商法难以解决因采用电子商务方式而引起的相关问题。电子商务法不仅调整交易形式,而且调整交易本身和交易引起的特殊法律问题。例如,在线货物买卖交易、在线信息产品交易、在线服务、在线特殊交易,以及由此而引起的法律问题。由此可以看出,电子商务法不是试图涉及所有的商业领域,重新建立一套新的商业运作规则,而是将重点放在探讨因交易手段和交易方式的改变而产生的特殊商事法律问题。

电子商务法作为传统商法在计算机网络通信环境下的发展,是传统商事法新的表现形式,它必然以商事关系及与这种商事关系密切相关的社会关系、政府管理关系为其调整对象,但是该种商事关系又具有以下一些特点。

1. 以数据电文为交易手段

它是以数据电文为交易手段的商事关系。换言之,凡是以口头或传统的书面形式所进行的商事关系都不属于电子商务法的调整对象。

2. 因交易手段的使用所引起

该商事关系是由于交易手段的使用而引起的,一般不直接涉及交易方式的实质性条款。因为交易手段只是交易行为构成中的表意方式部分,而非法律行为中的意思本身,也不充当交易标的物,如电子合同形式的确认而非合同本身的内容。

3. 以交易形式为内容

该商事关系并不直接以交易的标的为其权利义务内容,而是以交易的形式为其内容,即因交易形式的应用而引起的权利义务关系,如对电子签字的承认、对私有密钥的保管等。

(二) 电子商务法的调整范围

与电子商务交易形式、交易手段和交易环境相关的法律问题均属电子商务法的调整范围,其在实际应用中主要表现如下。

1. 电子商务网站建设及其相关的法律问题

电子商务网站是电子商务运营的基础。在电子商务环境下,交易双方的身份信息、产品信息、意思表示(合同内容)、资金信息等均需要通过网站发布、传递和储存。规范电子商务网站建设是电子商务法的首要任务之一。在通过中介服务商提供的平台进行交易的情况下,电子商务法必须确定中介服务商的法律地位和法律责任,同时电子商务法也需要确定在电子商务平台上设立电子商务网站、设立虚拟企业进行交易的主体之间的法律关系;确定电子商务网站与进入网站购物的消费者之间的法律关系。电子商务法还需要明确因为电子商务网站运作不当,如传输信息不真实、无效等引起交易损失时,网站应当承担的责任和相对人获得法律救济的途径和方法。

2. 在线交易主体及市场准入问题

在现行法律体制下,任何长期固定从事营利性事业的主体都必须进行工商登记。在电子商务环境下,任何人不经登记就可以借助计算机网络发出或接收网络信息,并通过一定程序与其他人达成交易。虚拟主体的存在使电子商务交易的安全性受到严重威胁。电子商务法首先要解决的问题就是确保网上交易主体的真实存在,且确定哪些主体可以进入虚拟市场从事在线业务。目前,在线交易主体的确认只是一个网上商业的政府管制问题,主要依赖工商管理部门的网上商事主体公示制度和认证中心的认证制度加以解决。

3. 电子商务的安全问题

实现电子商务的关键是要保证商务活动过程中系统的安全性,即应保证在基于互联网的电子交易转变的过程中与传统交易的方式一样安全可靠。但随着信息技术的高速发展,特别是互联网的问世及网上交易的启用,许多信息安全的问题也纷纷出现,如系统瘫痪、黑客入侵、病毒感染、网页改写、客户资料的流失及公司内部资料的泄露等等。这些已给企业的经营管理、生存甚至国家安全带来严重的影响。电子商务安全的法律问题主要有以下两个方面。

(1) 电子签名

电子商务以电子形式取代了纸张,如何保证这种电子形式的贸易信息的有效性和真实性是开展电子商务的前提。在现代技术条件下,公共钥匙加密技术和认证中心系统的产生解决了交易当事人身份认证问题。

2005 年 4 月 1 日起施行的《电子签名法》确认了电子签名、数据电文的法律效力。同时,制裁电子签名的伪造者、冒用者和盗用者,以维护电子商务交易各方的合法权益。

(2) 安全认证

传统的纸面贸易都是通过邮寄封装的信件或通过可靠的通信渠道发送商业报文来达到保守机密的目的。电子商务建立在一个较为开放的网络环境上,在享用现代信息系统带来的快捷、方便的同时,如何充分防范信息的损坏和泄露,已成为当前企业迫切需要解决的问题。信息安全管理认证体系从预防控制的角度出发,保障互联网上的信息系统的安全和电子商务业务的正常运作。

4. 电子合同订立的法律保护

合同是平等主体的公民、法人、其他组织之间设立、变更、终止民事权利义务关系的协议。电子合同是通过电子计算机网络系统订立的,以数据电文的方式生成、储存或传递贸易信息的一种现代贸易方式。

在电子商务中,合同的意义和作用没有发生改变,但与传统合同有所不同的是:首先,电子合同双方当事人可能自始至终都不见面,所有的当事人都在虚拟市场上运作,当事人的信用依靠密码的辨认或认证机构的认证;其次,传统合同表示合同生效的签字盖章,在电子合同中被数字签字所代替;最后,传统合同的生效地点一般为合同的成立地点,而电子合同的生效地点是以接收人的主营业地或经常居住地为合同成立地点。以数据电文方式订立的电子合同是对传统合同法的一种挑战。这种挑战从合同订立的要约与承诺,合同的书面形式要求,以及签字生效、纠纷举证等都提出新的要求。

由于电子合同在当今世界商业贸易活动中已成为一种潮流,在发达国家,电子合同已成为贸易往来的主要途径,在许多大企业中绝大多数的合同都是以电子合同的形式订立的。

相关知识

新加坡已经废除了所有的书面文件,成为世界上第一个在国际贸易中实现电子数据交换全面管理的国家。我国要加入国际潮流中成为国际贸易的主体,就必须充分运用、发挥电子合同的作用,而这又必须用法律来保护电子合同,以此确保交易有效。

我国 1999 年 10 月 1 日实施的《合同法》明确将数据电文作为合同书面形式的一种,从而规定了电子合同与传统书面合同具有同等效力,并对电子合同成立的时间、地点以及数据传输的要约与承诺的送达都作了科学的技术规定,以法律的形式确立和规范了电子商贸行为。市场经济是法制经济,从市场经济意义上讲,合同相当于法律。合同制度已经成为发展市场经济的重要法律形式。而随着网络经济的高速发展,电子合同也将逐步渗透到社会的各个领域,为确保电子合同在我国能够健康发展,应从更新观念入手,积极组织和培训有关管理人员,熟悉电子商务中电子化交易的技术问题、管理问题、法律问题,健全和完善符合电子合同特点的法律、法规,使电子合同能充分健康地发展。

---

5. 网上电子支付问题

在电子商务简易形式下,支付往往采用汇款或交货付款方式,而典型的电子商务则是在网上完成支付的。网上支付通过信用卡和虚拟银行的电子资金划拨业务完成。要实现这一过程必须涉及网络银行与网络交易客户之间的协议、网络银行与网站之间的合作协议及安全保障问题。因此,需要制定相应的法律,明确电子支付的当事人(包括付款人、收款人和银行)之间的法律关系,制定相应的电子支付制度,认可电子签字的合法性。同时还应出台对于电子支付数据的伪造、变造、更改、涂销问题的处理办法。

6. 在线不正当竞争与网上无形财产的保护问题

因特网为企业带来了新的经营环境和经营方式,在这个特殊的经营环境中,同样会产生许多不正当的竞争行为。这些不正当竞争行为有的与传统经济模式下的不正当竞争行为相似,有些则是网络环境下产生的特殊不正当竞争行为。这些不正当竞争行为大多与网上新形态的知识产权或无形财产权的保护有关,特别是因为域名、网页、数据库等引起一些传统法律体系中没有的不正当竞争行为,更需要探讨新的规则。这便是在线不正当竞争行为的规制问题。实际上,保护网上无形财产是维持一个有序的在线商务运营环境的重要措施。

7. 在线消费者的保护问题

在线市场的虚拟性和开放性,以及网上购物的便捷性,使消费者保护成为突出的问题。在我国现行商业信用不高的状况下,网上出售的商品可能良莠不齐,质量难以让消费者信赖,而一旦出现质量问题,退赔、修理或其他方式的救济又很困难,原本方便的网络购物可能变得不方便,甚至使人敬而远之。法律需要寻求在电子商务环境下执行《消费者权益保护法》的方法和途径,制定网上消费者保护的特殊办法,保障网上商品的质量,保证网上广告信息的真实性和有效性,解决由于交易双方信誉不实或无效信息发生的交易纠纷,切实维护消费者权益。

8. 电子商务中的知识产权保护

电子商务将传统商务活动的手段、途径引入虚拟世界,依靠互联网实现商品的网上交易,开拓了一个高效率、低成本的全新市场。但是在这个虚拟的电子商务世界中,传统的知识产权制度受到由电子商务活动而引发的法律问题的挑战和冲击,如域名与商标的冲突、域名的抢注、网上著作权及其邻接权的侵权以及共同面临的法律保护等问题。

相关知识

知识产权主要包括专利权、商标权和著作权。

知识产权是一种无形财产,具有专有性、排他性、地域性的特点。知识产权的这些特点使其在互联网中遇到了传统知识产权制度所没有遇到的新问题,如:

① 知识产权具有专有性的特点,而在互联网上本应受到知识产权保护的信息则是公开、公知、公用的,所有权人很难加以控制。

② 知识产权的地域性特点,同以互联网为基础的电子商务的国际化特点产生了矛盾,因为在互联网上信息的传输是无国界的。

③ 在传统法律程序中,绝大多数的知识产权诉讼是以被告所在地或侵权行为发生地为诉讼地。但在互联网上的侵权人,由于互联网的国际化特点往往难以确定其在哪里。如在互联网上,侵权复制品只要一上网,世界上任何地点,都可能成为侵权行为发生地。这就给确认知识产权侵权行为地制造了难题。

随着互联网的飞速发展,以互联网为基础的电子商务将在世界经济活动中占据越来越重要的地位,随着全球经济一体化进程的加快,电子商务中的知识产权保护将日益成为世界各国积极面对的问题。

9. 在线交易法律适用和管辖冲突问题

电子商务的本质是商务,虽然在线交易是在网络这个特殊的虚拟环境中完成的,但实体社会的商法框架和体系对电子商务仍然有效,电子商务法只是解决在线交易中的特殊法律问题。这里面就存在一个现有法律法规的适用问题。由于因特网的超地域性,法院管辖范围也需要做相应的调整。因此,对于网络环境引起的法律适用和法院管辖等问题的研究也就成为电子商务法的重要组成部分。

三、电子商务法的特征和原则

(一)电子商务法的特征

1. 国际性

互联网是没有国界的。20世纪90年代以后,世界上几乎每一个国家都与因特网相连接,在因特网上已经打破了国家和地区之间的界线,只是从电子邮件到互联网的全部功能,各个国家的利用程度可能有所不同而已。由于通过互联网络进行的电子商务活动是一种世界范围内的商务活动,所以电子商务法必须适应全球化的要求,与国际接轨,以此来解决电子商务法律问题的实际需要。

2. 技术性

电子商务是网络经济与现代高科技发展的产物,计算机技术、网络技术、通信技术、安全保密技术等技术手段与方法的应用使电子商务活动有别于传统商务活动,出现了传统民商法无法解决的技术问题。在已经出台的电子商务法中,许多法律规范都是直接或间接地由技术规范演变而成的,特别是在数字签字和数字认证中的密钥技术、公钥技术、数字证书等均是一定技术规则的应用。实际上,网络本身的运作也需要一定的技术标准,各国或当事人若不遵守,就不可能在开放环境下进行电子商务交易。

3. 开放性

电子商务法的技术性特征使电子商务始终处于不断发展变化之中,技术、手段、方法的应用也不断推陈出新。因此以开放的态度对待任何技术手段与媒介,设立开放性的规范,让各种有利于电子商务发展的设想和技术都能充分发挥作用,已成为世界组织、国家和企业的共识。

4. 安全性

当前,从事电子商务交易的商家或当事人感到最担心的就是电子商务的安全问题,如交易网络的安全、计算机系统的安全、资金交易的安全、个人数据与信息的安全、商业数据与信息的安全等。因此,电子商务法必须通过对电子商务安全问题进行规范,有效地预防和打击各种利用网络进行的犯罪,切实保证电子商务乃至整个计算机信息系统的安全。

5. 复杂性

参与电子商务交易的主体包括但不限于企业、政府和个人,这些主体之间进行交易须在网络服务商、银行金融机构、认证中心等的协助下才能完成,这就使电子商务的交易活动与传统交易相比,包含了多重法律关系,使电子商务法的法律关系也趋于复杂化。

(二)电子商务法的基本原则

电子商务法的基本原则是电子商务立法的指导方针,是一切电子商务主体应遵循的行为准则,是对各项电子商务法律规范起统率和指导作用的法律精神和指导思想。它贯穿于整个电子商务立法过程和电子商务司法实践中,是电子商务相关法律规范的基础和核心。电子商务法的基本原则主要体现在以下几个方面。

1. 中立原则

如上所述,电子商务交易涉及复杂的交易主体、多个中介机构和不断发展变化的技术方式与手段,要想建立公平的交易规则,达到各方利益的平衡,实现公平的目标,在电子商务立法与实践中必须遵循中立原则。这里的中立包括技术中立、媒介中立、实施中立和同等保护。

(1) 技术中立

电子商务中的电子技术既包括现代信息技术、身份识别技术、安全加密技术、网络技术等,也包括电报、电话、传真、口令等传统手段和未来可能出现的技术规范。技术中立是指在电子商务立法中既不能对先进与传统厚此薄彼,产生任何歧视性要求,也不能将任何未来可能出现的通信与其他技术排除在外,阻碍电子商务的发展。

(2) 媒介中立

媒介是信息的载体,不同的媒介可能分属于不同的产业部门,如无线通信、有线通信、广播电视、互联网等。电子商务立法以中立的态度对待这些媒介,允许各种媒介根据技术和市场的发展规律相互促进、相互融合,使各种资源得到充分的利用,避免人为的行业垄断和媒介垄断,达到兴利除弊、共生共荣的理想环境。

(3) 实施中立

在电子商务立法与司法实践中,强调本国电子商务活动与跨国电子商务活动在适用法律上一视同仁。电子商务法与其他相关法律法规在实施上不能偏颇,传统商务环境下的法律规范与电子商务法律规范在效力上并行不悖。

(4) 同等保护

电子商务法对交易双方乃至多方都同等保护,如商家、消费者、国外当事人、国内当事人、中介机构、认证机构等主体。

电子商务法中立原则所包含的四个方面相互联系、相互补充,从不同侧面展示了电子商务法对电子商务活动的全面指导作用。技术中立侧重信息的控制和利用手段,媒介中立侧重信息信赖的载体,二者反映了电子商务法对技术方案与媒介方式的规范,具有较强的客观性;同等保护是实施中立在电子商务交易主体上的延伸,两者都偏重于主观性,强调当事人的公平与司法机关的适用。

相关知识

电子商务的进行离不开有关技术的支持,如保障交易安全的电子认证、电子签名、电子支付制度等都是以密码技术、信息通信技术和其他相关技术的支持为基础的,如果立法将这些制度依附于某一特定技术,而相关技术的不断发展将使得建立在先前某一特定技术基础之上的电子认证、电子签名、电子支付等电子商务法律制度就不能适应新技术条件下电子商务对安全的需要。另外,在网络和信息技术飞速发展的今天,电子商务的发展也将日新月异。

随着电子商务的快速发展,一些建立在某一特定概念基础之上的诸如签名、原件、书面形式、对称密钥加密、非对称密钥加密等技术也将很快过时,不能适应电子商务快速发展的需要,而不得不经常不断地修改法律,方能不断适应电子商务发展的需要,这样必将牺牲法律的稳定性和连续性。因此,电子商务的技术性特征要求对电子商务所涉及的相关技术和范畴进行立法时必须采取开放、中立的原则,以使电子商务立法能够适应电子商务技术和电子商务自身不断发展的客观需要,防止因立法对特定技术和范畴的偏爱而阻碍电子商务的发展。

2. 意思自治原则

意思自治原则是指参与电子交易的各方当事人完全可以按照自己的意愿与对方当事人协商,确定他们之间的协议条款,选择交易与履行方式,其中不含有被强迫的成分和由国家强制执行的可能。也就是说,电子商务交易主体有权决定自己是否交易、与谁交易、如何交易等活动,任何单位、个人利用不当手段进行违背当事人真实意思的交易活动都是无效的。意思自治原则为电子商务当事人全面表达与实现自己的意愿预留了充分的空间,提供了确实的保障。

3. 安全原则

电子商务活动是在开放的互联网络环境下进行的,所以必将面临许多诸如计算机系统安全、电子支付安全、信息传递安全、交易主体身份安全等安全隐患。保证电子商务交易活动的顺利进行和交易各方的利益,仅有技术上采取的安全措施是远远不够的,还需要法律给予强制性的安全规范。强化电子签名的标准、规定认证机构的从业资格、严厉打击计算机犯罪、实行在线交易主体的网络经营备案登记制度等,都是安全原则在电子商务法中的集中体现。

四、电子商务法与其他法律法规的关系

电子商务交易是以计算机网络为交易平台、以电子化手段为交易形式的商务活动,是传统商务活动在网络环境下的拓展,所以电子商务法必然与其他传统法律法规存在密切的联系。

(一) 电子商务法与民法

民法是调整平等主体的公民之间、法人之间、公民和法人之间的财产关系和人身关系的法律规范的总称。在电子商务法中,有些法律也是调整平等主体之间的财产关系和人身关系的,如有关电子合同、知识产权等的规定。这些法律规范既是电子商务的法律规范,也是民法的法律规范。此外,有关电子商务中法律责任与损害赔偿的规定也具有民法的性质。目前,我国尚无专项的电子商务法出台,所以电子商务交易中有关平等主体财产关系和人身关系的调整及相关法

律责任的认定与赔偿仍由民法进行,电子商务法中除包含平等主体之间的财产和人身关系外,还涉及政府与企业的行政管理关系,如国务院信息产业主管部门和工商行政管理部门对认证机构的管理、中国证监会对证券公司网上业务的监管、计算机信息安全管理等。电子商务法具有国际性,而民法具有明显的地域性。电子商务法的责任多元,既包括单一补偿性的民事责任,又包括制裁和惩罚性的行政责任、刑事责任;民法崇尚公平,要求商事交易必须做到公平合理,以公平合理为基础形成公平的交易结果。电子商务法以安全性为其首要原则,要求保证一切电子商务活动均在安全的环境下进行。

（二）电子商务法与商法

传统商法体系中包括的公司法、票据法、保险法、反不正当竞争法等相关法律及其规范在电子商务活动中同样适用,只不过采用电子化技术与手段进行商事交易。互联网管理、域名管理等具体问题由电子商务法来规范。

（三）电子商务法与经济法

经济法调整的是国家经济管理机关与各种经济组织相互之间所发生的经济管理关系和经济协作关系,体现了国家对经济行为的干预和管理。而电子商务法调整的是政府、企业和个人以数据电文为交易手段,因交易形式所引起的各种商事交易关系及与这种商事交易关系密切的义务关系。经济法的主体比电子商务法的主体广泛,包括国家管理机关、社会组织、城乡个体工商户、农村的承包经营户等其他经济法主体;电子商务法的惩处表现为对违法行为进行追究,要求违法者承担责任,经济法则表现为对市场行为的确认、保护,对违法行为的否定和对违法行为人的制裁。

（四）电子商务法与行政法

行政法调整的是行政关系,即是以领导与被领导、管理与被管理、监督与被监督为主的行政法律关系。在这种法律关系中,关系主体的一方必定是国家行政机关或由法律授权代行某种行政职能的组织。目前,鉴于电子商务交易的安全性和国际性,电子商务法中以公安部门和国家有关行政管理机构颁布的行政法规为主,如《计算机信息网络国际联网安全保护管理办法》、《电子出版物管理规定》、《互联网信息服务管理办法》等。

五、电子商务法的作用

随着电子通信与计算机、网络技术的飞速发展和电子商务的广泛应用,电子商务法在经济活动中将发挥着重要的作用,这种重要作用主要表现在以下几个方面。

（一）为电子商务健康、快速发展创造良好的法律环境

电子商务作为一种新兴的商务模式,受到世界各国的普遍关注,如何为电子商务创造一个良好的法制环境,并以此来规范电子商务交易各方在虚拟网络下

进行交易的规则,保证整个交易活动的有序进行,是电子商务法的根本任务。起草、制定、完善电子商务立法对全球电子商务健康、快速发展将起到极其重要的作用。

(二) 为规范电子商务活动提供保障

电子商务法对在网上进行交易的过程,交易双方的权利义务,都按照电子商务的特点做出全新的规定,并对一些技术性问题加以规范,使电子商务活动可以按照法律规定的程序进行。电子商务法明确交易双方的责任,使双方发生纠纷时可以按照电子商务法的有关规定加以解决,从而使电子商务活动有法可依、有据可查,保障了电子商务活动按照规范顺利进行。

(三) 为网络交易安全提供保障

电子商务网络交易的安全不仅要靠技术保障措施,更重要的是要靠电子商务立法来规范。通过电子商务法来惩治黑客攻击、计算机犯罪等恶意行为,打击利用网络进行诈骗、侵权等故意行为,有效防止各种违法行为的发生,保障电子商务活动在安全的交易环境和安全的交易网络中正常进行。

(四) 为鼓励利用现代信息技术进行交易活动提供支持

电子商务法平等地、开放地对待基于书面文件的用户和基于数据电文的用户,充分发挥高科技手段在商务活动中的作用,为电子商务的普及创造了方便条件。同时也旨在鼓励交易的参与者有效利用现代信息技术手段进行快速、方便、安全的交易,并以此促进经济增长和提高国际、国内贸易的效率。

第三节 国内外电子商务法律法规的现状

一、国际组织电子商务的立法概况

(一) 联合国国际贸易法委员会(UNCITRAL)有关电子商务的立法

1.《电子商务示范法》

(1)《电子商务示范法》的产生

联合国从 20 世纪 80 年代开始研究和探讨有关电子商务的法律问题,在 1982 年联合国国际贸易法委员会的第十五届会议上,正式提出了计算机记录的法律价值问题。此后在其第十七届会议上,提出了计算机自动数据处理在国际贸易流通中所引起的法律问题,并将其优先列入工作计划。此后,联合国国际贸易法委员会对电子商务的立法工作开始了全面的研究,终于在 1996 年 6 月提出了《电子商务示范法》蓝本,并于 1996 年 12 月在联合国大会通过。

拓展知识

《电子商务示范法》是目前世界上第一部关于电子商务的法律，这部法律的诞生解决了世界上许多国家在电子商务法律上的空白或不完善，给各国电子商务立法提供了框架和示范文本，为解决电子商务的法律问题奠定了基础，促进了世界电子商务的发展。

（2）《电子商务示范法》的主要内容

联合国国际贸易法委员会制定的《电子商务示范法》由两大部分组成：一是电子商务法律的总原则，二是电子商务的特定领域。总原则部分是《电子商务示范法》的核心，共分为三章十五条。第一章为一般条款，内容包括适用范围，定义解释，合同协议的改动等四个条款；第二章为数据电文适用的法律要求，内容包括对数据电文的法律承认，书面形式，签字，原件，数据电文的可接受性和证据力，以及数据电文的留存等共六个条款；第三章为数据电文的传递，内容包括合同的订立和有效性，当事人各方对数据电子的承认，数据电文的归属，确认收讫，发出和收到数据电文的时间与地点等共五个条款。第二部分是电子商务的特定领域，这部分有一章两个条款，在此章中仅对涉及货物运输中使用的电子商务活动作出了规定。

2. 其他有关电子商务的立法

联合国国际贸易法委员会从 1982 年开始编写《电子资金划拨法律指南》，提出以电子手段划拨资金而引发的法律问题，并讨论了解决这些问题的方法，1986年获得大会批准，1997 年正式公布。1985 年，联合国国际贸易法委员会在其第十八届会议上通过了《计算机记录的法律价值报告》，建议各国政府能够确定以计算机记录作为诉讼证据的法律规则，并为法院提供评价这些记录可靠性的适当办法。

1993 年 10 月，联合国国际贸易法委员会电子交换工作组第二十六届会议审议了《电子数据交换及贸易数据通信有关手段法律方面的统一规则草案》。

1999 年 6 月，联合国国际贸易法委员会电子交换工作组第三十五届会议提出《电子签章统一规则》草案版本，并于 2000 年 9 月的第三十七届会议上获得通过。该规则提出，除了建立在公钥加密技术（Public Key Cryptosystems，PKC）之上的强化电子签章外，还有其他各种各样的设备，使得"电子签章"方式的概念更加广泛，这些正在或将要使用到的签字技术，都考虑到执行上述手写签字的某一个或未提及的功能。

2001 年 3 月，联合国国际贸易法委员会电子交换工作组第三十八届会议通过的《电子签章示范法》，也重新对电子签章下定义："电子签章系指在数据电文中，以电子形式所含、所附或在逻辑上与数据电文有联系的数据，它可用于鉴别与数据电文有关的签字人或表明此人认可数据电文所含信息。"

（二）国际经济合作与发展组织(OECD)有关电子商务的立法

国际经济合作与发展组织在电子商务的立法方面也做了大量的工作。1980年提出了《保护个人隐私和跨国界个人数据流指导原则》,1985年发表了《跨国界数据流宣言》,1992年制定了《信息系统安全指导方针》,1997年发表了《电子商务:税务政策框架条件》《电子商务:政府的机遇与挑战》等报告。1998年10月,国际经济合作与发展组织在加拿大的渥太华召开了题为"一个无国界的世界:发挥全球电子商务的潜力"的电子商务部长级会议,公布了《OECD电子商务行动计划》《有关国际组织和地区组织的报告:电子商务的活动和计划》《工商界全球行动计划》,并通过了《在全球网络上保护个人隐私宣言》《关于在电子商务条件下保护消费者的宣言》《关于电子商务身份认证的宣言》《电子商务:税务政策框架条件》等报告。

1999年12月,国际经济合作与发展组织制定了《电子商务消费者保护准则》,提出了保护消费者的三大原则和七个目标。保护消费者的三大原则是:确保消费者网上购物所受到的保护不低于日常其他购物方式;排除消费者网上购物的不确定性;在不妨碍电子商务发展的前提下,建立和发展网上消费者保护机制。保护消费者的七个目标是:广告宣传、市场经营和交易信守公平、诚实信用原则;保障消费者网上交易的知情权;网上交易应有必要的认证;网上经营者应使消费者知晓付款的安全保障;应有对纠纷行之有效的解决和救济的途径与方法;保护消费者的隐私;向消费者普及并宣传电子商务和保护消费者的法律知识。

2000年12月,国际经济合作与发展组织公布了一项关于电子商务经营场所所在地的适用解释,规定将来通过网上进行的电子商务,由该公司经营实际所在地的政府进行征税。2003年6月通过了《经合组织保护消费者防止跨境欺诈和欺骗性商业活动指南》,指出:为了防止那些从事诈骗活动和商业欺诈活动的人侵害广大消费者,OECD成员国应该联合起来共同提出快速而有效的办法来收集与共享信息。这些成员国应该在现有方案的基础上,通过网络工具和数据库来收集与共享信息,其中包括消费者投诉和一些悬而未决的调查和案件中的通知信息等。

（三）世界贸易组织(WTO)有关电子商务的立法

1995年开始生效的世界贸易组织《服务贸易总协定》(GATS),为所有的金融服务贸易(包括电子贸易在内)提供了一个基本法律框架。

1996年12月,世界贸易组织在新加坡举行的第一次部长会议签署了《关于信息技术产品贸易的部长宣言》,即《信息技术协议》,1997年3月开始生效,电子商务首次纳入了多边贸易体制。

1998年5月,132个世界贸易组织成员的部长们达成一致,签署了《关于全球电子商务的宣言》。1998年9月,世界贸易组织理事会通过了《电子商务工作计划》,涵盖了服务贸易、货物贸易、知识产权保护、强化发展中国家的参与等问题。

➡ （四）世界知识产权组织（WIPO）有关电子商务的立法

电子商务与知识产权保护有着极为密切的关系，世界知识产权组织为电子商务的发展也做了许多工作。1996 年 12 月，世界知识产权组织通过了《世界知识产权组织著作权条约》《世界知识产权组织表演和录音制品条约》，被称为"网络环境下的"著作权条约，为解决电子商务所涉及的知识产权保护问题奠定了基础。1999 年 4 月，世界知识产权组织公布了有关域名问题的《互联网名称和地址管理及其知识产权问题》的报告，针对互联网上由域名而引发的问题，包括域名与现有知识产权的冲突，提出了解决建议。

1999 年 11 月，国际互联网名称和编号分配公司（ICANN）指定世界知识产权组织作为第一个"纠纷处理服务提供者"，世界知识产权组织其后也公布了《统一域名争议解决政策补充规则》。

➡ （五）欧盟有关电子商务的立法

欧盟始终将规范电子商务活动作为发展电子商务的一项重要工作，为此欧盟制定了一系列有关规范电子商务发展的法律制度。

1997 年 4 月，欧盟委员会提出著名的《欧洲电子商务行动方案》，为欧洲的电子商务立法确定了立法宗旨和立法原则，明确指出了欧洲究竟能在多大程度上受益于电子商务，取决于是否具备满足企业和消费者需要的法律环境。《欧洲电子商务行动方案》将欧洲电子商务的立法确立为两个目标。

一是建立起消费者和企业对电子商务的信任和信心，即通过立法工作建立合法、安全和规范化的电子商务交易环境。电子商务交易中的身份、信用程度的确认、数据信息的安全、个人隐私的保护、合同的履行、支付的可靠性以及签名和认证制度等列为立法重点。

二是保证电子商务充分进入单一市场，即在欧盟成员国的范围内建立一个以欧洲统一市场的法律制度为基础的电子商务管理框架，以此保证电子商务的发展能最大限度地利用统一市场的良好环境和市场潜力，避免成员国各自为政，法出多国，保证范围内电子商务法律制度的统一性。

1. 互联网服务的法律制度

欧盟委员会在《关于内部市场中与电子商务有关的若干法律总指令建议案》中对欧盟范围内网络服务的法律制度作了以下几个方面的规定。

（1）目的与适用范围

本指令的目的是保证内部市场的良好运行，重点在于保障信息服务得以在成员国之间自由流通。本指令致力于在一些领域使各成员国关于信息服务的国内立法趋于统一。这些领域包括：内部市场制度，服务供应商的设立，商业信息传播、电子合同、服务中间商的责任，行业行为准则，争议的诉讼解决，司法管辖和成员国间的合作。

（2）无须预先批准原则

各成员国须在其国内立法中规定，从事提供信息营业活动无须预先批准，亦不受其他任何来自有关当局的决定、办法或认可的限制。但是服务供应商有义务向消费者和有关管理当局提供证明其身份的信息资料。

（3）商业信息传播

各成员国必须在其国内立法中规定商业信息传播应符合以下条件：商业信息传播应易于识别，从事商业信息传播的自然人或法人应易于识别，各种促销优惠措施，包括各折扣奖励及赠予都应易于识别，且参与活动的条件和规则应易于达到且须详细无误地予以说明。

（4）电子合同

各成员国须调整其国内立法以使电子合同合法化，各成员国应特别保证其关于合同缔结的法律制度，不得妨碍电子合同的实际应用，也不得因合同是通过电子方式缔结的这一事实而剥夺其生效权利和法律效力。

（5）服务中间商的责任

各成员国须在其国内立法中规定：在信息服务的提供限于通过通信网络传输，服务获取者的信息限于提供通信网络接入服务的情况，提供此类服务的服务供应商在符合指令规定的情况下，对所传输的信息不承担责任；在信息服务的提供限于通过通信网络传输来获取信息时，服务供应商在满足指令规定条件下，对应其他服务获取者的要求，出于日后更有效地传输信息的唯一目的，而对所传输信息进行自动、临时性和过渡性的存储不承担责任；在信息服务的提供限于存储信息获得者提供的信息时，信息服务供应商在满足指令（6）条件时，不对应信息服务获得者的要求而存储的信息承担责任。

（6）行业自律准则

各成员国和欧盟委员会鼓励行业协会成员团体或消费者组织制定适用于全欧盟范围的行业行为自律准则，以保证欧盟成员国立法的良好执行。

2. 电子签名的法律制度

欧盟议会和理事会共同制定和颁布了《关于欧盟范围内建立有关电子签名共同法律框架的指令》，为在欧盟范围内电子签名的法律制度协调一致的运转和发展提供了保障。指令的立法目的有两个：一是在欧洲联盟范围内建立一个有利于电子签名推广运用的统一的法律环境；二是建立一个完整的关于电子签名的法律认证体系，以便使电子签名的法律效力得到法律上的承认。该指令的立法重点是规范电子签名的认证服务，制定了关于认证和认证服务的共同标准，以保证电子签名及其认证得以在欧盟成员国范围内相互得到承认。1999年又发布了《数据签名统一规则草案》。

3. 消费者权益保护的法律制度

欧盟在其通过的《关于远程合同订立过程中对消费者保护的指令》中，为消费者网上交易的合法权益保护规定了多项措施，明确规定在远程合同订立前，货物或服务供应商有义务向消费者提供供应商身份、货物或服务性能特点、价格、送货费用，付款及送货方式，消费者撤销订购的权利，报价的有效期，合同的期限等情况，并通过书面或其他持久的载体向消费者确认，消费者至少可以在7个工作日内有权退货或撤销合同。

4. 著作权保护的法律制度

欧盟委员会在《关于信息社会著作权及邻接权的指令草案》中,对欧盟成员国范围内统一协调著作权及邻接权保护的法律规范作出了相应的规定,以适应电子商务条件下与知识产权有关的产品及服务的发展需要。草案规定:作品的作者、表演者、音像节目和电影的制作者、广播电台、电视台对作品享有专属的复制权,著作权人所享有的对公众传播权并不随着传播或提供作品的行为完成而丧失。此外《草案》对于某些出于纯粹技术需要而进行的不存在任何经济意图的复制行为作了例外规定,以避免对网络发展造成限制和危害,既顾及了网络服务商和接入商的产业发展利益,又对著作权人的合法权益给予了法律上的保障。

二、外国电子商务的立法概况

(一) 美国的电子商务立法

相关知识

在这场电子商务革命中,美国的电子商务发展在世界上处于领先的地位。美国政府在促进电子商务发展上制定了一系列积极的政策,其中著名的"信息高速公路"计划,为美国电子商务的发展奠定了关键性的基础。由于政府大力推行电子商务这种新的交易形式,使电子商务成了美国国民经济新的增长点。在大力推广电子商务的同时,美国的电子商务法律的立法工作也发展得十分迅速。

为促进和保障电子商务的全面发展,美国的许多州都制定了电子商务法,1997 年 9 月 15 日颁布的《全球电子商务纲要》更是美国电子商务发展的一个里程碑。《全球电子商务纲要》主要内容分为一般原则和问题处理建议两大部分。

1. 一般原则

美国对未来在互联网上进行的商业交易,提出了五项基本原则。

(1) 私营企业应起主导作用

互联网的快速发展,将依靠私营企业带动,政府应尽可能鼓励私营企业自行建立交易规则,政府采取少干预、少限制的原则。

(2) 政府应当避免不恰当的限制

政府应当避免不恰当的限制阻碍电子商务的发展。在电子商务交易中,当双方自愿合法地买卖产品和服务时,政府管理机构应当尽量减少干涉,尽力避免对网上发生的商业活动给予不必要的限制,以影响双方的交易活动,阻碍电子商务的发展。

(3) 政府参与建立和谐的商业法制环境

政府有必要参与时,其目的应是支持与加强一个可预测的、简明的和一致的电子商务实行环境。政府机构只在必要时介入电子商务的市场管理,但这种管理应当主要着眼于支持加强建立一个和谐的商业法制环境,保护消费者、保护知识产权,确保竞争,以及制定解决纠纷的办法。

(4) 政府必须认清互联网的特征

互联网是在无人主管、自由蔓延跨国界的条件中繁荣发展的,其规则与标准是自下而上发展的。许多传统法律法规无法适用,需要加以调整,以促进互联网顺利运行机制的建立。

(5) 制定的法律、法规应有利于促进电子商务发展

电子商务法律法规的制定,应当有利于促进互联网上电子商务的健康发展。

2. 问题处理建议

(1) 海关和税务

由于互联网的国际性特点,互联网应宣告为免税区,凡是网上进行的商品交易如软件、咨询服务等,以电子方式提交的,如果课以关税是毫无意义的,也是难以做到的,因此应对此一律免税。此外美国还向世界贸易组织(WTO)和其他国际贸易组织建议,对电子商务适用现有的税制,而不开征新的税种。电子商务的税务应当遵循国际税务的基本原则,避免不一致的国家税务司法权和双重征税。

(2) 电子支付系统

信息技术的飞速发展已使网上的电子支付变成现实,许多交易已经开始通过网上进行支付,电子银行、电子钱包、智能卡等都已经步入社会生活。但目前电子技术支付系统的开发处于初级阶段,尚未定型,此时尚不宜于制定法规予以约束,以免妨碍其进步与发展。

由于互联网的国际性特点,美国财政部已与各国政府一起合作,研究全球性电子支付的对应措施,世界十大经贸国的财政部长已经组成工作小组,共同制定电子支付政策。

(3) 电子商务法规

联合国国际贸易委员会为支持在电子商务中国际合同的商业作用,制定了一部示范法,确认了通过电子手段形式的合同规则和模式,规定了电子合同履行的标准,对电子文件、电子签名的有效性作出定义。美国政府支持所有国家采用示范法作为制定电子商务使用的国际统一商务法规,支持联合国国际贸易委员会以及其他国际团体进一步努力制定出示范性的法律条款。

(4) 保护知识产权

网上的电子商务经常涉及知识产权的授权产品,为促进电子商务的发展和促成一个有效的商务环境,销售者必须知道,他们的知识产权不会遭到侵权,购买者必须知道,他们购买的商品是经过认证的产品,而不是仿冒产品。为达到这一目的,国际间建立有效的保护知识产权的国际协定,对于防止仿冒和欺诈行为是非常必要的,各国应尽快立法以遏制产品的仿冒和知识产权的被侵犯。

（5）保护个人隐私权

信息在网上发布与交流,有利于电子商务的发展,但是在信息的发布与交流中保证个人隐私权则是一个十分重要的问题。

个人隐私原则分为两个方面:告知和许可。即收集数据者应当通知消费者,他们在收集什么信息以及他们打算如何使用这些数据,数据收集者应当向消费者提供限制使用和再利用个人信息的有效手段。数据收集者披露信息的目的是鼓励人们用市场方式来消除对个人隐私的担心。根据个人隐私原则,消费者在由于不当使用或者披露个人信息,或者由于提供不准确的、过时的、不完整的或无关的个人信息而受到伤害时有权要求赔偿。

为保证世界各国迥然不同的隐私政策能够提供恰当的个人隐私保护而不妨碍互联网上的数据交流,美国政府认为,应当采取双层个人隐私战略。美国将依据个人隐私原则所建立的框架会同主要贸易伙伴一起讨论如何支持一项基于市场的个人隐私对策。

（6）信息安全

对互联网安全性的担心是电子商务发展的重要问题。人们对于目前网络安全的脆弱性十分担心,只有互联网能成为一种安全可靠的商业媒体,只有确保互联网可靠性的安全措施到位,商家和消费者才能感到放心。

电子签名与认证制度是目前保障网上安全可靠的重要手段,密码学是计算机安全的重要工具,美国政府通过制定相关政策促进开发和利用有效的加密产品,既可对存储数据加密,又可对电子通信加密。美国政府以及各相关机构在未来数年内,将同欧盟以及国际经济合作与发展组织一起,制定安全和加密的共同政策,为电子商务活动提供一个可预测的、安全的环境。

（7）电信基础建设与信息技术

美国政府倡导电信自由化,鼓励世界各国开放通信市场进行公平竞争,要求世界各国遵守已签订的各项国际协定,排除关税与非关税壁垒,并将继续通过各国际组织进行与电信有关的网络问题的研究讨论,谋求达成共识,获得世界各国的支持。

（8）信息内容

美国政府支持信息跨国自由流动,内容包括由互联网传送的新闻发布、信息服务、虚拟商场、娱乐节目等。对网上信息内容,美国政府认为不宜太多干涉。对认为有关暴力、煽动性言论、色情等内容,美国政府将同主要贸易伙伴探讨对其的限制,并就有关广告及防止欺诈的管制问题同世界各国展开对话。

（9）技术标准

技术标准对互联网电子商务贸易极为重要,因为标准可以使不同厂商的产品和服务协调一致,有利于网络联通并促进公平竞争。但是如果过早制定标准,则有可能成为发展新技术的障碍,也可能被用来作为贸易的非关税壁垒。美国政府鼓励由企业界协商订立标准,技术标准由市场来决定,政府不宜介入。为保证互联网全球电子商务的增长,需要在安全、电子版权管理制度、电子视频会议、高速网络技术数据交换等领域制定技术标准。

相关知识

《全国及全球商务电子签名法》于 2000 年 10 月 1 日在美国各州生效,该法是规范电子合同的重要法律,着重对电子签章作出了规定。该法第一章主要规定了电子签章和电子记录的效力的一般原则和具体例外事项,同时还规定了对联邦机构的可适用性问题及调查;后三章在可转让记录、国际电子商务的促进和在线儿童保护委员会三个方面进行了规范。

(二) 新加坡的电子商务立法

新加坡是世界上较早制定电子商务法律的国家之一。1998 年,新加坡制定的《电子交易法》内容广泛,规范了电子商务中出现的多方面问题。该法中的许多规定以联合国国际贸易法委员会《电子商务示范法》为基础,与国际标准保持一致,可以促使新加坡融入日益兴起的全球电子商务之中。《电子交易法》共分为序言、电子记录和电子签名的一般规定、网络服务提供者的责任、电子合同、可靠电子记录和电子签字、数字签字的效力、与数字签字相关的一般义务、认证机构的义务、订户的义务、认证机构的规定、政府使用电子记录与电子签字、一般规定共十二个部分。

《电子交易法》内容概括起来可包括如下几个方面。

1. 立法目的与法律解释

《电子交易法》的立法目的是促进电子交易,使电子商务中出现的新问题能够得到有效的解决。

2. 数据电文和电子签名的法律效力

《电子交易法》规定了数据电文和电子签名的法律效力。该法规定,不得仅仅以某项信息采用数据电文形式作为理由否定其法律效力、有效性与可执行性。该法还规定了证实电子签名的方法以及在满足一定安全保护要求的前提下,可以要求以数据电文方式复制、保存、记录某些文件或信息,同时,该法也规定了对于数据电文和电子签名的承认,不予适用的某些方面,如遗嘱、流通票据、所有权文据、不动产买卖合同等。

3. 网络服务提供商的责任

《电子交易法》规定,网络服务提供商根据任何法律规定都不会仅仅因为提供了通道,为第三者传输的数据电文资料承担民事责任或刑事责任,某些例外情况除外。因为在多数情况下,网络服务提供商无法控制通过其网络所传输的资料和内容。

4. 电子合同

《电子交易法》对电子合同所涉及的一些具体问题作出了规定,即合同订立的程序可以采用数据电文的形式;对当事人在订立合同中使用的数据电文承认其法律效力;明确数据电文的归属原则,数据电文信息确认收讫的规则;数据电文发送和接收的时间及地点的规则等。

5. 认证机构

《电子交易法》对保证认证机构的可靠性制定了一定的标准和管理规则；规定了所有认证机构都应履行的义务；规定了对外国认证机构的承认问题；规定了持有执照经营的认证机构的责任问题。

6. 数据电文与电子签名在商务公务中的作用

《电子交易法》承认政府部门和法定机构的电子存档、颁发的电子许可证、电子执照和电子批准书以及进行的电子支付，以此来承认和促进政府对个人的电子商务活动，目的是鼓励无纸公用事业的出现，提高公用事业的效率。

7. 计算机数据的保密与使用

《电子交易法》为了保护计算机数据的秘密，对于那些有可能接近数据电文的人员规定了保密义务，禁止他们出于罪行检控和遵守法庭要求以外的其他目的泄露信息，但管理人员为查明是否有违反《电子交易法》的行为出现时，有权检查任何计算机及数据。

（三）澳大利亚的电子商务立法

1998 年，澳大利亚颁布了《私权利保护法》，确立信息私权保护原则。1998 年 3 月，澳大利亚电子商务专家小组公布了《电子商务：法律框架的构造》的报告。1999 年，澳大利亚通过了电子签章法。1999 年 12 月，澳大利亚颁布了《电子交易法》(ETA)，提出了在电子商务中媒体的中立性原则和技术的中立性原则。

（四）韩国的电子商务立法

韩国的《电子商务基本法》于 1999 年 7 月正式生效，共分为总则、电子通信信息、电子商务安全、电子商务的促进、消费者保护以及附则六章，内容较为全面。《电子商务基本法》总的特点与该法第一条所规定的目的是一致的，即旨在促进电子商务的发展。

该法不仅对电子商务、电子通信信息、发送人、接收人、数字签名、电子商店认证机构等基本概念作出了定义，对通信信息的有效性和电子商务的安全问题作出了规定，而且还对消费者的保护以专门章节作了规定。该法兼容了欧洲国家与美国在电子商务立法方面的优点，既有美国电子商务法着重于技术问题的解决，又有欧洲国家电子商务法偏重于消费者保护，博采众长，值得称道。在当前电子技术日趋完善的情况下，技术问题的解决与消费者保护两者功效相辅相成。为具体实施其《电子商务基本法》，韩国还制定了《电子签名法》。

三、国内电子商务的立法概况

（一）我国电子商务立法的现状

1. 我国电子商务法的立法

（1）立法启动

根据第十二届全国人民代表大会常务委员会的立法规划，电子商务法被列入第二类立法项目。第二类立法项目是指需要抓紧工作，条件成熟时提请全国人民代表大会常务委员会审议的法律草案。2013年12月27日,全国人民代表大会财政经济委员会在人民大会堂召开电子商务法起草组成立暨第一次全体会议,标志着电子商务法立法工作正式启动。

（2）首次审议

2016年12月19日,第十二届全国人民代表大会常务委员会第二十五次会议在北京召开,首次审议《中华人民共和国电子商务法(草案)》[以下简称《电子商务法(草案)》]。全国人民代表大会财政经济委员会做了关于提请审议电子商务法草案议案的说明。

2016年12月25日,第十二届全国人民代表大会常务委员会第二十五次会议分组审议了《电子商务法(草案)》。

（3）二次审议

2017年10月31日,第十二届全国人民代表大会常务委员会第三十次会议对《电子商务法(草案)》进行了再次审议。全国人民代表大会法律委员会介绍了草案的修改思路:电子商务经营者应当依法办理工商登记,但销售自产农副产品、销售家庭手工业产品、个人利用自己的技能从事依法无须取得许可的便民劳务活动,以及依照法律、行政法规不需要进行工商登记的除外。不得以虚假宣传、虚构交易、编造用户评价等方式侵害消费者的知情权,应当明示用户注销的方式和程序,竞价排名的商品或者服务,应当显著标明"广告"。电子商务平台不得利用服务协议和交易规则等手段,对平台内经营者的交易、交易价格等进行不合理限制或者附加不合理交易条件,或者收取不合理费用。完善电子商务争议处理规范,经营者应当提供原始合同和交易记录,丢失、伪造、篡改、隐匿或拒绝提供的,应当承担相应责任。

（4）三次审议

2018年6月19日,第十三届全国人民代表大会常务委员会第三次会议分组审议了电子商务法草案三审稿。与会人员认为,为顺应电子商务的快速发展、促进经济转型升级,建议尽快修改完善该法,进一步加强消费者权益保护。面对我国快速发展的电子商务领域,不少委员指出了尽快推进电商法出台的必要性和紧迫性。

（5）四次审议

2018年8月28日,第十三届全国人民代表大会常务委员会第五次会议就《电子商务法(草案)》进行了分组审议。会上,委员和代表们就平台押金收取问题、平台推送服务授权、消费者权益保护等问题的讨论较为集中,但总体意见认为电子商务法草案已经较为成熟。

（6）审议通过

2018年8月31日,第十三届全国人民代表大会常务委员会第五次会议审议《中华人民共和国电子商务法(草案五次审议稿)》并通过。以中华人民共和国主席令第七号公布:《中华人民共和国电子商务法》已由中华人民共和国第十三届全国人民代表大会常务委员会第五次会议于2018年8月31日通过并公布,自2019年1月1日起施行。

相关知识

《中华人民共和国电子商务法》立法情况

2013年12月27日,全国人民代表大会财政经济委员会召开电子商务法起草组成立暨第一次全体会议。2016年12月19日,第十二届全国人民代表大会常务委员会第二十五次会议在北京首次审议《中华人民共和国电子商务法(草案)》。2017年10月31日,第十二届全国人民代表大会常务委员会第三十次会议对电子商务法草案进行了再次审议。2018年6月19日,第十三届全国人民代表大会常务委员会第三次会议对电子商务法草案三审稿进行了审议。2018年8月28日,第十三届全国人民代表大会常务委员第五次会议就电子商务法草案四审稿进行了分组审议。2018年8月31日,第十三届全国人民代表大会常务委员会第五次会议审议电子商务法草案五审稿并通过,以国家主席令第七号公布,自2019年1月1日起施行。

《中华人民共和国电子商务法》旨在保障电子商务各方主体的合法权益,规范电子商务行为,维护市场秩序,促进电子商务持续健康发展。共分七章八十九条:第一章,总则;第二章,电子商务经营者(第一节,一般规定;第二节,电子商务平台经营者);第三章,电子商务合同的订立与履行;第四章,电子商务争议解决;第五章,电子商务促进;第六章,法律责任;第七章,附则。

（二）我国目前主要的电子商务相关法规

1. 《电子签名法》

2004年8月28日,第十届全国人民代表大会常务委员会第十一次会议通过了《中华人民共和国电子签名法》(以下简称《电子签名法》),自2005年4月1日起施行。2015年4月24日第十二届全国人民代表大会常务委员会第十四次会议第一次修正;2019年4月23日第十三届全国人民代表大会常务委员会第十次会议第二次修正。该法规范了电子签名行为,确立了电子签名的法律效力。《电子签名法》的颁布对我国电子商务的发展有很大的推动和保障作用,有关该法的内容将在以后的章节中做详细介绍,在此不再赘述。

2. 《中华人民共和国民法典》中关于电子商务的相关内容

《中华人民共和国民法典》(以下简称《民法典》)中关于电子商务的主要内容如下。

第一,规定书面形式包括数据电文。《民法典》第四百六十九条规定,书面形式是指合同书、信件和数据电文(包括电报、电传、传真、电子数据交换和电子邮件)等可以有形地表现所载内容的形式。这就承认了数据电文的法律地位,即数据电文属于书面形式,与其他书面形式具有法律上的"同等功能"。

第二,明确数据电文合同的到达时间。《民法典》第一百三十七条规定,采用数据电文形式订立合同,收件人指定特定系统接收数据电文的,该数据电文进入该特定系统的时间,视为到达时间;未指定特定系统的,该数据电文进入收件人的任何系统的首次时间,视为到达时间。如此规定,将传统书面形式与数据电文合同到达时间区别对待。

第三,明确数据电文合同的成立地点。《民法典》第四百九十一条规定,采用数据电文形式订立合同的,收件人的主营业地为合同成立的地点;没有主营业地的,其经常居住地为合同成立的地点。如此规定,把数据电文合同成立的地点确定了下来,便于解决相关的法律问题。

【法律概要】

《中华人民共和国民法典》合同编

合同编内容包括通则、典型合同和准合同。

通则:第一章,一般规定;第二章,合同的订立;第三章,合同的效力;第四章,合同的履行;第五章,合同的保全;第六章,合同的变更和转让;第七章,合同的权利义务终止;第八章,违约责任。

典型合同:第九章,买卖合同;第十章,供用电、水、气、热力合同;第十一章,赠与合同;第十二章,借款合同;第十三章,保证合同;第十四章,租赁合同;第十五章,融资租赁合同;第十六章,保理合同;第十七章,承揽合同;第十八章,建设工程合同;第十九章,运输合同;第二十章,技术合同;第二十一章,保管合同;第二十二章,仓储合同;第二十三章,委托合同;第二十四章,物业服务合同;第二十五章,行纪合同;第二十六章,中介合同;第二十七章,合伙合同。

准合同:第二十八章,无因管理;第二十九章,不当得利。

3. 涉及交易安全的有关法律、法规

目前,我国还没出台专门针对电子商务交易安全的法律、法规。面对迅速发展的电子商务这种新的交易形式,要保证目前电子商务健康有序的发展,就必须充分利用现行民商法的法律法规加以保护,保证电子商务交易的正常进行。

(1) 法律

《合同法》明确规定了将数据电文作为合同书面形式的一种,规定了电子合同与书面合同具有同等的法律效力,并对有关电子合同的订立过程及有关内容作出详细的规定,这些规定都有利于电子商务的实际操作。

拓展知识

我国现行的涉及交易安全的法律还有:综合性法律,即民法和刑法中有关保护交易安全的条款;规范交易主体的有关法律,如公司法、个人独资企业法、合伙企业法、外资企业法等;规范交易行为的有关法律,如产品质量法、价格法、消费者权益保护法、反不正当竞争法等;监督交易行为的有关法律,如会计法、审计法、票据法、银行法等。

（2）规章、地方性法规和其他规范性文件

①《网上证券委托暂行管理办法》，中国证券监督管理委员会2000年3月颁布并实施。

②《网上银行业务管理暂行办法》，中国人民银行2001年7月颁布并实施。

③《网络交易管理办法》，中国国家工商行政管理总局2014年3月颁布并实施。

④《广东省电子交易条例》，2003年2月1日起施行。

⑤《关于在网络经济活动中保护消费者合法权益的通知》（北京市工商行政管理局）。

⑥《关于规范网站销售信息发布行为的通告》（北京市工商行政管理局）。

⑦《关于对网络广告经营资格进行规范的通告》（北京市工商行政管理局）。

⑧《关于利用电子邮件发送商业信息的行为进行规范的通告》（北京市工商行政管理局）。

⑨《经营性网站备案登记管理暂行办法》（北京市工商行政管理局）。

⑩《经营性网站备案登记管理暂行办法实施细则》（北京市工商行政管理局）。

4. 涉及计算机信息、网络安全的有关法律、法规

由于电子商务是以互联网为基础发展的，电子商务交易是通过计算机及网络实现的，其安全与否依赖于计算机及其网络自身的安全。

（1）法律

《刑法》修订后自1997年10月1日起实行，其中明确规定了计算机犯罪的罪名，包括第二百八十五条非法入侵计算机系统罪，第二百八十六条第一、二款破坏计算机信息系统功能罪，第二百八十六条第三款制作、传播计算机病毒等破坏计算机程序罪。上述条款为保护计算机信息系统的安全，促进计算机的应用与发展，保证电子商务的顺利开展提供了有力的法律保障。

（2）行政法规、规章、地方性法规和其他规范性文件

①《计算机软件保护条例》，原条例1991年6月4日由国务院发布，新条例2001年12月20日颁布，于2002年1月1日起施行，旧条例同时废止。这一条例对保护计算机软件著作权人的权益，调整计算机软件在开发、传播和使用中发生的利益关系，鼓励计算机软件的开发与应用十分重要，起到了促进软件产业和国民经济信息化发展的目的。

②《计算机信息系统安全保护条例》，1994年2月由国务院发布并实施，明确规定由公安部主管全国计算机信息系统安全保护工作；任何组织或个人，不得利用计算机系统从事危害国家利益、集体利益和公民合法权益的活动，不得危害计算机信息系统的安全。该条例详细规定了计算机信息系统的安全保护制度、安全监察及相关的法律责任。

③《计算机信息网络国际联网安全保护管理办法》，1997年12月由公安部发布并实施。

④《关于采取有效措施防范金融计算机犯罪的通知》,1999年1月由中国人民银行发布并实施。

⑤《计算机信息系统国际联网保密管理规定》,2000年1月由国家保密局发布并实施。

⑥《关于执行〈计算机网络国际联网安全保护管理办法〉中有关问题的通知》,2000年2月由公安部发布并实施。

⑦《计算机病毒防治管理办法》,2000年4月由公安部发布并实施。

⑧《关于维护互联网安全的决定》,2000年12月全国人大常委会第十九次会议通过。

⑨《互联网安全保护技术措施规定》,2005年12月23日由公安部发布。

⑩《广东省计算机信息系统安全保护管理规定》,2003年4月由广东省政府发布,并自2003年6月起施行。

相关知识

涉及计算机信息、网络安全的地方性法规还有:《宁夏回族自治区计算机信息系统安全保护条例》(2009年10月1日起施行)、《徐州市计算机信息系统安全保护条例》(2009年6月1日起施行)等。

5. 涉及网络互联管理方面的有关法律、法规

针对国际互联网的迅速普及,为保障国际互联网信息系统的健康发展,国务院、公安部等有关行政管理部门,先后颁布了一系列行政法规,主要有:《计算机信息网络国际联网管理暂行规定》(1996年2月由国务院颁布并实施,1997年5月修正)、《计算机信息网络国际联网管理暂行规定实施办法》(1998年3月6日颁布实施)、《互联网络域名注册暂行管理办法》(1997年6月国务院信息化工作领导小组办公室发布并实施)与《互联网络域名注册实施细则》、《互联网信息服务管理办法》(2000年9月国务院公布实施)、《互联网新闻信息服务管理规定》(2005年9月国务院新闻办公室和信息产业部联合发布)等。

此外,还有公安部《公安部关于对与国际联网的计算机信息系统进行备案工作的通知》,原邮电部《中国公用计算机互联网国际联网管理办法》、《计算机信息网络国际联网出入口信息管理办法》等。

6. 涉及信息媒体、特殊行业管理方面的有关法律、法规

涉及信息媒体管理方面的有关法律、法规主要有:《出版物市场管理暂行规定》、《互联网医疗卫生信息服务管理办法》、《互联网药品信息服务管理暂行规定》、《教育网站和网校暂行管理办法》、《互联网从事登载新闻业务管理暂行规定》、《互联网出版管理暂行规定》、《互联网上网服务商业场所管理条例》、《互联网文化管理暂行舰定》、《电子出版物出版管理规定》等。

【活动项目设计】

A 公司诉某网络公司案

在某网站主页上,有一"商机"栏目,供用户在该栏目内发布企业经营、产品供求的信息。2004 年 2 月 17 日,A 公司在商机栏目内发现了题目为"揭穿骗子集团——A 公司丑恶嘴脸"(以下简称"骗子公司")的文章,发布时间为2003 年 6 月 22 日,有效期限至 2003 年 12 月 31 日,其主要内容为:"江苏 A 科技有限公司,是苏州最大的一家骗子公司,业务经理外出签订网站合同,但是钱一交给网站,以后的维护就没人管了……特别提醒广大朋友,不要上当受骗……"A 公司发现该信息后,遂向法院提起诉讼。网站在线收到诉状后,遂在其网站中删除了"骗子公司"一文及相关链接。

对于有关发布者的信息,该网站再三声称已经删除,而且未作保存,其提供的资料只能显示该信息发布者是用了该网站及其合作伙伴销售的软件提供的 80 端口,将"骗子公司"一文上传到该网站商机栏目中。该网站称,网站对商机栏目中的信息进行管理时,先通过一定的程序对信息进行过滤,然后再由管理员通过浏览页面的方式进行审查,主要审查信息内容有无明显违反《互联网信息服务管理办法》的相应规定。对通过合作伙伴发布的信息,按协议则由合作伙伴审查。"骗子公司"一文标题中的文字都属于中性词汇,所以过滤程序无法自动屏蔽,而网络管理员面对成千上万的信息,也无法逐一审查。

问题:

(1) 通过这一案例可以理解电子商务的哪些特性?

(2) 解决这一问题应运用哪些电子商务基本原则?

(3) 假设在该文章发表后,A 公司的一些客户拒绝履行合同,A 公司可以向哪些电子商务主体提出赔偿要求?

》 思考与练习

1. 简述电子商务的内涵和电子商务法的定义。

2. 电子商务所涉及的法律问题有哪些?

3. 简述电子商务法的特点和基本原则。

4. 简述电子商务立法与其他法律、法规的关系。

5. 简述国际组织的电子立法状况。

6. 简述我国电子商务的立法概况。

02

第二章
电子商务主体的
法律规范

【本章概要】

　　本章主要涉及电子商务法律主体的概念、分类；论述了在线自然人用户的概念及其网络环境下的特殊权利和卖方从事电子商务的法律资格；重点论述了网站及其分类、网站的设立制度、电子商务主体认定的基本原则以及网络服务提供商的法律责任等。

【学习目标】

　　1. 了解电子商务主体的法律规定和现状；
　　2. 掌握电子商务主体设立与运营的有关规定；
　　3. 掌握电子商务主体的责任的有关规定。

【重点与难点】

　　重点：电子商务主体设立与运营的有关规定。
　　难点：电子商务主体的责任的有关规定。

【关键术语】

　　电子商务法律主体　在线自然人用户　电子商务企业　居间关系

第一节　电子商务法律主体概述

》一、电子商务法律主体的概念

电子商务法律主体是指电子商务法律关系的参加者,也即在电子商务法律关系中享有权利和承担义务的个人或者组织。法律是调整人的社会行为的规范,法律的调整角度一般是主体和行为,调整电子商务领域的法律规范也同样如此。在此意义上,电子商务法律制度主要就是电子商务主体法律制度和行为法律制度。因此,探讨电子商务主体法律制度,尤其是电子商务法律主体的界定就具有基础性的意义,对于研究电子商务中的具体行为,如电子合同的订立、电子签名的认可、电子支付的效力等作了重要的理论准备。

相关知识

电子商务自 20 世纪 60 年代发端,到 80 年代末,随着专用增值网(VAN)在发达国家大型企业和通关部门的大量应用,在贸易领域内,开始了以增值网为基础的电子数据交换(EDI)应用的革命。

20 世纪 90 年代初,互联网的迅速发展和应用,使得任何地区、任何规模的企业都可以利用廉价的、开放的万维网(World Wide Web)而非昂贵的、封闭的 VAN 从事企业电子商务,并将原先用于 VAN 的 EDI 技术发展成基于 Internet 的 Internet-EDI 技术,形成了今天网上购物(B2C)与企业之间的网上交易(B2B)的飞速发展,并促进了全世界对 Internet 应用的热烈追逐。我国也概莫能外。

电子商务能够获得多大的发展,在很大程度上取决于电子商务主体的情况。伴随着电子商务的蓬勃发展,构建电子商务这一平台的经营者发生了巨大的变化。由于早期的电子商务是通过专用增值网(VAN)进行的固定贸易伙伴间的商务活动,因而电子商务的经营者主要是提供专线的电信部门和增值网络的服务商。但是随着互联网的普及与"WWW"技术的广泛应用,使得电子商务主体的范围和种类逐渐增多。过去许多纯粹的互联网企业如今都努力朝着电子商务方向转型。正是在这个意义上,世界著名的企业家、美国 Intel 公司原董事长 Andy Grove 曾经说过这样一句话:"未来没有互联网企业。"

》二、电子商务法律主体的分类

↳ (一) 在线自然人用户和电子商务企业

以主体的法律属性为标准,可以将电子商务法律主体分为自然人、法人和非法人企业。结合电子商务的特征,电子商务法律主体的这一分类可以转化成在线自然人用户和电子商务企业。电子商务企业包括法人及非法人企业,具体包括有限责任公司、股份有限公司和个体工商户、个人独资企业、合伙企业等。有

关在线自然人用户和电子商务企业的相关法律制度和法律问题,有待本章下面
章节详细论述,在此不再赘述。

▶ (二)直接主体和间接主体

以是否直接参与电子商务交易为标准,可以将电子商务法律主体分为直接
主体和间接主体。直接主体是指直接进行电子商务交易的双方当事人,这方面
的问题多数可以通过传统法律来调整,但网站(主要是经营性网站)等电子商务
交易主体问题是传统法律无法解决的,因此规范电子商务网站建设,确保交易主
体的真实存在是电子商务法的首要任务。我们认为,对电子商务直接主体的规
范应该包括设立网站并开展经营活动的条件、程序、义务与责任,电子商务主体
认定,主体登记和公示等内容。间接主体是指不直接进行交易,但是交易的进行
和完成有赖于其提供服务的参与者,可分为三类:一是网络服务提供商,二是电
子认证服务商,三是在线金融服务商。

网络服务提供商一般又可分为网络内容服务提供商(简称 ICP)和网络中介
服务提供商(简称 ISP)两种。网络内容服务提供商是指向社会公众或者特定用
户提供信息内容服务的网络服务公司。大多数网络公司既提供中介服务,也提
供内容服务,但只要是直接发布了某种信息的网站经营者,在信息传播过程中就
是充当发布者的角色。网络中介服务提供商是指为网络提供信息传输中介服务
的主体。网络中介服务提供商又包括:①网络接入提供商(Internet Access
Provider, IAP),指网络用户连接至互联网的联机系统的提供者。IAP 通过租用
的公用线路或自己铺设的专用线路为其用户提供接入服务,网络联线服务有拨
接式与固接式两种。②主机服务提供商,指为用户提供服务器硬件,供用户阅读
他人上传的信息或者自己发送信息,或者进行实时信息交流,或使用超文本链接
等方式的搜索引擎为用户提供在网络上搜索信息的主体。譬如,电子公告板系
统经营者、邮件新闻组及聊天室经营者。

相关知识

对网络内容服务提供商,人们习惯上称之为网络内容提供商 ICP(Internet
Content Provider)。事实上,这一用词是由美国舶来的,在美国其含义很窄,仅
指将作家、记者的文章作品发表在网站上。而我国目前所说的 ICP 包含所有
非 ISP 的网络服务提供商。他们主要通过其建立的网上站点向用户提供各类
信息,有各类新闻、科技知识、各行业信息、旅游咨询等。随着互联网技术的
发展,ICP 提供服务的形式也越来越多样,从最早的网站文字浏览、电子邮件
订阅到现在的新浪网推出的网上 ISP 转播等,多种形式并存与用户更加贴近。
另外,目前其他的几类互联网公司,比如 ISP、搜索引擎等也在进军 ICP 领域,
尤其是像新浪、搜狐等门户站点在 ICP 领域中也取得了较大的进展。

电子认证服务商。在开放性网络环境下的贸易,交易双方由于互不见面,对对方身份的疑虑是必须解决的问题之一。为增进双方之间的信任,防止交易欺诈,就需要有交易各方都信任的第三方出面证明签名人的身份及其资信状况,担任这一角色的就是通过签发数字证书提供网上安全电子交易认证服务的认证机构(简称CA)。

在线金融服务商。现代经济活动离不开金融服务,同样完整的网络经济的运行离不开网上金融机构的服务,代表未来金融业发展方向的网上银行随网上商务活动的发展而兴起,网上银行创造出的电子货币也将改变传统的货币流通形式,成为未来资金流转的主要渠道。

三、电子商务法律主体的特征

(一) 虚拟性

在网络环境下,网络用户(个人、企业等)以数字或者网页等电子化方式表现出来,其主体是谁或者是否为数码信息指示的真正用户并不能直观地判断出来。在网络环境下,有的企业以网站形式出现,通过计算机软硬件构筑网络平台,形成电子营业场所;有的企业通过页面形式设立在线商店,进行网上交易。

(二) 不确定性

网络具有开放性、无国界性,因此电子商务主体的国别、住所地、企业资信等情形不易确定。这就导致消费者对网上电子商务交易存在顾虑。从法律角度讲,任何一起电子商务交易都应该是具体、确定的,这就要求主体的属性也是具体确定的。这种主体的确定性与电子商务主体不确定性之间的矛盾,使得我们不得不建立一种主体认定的制度,以确定主体的身份进而确定电子商务法律关系本身。

(三) 数量、种类多于传统交易

一般情况下传统交易有买卖双方两个主体即可进行,而任何一笔以网络为平台和交易手段的电子商务的完成都涉及多重法律关系,每一次商事活动至少要有三个以上的主体参与才能完成。除了直接主体之外,还需要间接主体,如交易平台、认证机构或者第三方支付机构的参与。这种复杂的多方法律关系导致责任认定更加复杂。

(四) 跨地域性

电子商务的跨国界和跨地域性也必然导致参与其中的电子商务法律主体呈现跨地域性的特点。而这种特点对电子合同的订立、效力、履行和违约责任的追究都带来了重要的影响,也带来网络环境下管辖权的难以确定或者管辖权的冲突,也可能导致不同区域或者国家之间法律适用上的冲突,这其中不可避免地会涉及国际私法规则的适用。

四、电子商务主体的认定

（一）认定的必要性

电子商务是一种非面对面的交易，电子商务主体通过网络平台可以完成整个交易流程，包括从商品选择、合同订立到价款支付等都完全可以通过互联网甚至移动通信网络（例如移动电子商务）完成。网络的这种便捷性和虚拟性是电子商务相对于传统商务的优势之一，但也给交易带来了巨大的风险。任何一方电子商务主体对交易中某个环节的否认，譬如否认订立合同、否认支付价款等都将带来电子商务法律关系的不确定性。

从促进电子商务发展的角度而言，只有确立安全、可靠、值得信赖的交易机制，尤其是主体认定的机制才能消除当事人对电子商务安全性的疑虑；从电子商务主体权益维护的角度而言，只有建立起主体认定的机制，才能使得电子商务中法律责任的实现有了坚实的保障。否则，对电子交易的任意否认不仅仅导致交易的落空，也会造成违约责任、缔约过失等民事责任的产生。因此，在此意义上，完全可以说电子商务法的首要任务就是要建立完善的电子商务主体认定制度，确保电子商务主体的真实存在。

（二）认定的基本原则

电子商务主体的认定主要遵循三个基本原则：主体真实原则、主体资格法定原则和主体公示原则。其中对于在线自然人用户主要适用主体真实原则，而对电子商务企业而言三个基本原则均适用。

1. 主体真实原则

所谓主体真实原则，是指参与电子商务法律关系的各方主体必须是真实存在的，而不应当是"虚拟"的或不存在的，法律不承认也不保护虚拟主体。电子商务就其法律本质而言是一种民商事活动，理应遵循民商事主体真实的原则。这一原则不仅是对电子商务企业，也是对在线自然人用户的一种要求。对电子商务企业而言，主要表现为两种形式：其一是现实中存在对应的企业主体，即在现实中具备住所或办公场所、注册资本、组织机构等要素经登记而成为合法经营的主体；其二是现实中不存在对应的企业，只是为设立在线企业而成立的新企业，纯粹从事在线交易。这类企业大多从事信息产品交易，但同样存在着经营人员、管理机构等实体性的因素，本质上还是真实存在的企业，只是存在的形态发生了改变。

2. 主体资格法定原则

主体资格法定原则是民法的基本原则之一，具体是指参加民事法律关系、享有民事权利、承担民事义务的主体由法律明确规定。该原则在商法上体现为商事主体法定原则，即商事主体的资格必须严格依法取得并维持，法律没有明确规定的，或者是不符合法律规定条件的，不能取得商事主体资格。电子商务作为一种商事活动，其参与主体同样需要遵循主体资格法定原则。

依据我国民商事法律规定，可以从事经营活动的主体主要包括两大类：一类是不具有法人资格的主体，包括个体工商户、个人独资企业和合伙企业；另一类是具有法人资格的企业，主要包括依据《中华人民共和国公司法》设立的有限责任公司和股份有限公司。不论是法人企业还是非法人企业，都必须按照《中华人民共和国企业法人登记管理条例》或《中华人民共和国公司登记管理条例》的规定领取营业执照。对于电子商务企业而言，也同样需要根据企业的性质领取相应的营业执照才具备参与电子商务法律关系的资格，才能享有权利，承担义务，才可以开展电子商务活动。

3. 主体公示原则

主体公示原则要求电子商务企业必须在网上明确显示其真实身份，该原则体现了电子商务活动受国家干预的特点，其意义在于规范电子商务经营主体资格，以保障电子商务交易安全和便捷。《互联网信息服务管理办法》第十二条规定：互联网信息服务提供者应当在其网站主页的显著位置标明其经营许可证编号或者备案编号。电子商务企业的这种提示身份的义务本质上也是主体公示原则的要求。

值得注意的是，主体公示原则并不必然要求电子商务企业的网站名称与其企业名称或者商号一致。电子商务企业的法定名称应该是其营业执照上登记的名称，网站或者网页上显示的名称只是其经营个性化及经营便利的需要，没有硬性规定所有的网站名称必须与其企业名称或者商号一致。只要将其营业登记证号或者电子营业执照号码标示于网上即可视为遵循了主体公示原则。2000 年 9 月 1 日颁布实施的《网站名称注册管理暂行办法》及其实施细则都规定每个网站最多可以注册三个名称，并不要求网站名称一定与企业名称或者商号相同，只是要求注册的网站名称不得违反法律规定和侵犯他人合法权益。

（三）电子商务企业的认定

1. 经营性网站的认定

关于经营性网站，我国《电信条例》和《互联网信息服务管理办法》均作出了相应的规定，即其设立需要获得网络信息服务的许可，并办理企业登记。根据北京市工商行政管理局颁布的《经营性网站备案登记管理暂行办法》规定，经营性网站的设立比照企业分支机构的设立予以管理，登记后对经营性网站办理《经营性网站备案登记证》并予以公告。因此，《经营性网站备案登记证》是经营性网站的主体身份证明。

2. 网上商店的认定

有些电子商务企业考虑到节约成本，或者利用他人网站的市场资源，在他人网站（尤其是电子商务交易平台网站）上开设网上商店，而不是自行独立建站。对于此类电子商务企业，《网络交易管理办法》第七条规定："从事网络交易及有关服务的经营者，应当依法办理工商登记。从事网络商品交易的自然人，应当通过第三方交易平台开展经营活动，并向第三方交易平台提交其姓名、地址、有效身份证明、有效联系方式等真实身份信息。具备登记注册条件的，依法办理工商登记；从事网络商品方面及有关服务的经营者销售的商品或者提供的服务属于法律行政法规或者国务院决定规定应当取得行政许可的，应当依法取得有关许可。"

电子商务实践中,对于网上商店的认定往往由市场参与主体来运作。例如,电子商务交易平台提供商往往会要求网上商店的设立人首先成为注册会员或者用户,然后才可以利用其提供的电子商务交易平台从事电子商务活动。而在注册成为用户或者会员的过程中,会要求拟成立网上商店的企业提供营业执照。这种做法同样可以做到确保电子商务交易主体的真实存在,维护电子商务的安全及信用。

从上述实践中也可以思考如何对电子商务平台监管以实现对网上商店的有效及合理监管。从国外电子商务的实践来看,多数国家均允许没有经过对网上交易行为进行登记的企业从事电子商务活动,其初衷是为电子商务提供一个宽松的法律环境,鼓励更多的企业从事网上交易。但保障网上交易的安全、维护消费者的合法权益、维护网上交易的秩序同样重要,只不过监管模式需要探索。对电子商务主体的直接监管变成间接监管,由电子商务交易平台对网上商店进行认定并要求后者依据协议对其身份进行公示。这种行业的惯例及国外的监管经验值得我国政府部门制定监管政策时予以借鉴。

第二节　电子商务卖方的法律法规

》 一、依法办理工商登记并公示

1. 依法办理市场主体登记

电子商务活动是一项经营活动,按照我国对经营活动的一般管理原则,需要经营者办理工商登记。广义的电子商务卖方,也称电子商务经营者,《中华人民共和国电子商务法》(以下简称《电子商务法》)第九条第一款规定,本法所称电子商务经营者,是指通过互联网等信息网络从事销售商品或者提供服务的经营活动的自然人、法人和非法人组织,包括电子商务平台经营者、平台内经营者以及通过自建网站、其他网络服务销售商品或者提供服务的电子商务经营者。《电子商务法》第十条规定,电子商务经营者应当依法办理市场主体登记。但是,个人销售自产农副产品、家庭手工业产品,个人利用自己的技能从事依法无须取得许可的便民劳务活动和零星小额交易活动,以及依照法律、行政法规不需要进行登记的除外。

2. 公示营业执照信息

传统经营者,在经营场所、店铺、住所,按照规定企业、组织、个体等经营者,在从事生产、经营、服务等活动时,应当出示、悬挂《营业执照》。营业执照分正本和副本,二者具有相同的法律效力。正本应当置于公司住所或营业场所的醒目位置。

《电子商务法》第十五条规定,电子商务经营者应当在其首页显著位置,持续公示营业执照信息、与其经营业务有关的行政许可信息、属于依照本法第十条规定的不需要办理市场主体登记情形等信息,或者上述信息的链接标识。前款规定的信息发生变更的,电子商务经营者应当及时更新公示信息。《电子商务法》第十六条规定,电子商务经营者自行终止从事电子商务的,应当提前三十日在首页显著位置持续公示有关信息。

《电子商务法》第七十六条规定,电子商务经营者违反本法规定,有下列行为之一的,由市场监督管理部门责令限期改正,可以处1万元以下的罚款,对其中的电子商务平台经营者,依照本法第八十一条第一款的规定处罚:第一,未在首页显著位置公示营业执照信息、行政许可信息、属于不需要办理市场主体登记情形等信息,或者上述信息的链接标识的;第二,未在首页显著位置持续公示终止电子商务的有关信息的;第三,未明示用户信息查询、更正、删除以及用户注销的方式、程序,或者对用户信息查询、更正、删除以及用户注销设置不合理条件的。电子商务平台经营者对违反前款规定的平台内经营者未采取必要措施的,由市场监督管理部门责令限期改正,可以处2万元以上10万元以下的罚款。

> **【法规概要】**
>
> ### 《网络交易管理办法》
>
> 为规范网络商品交易及有关服务,保护消费者和经营者的合法权益,促进网络经济持续健康发展,依据《中华人民共和国消费者权益保护法》、《中华人民共和国产品质量法》、《中华人民共和国反不正当竞争法》、《中华人民共和国合同法》、《中华人民共和国商标法》、《中华人民共和国广告法》、《中华人民共和国侵权责任法》和《中华人民共和国电子签名法》等法律法规,国家工商行政管理总局制定《网络交易管理办法》。于2014年1月26日以国家工商行政管理总局令第60号公布,自2014年3月15日起施行。
>
> 《网络交易管理办法》共五章五十八条,内容包括:第一章,总则;第二章,网络商品经营者和有关服务经营者的义务(第一节,一般性规定;第二节,第三方交易平台经营者的特别规定;第三节,其他有关服务经营者的特别规定);第三章,网络商品交易及有关服务监督管理;第四章,法律责任;第五章,附则。

为了规范无店铺零售业经营行为,维护流通秩序和商业环境,保护消费者和从业者的合法权益,促进无店铺零售业健康有序发展,商务部起草了《无店铺零售业经营管理办法(试行)(征求意见稿)》并向社会公开征求意见。

三证合一和五证合一经营登记办法改进。2015年10月1日起,我国开始推行"三证合一,一照一码"登记模式,即将"营业执照、组织机构代码证、税务登记证"三证合为一证,以提高市场准入效率。"一照一码"则在此基础上更进了一步,通过"一口受理、并联审批、信息共享、结果互认",实现由一个部门核发加载统一社会信用代码的营业执照。在企业和农民专业合作社(以下统称"企业")"三证合一,一照一码"的基础上,2016年10月1日起,全国开始全面实行"五证合一,一照一码"。即将"营业执照、组织机构代码证、税务登记证、社会保险登记证和统计登记证"五证合为一证。

全国首张"无实体网店营业执照"

林先生在泉州市从事的是网络购物平台,他去工商局申请办理登记,当时在国内企业注册的行业类别中,没有涉及相关内容,工作人员说办不下来,原因是全国没有这类行业,只能等。2009年4月的一天,工商局检查发现林先生是"无证经营",没过几天他就接到工商部门的调查通知书,涉嫌无照经营,有可能受到处罚。林先生告诉工商局的同志,他并不是没有申请办证,而是办不下来。泉州市工商部门酝酿"先行先试",颁发网店执照,向没有实体店的网店颁发个体工商户营业执照,就将他列为试点对象,指导他最终办理了全国第一张无实体网店营业执照。

2009年6月,泉州市丰泽区工商行政管理局向林先生发放了《个体工商户营业执照》,这是全国首张"无实体网店营业执照",是全国范围内第一张针对网店颁发的营业执照,其对规范互联网商务环境具有重要意义。

3. 依法履行纳税义务

电子商务经营者应当按照国家税法和相关法律法规,履行纳税义务。《电子商务法》第十一条规定,电子商务经营者应当依法履行纳税义务,并依法享受税收优惠。依照前条规定不需要办理市场主体登记的电子商务经营者在首次纳税义务发生后,应当依照税收征收管理法律、行政法规的规定申请办理税务登记,并如实申报纳税。

二、特殊商品服务实行许可制度

1. 依法取得商品、服务许可

按照我国对经营商品的种类、服务的内容管理的法律法规,需要许可的,要办理相关许可,才能进行电子商务经营活动。《电子商务法》第十二条规定,电子商务经营者从事经营活动,依法需要取得相关行政许可的,应当依法取得行政许可。

2. 不得经营法律、法规禁止交易的商品或者服务

按照我国法律、法规、规章的规定,电子商务经营者不得在网上经营禁止交易的商品和服务。《电子商务法》第十三条规定,电子商务经营者销售的商品或者提供的服务应当符合保障人身、财产安全的要求和环境保护要求,不得销售或者提供法律、行政法规禁止交易的商品或者服务。

三、七日无理由退货制度

1. 七日无理由退货的定义

七日无理由退货,是指"消费者在购买商品收到日起,七日内可退货,且无须

说明理由"的一种保护消费者权益的办法。无理由退货是从法律上保证消费者购买商品的"后悔权"。经全国人民代表大会常务委员会修改、自 2014 年 3 月 15 日起施行的《中华人民共和国消费者权益保护法》（以下简称《消费者权益保护法》），对无理由退货作出了明确规定，使以前在某些企业、某些情况下使用的无理由退货，在我国正式法律化。除特殊商品外，执行七日无理由退货，是维护消费者权益的重要内容。

2. 七日无理由退货是消费者的权益，但必须符合条件

《消费者权益保护法》第二十五条规定，经营者采用网络、电视、电话、邮购等方式销售商品，消费者有权自收到商品之日起七日内退货，且无须说明理由，但下列商品除外。

第一，消费者定做的；

第二，鲜活易腐的；

第三，在线下载或者消费者拆封的音像制品、计算机软件等数字化商品；

第四，交付的报纸、期刊。

除上述所列商品外，其他根据商品性质并经消费者在购买时确认不宜退货的商品，不适用无理由退货。

消费者退货的商品应当完好。经营者应当自收到退回商品之日起七日内返还消费者支付的商品价款。退回商品的运费由消费者承担；经营者和消费者另有约定的，按照约定。

3. 网络商品也应当七日无理由退货

在电子商务活动中交易的商品，同样为了维护消费者权益，应当执行七日无理由退货的规定。

《网络购买商品七日无理由退货暂行办法》第三条规定，网络商品销售者应当依法履行七日无理由退货义务。

【法规概要】

《网络购买商品七日无理由退货暂行办法》

为保障《中华人民共和国消费者权益保护法》七日无理由退货规定的实施，保护消费者合法权益，促进电子商务健康发展，根据《中华人民共和国消费者权益保护法》等相关法律、行政法规，工商总局制定了《网络购买商品七日无理由退货暂行办法》。于 2017 年 1 月 6 日以工商总局令第 90 号公布，自 2017 年 3 月 15 日起施行。

《网络购买商品七日无理由退货暂行办法》共七章三十九条，内容包括：第一章，总则；第二章，不适用退货的商品范围和商品完好标准；第三章，退货程序；第四章，特别规定；第五章，监督检查；第六章，法律责任；第七章，附则。

4. 网络购买商品七日无理由退货的特殊限制

(1) 由于商品性质可以不适用七日无理由退货规定

《网络购买商品七日无理由退货暂行办法》第七条规定,下列性质的商品经消费者在购买时确认,可以不适用七日无理由退货规定:

第一,拆封后易影响人身安全或者生命健康的商品,或者拆封后易导致商品品质发生改变的商品;

第二,一经激活或者试用后价值贬损较大的商品;

第三,销售时已明示的临近保质期的商品、有瑕疵的商品。

按照《消费者权益保护法》第五十六条第一款第(八)项(对消费者提出的修理、重作、更换、退货、补足商品数量、退还货款和服务费用或者赔偿损失的要求,故意拖延或者无理拒绝的)规定予以处罚。即除承担相应的民事责任外,其他有关法律、法规对处罚机关和处罚方式有规定的,依照法律、法规的规定执行;法律、法规未作规定的,由工商行政管理部门或者其他有关行政部门责令改正,可以根据情节单处或者并处警告、没收违法所得、处以违法所得一倍以上十倍以下的罚款;没有违法所得的,处以五十万元以下的罚款;情节严重的,责令停业整顿、吊销营业执照。

(2) 消费者退回的商品应当完好

在执行网络商品七日无理由退货时,消费者退回的商品应当完好。所谓商品完好,是指商品能够保持原有品质、功能,商品本身、配件、商标标识齐全。但是,消费者基于查验需要而打开商品包装,或者为确认商品的品质、功能而进行合理的调试不影响商品的完好。《网络购买商品七日无理由退货暂行办法》第九条规定,对超出查验和确认商品品质、功能需要而使用商品,导致商品价值贬损较大的,视为商品不完好。

具体判定标准如下:

第一,食品(含保健食品)、化妆品、医疗器械、计生用品:必要的一次性密封包装被损坏。

第二,电子电器类:进行未经授权的维修、改动,破坏、涂改强制性产品认证标志、指示标贴、机器序列号等,有难以恢复原状的外观类使用痕迹,或者产生激活、授权信息、不合理的个人使用数据留存等数据类使用痕迹。

第三,服装、鞋帽、箱包、玩具、家纺、家居:商标标识被摘,标识被剪,商品受污、受损。

相关案例

利用网购七日无理由退换货,退货调包换货骗取贵重商品

安徽男子张某某先从网上购买"高仿"假货,再到正规电商平台上购买同款正品,收到货物后,利用网上交易七天无理由退换货条款和相关办法,将价格远低于正牌商品的假货调包退换给网店。

2016 年 12 月底，某网购平台售后部及监察部注意到一位出手阔绰、专爱"挑刺"且频繁退换货的"钻石"客户，在对其所退货品进行查验时，该平台防损部发现，货品竟然被调包了。由于被调包的货品金额较大，该企业将客户张某某退货的白酒送至厂家鉴定，结果为"非厂家出产产品"。

在排除货源、运输环节出错、"内鬼"等情况下，他们确定该客户存在退货调包嫌疑。2017 年 1 月 4 日，该平台向湖北省武汉市新洲区警方报案。2016 年 10 月 8 日，张某某在另一平台以人民币 1 100 元的价格向胡某某购买 53 度飞天茅台假酒 2 箱。同月 12 日，张某某又以 6 354 元的价格在该平台下单购买 53 度飞天茅台白酒 1 箱。次日，张某某在住所地收到货后，以包装箱有挤压且箱体上有水渍为由，向该平台要求换货，被允许换货后，张某某将其事先从另一平台购买的假茅台酒退给该平台。

据调查，自 2016 年 10 月 23 日至 2017 年 2 月 16 日，张某某采取上述调包退货的同样手段，以假酒换真酒 22 次，共骗取该平台 53 度飞天茅台白酒 36 箱，价值 25.2 万元。

在电子商务交易中，网店或商家承诺的七天无理由退货，是有利于消费者的好事，却变成了"有心之人"的生财之道。

5. 网络商品七日无理由退货的程序

电子商务活动中交易商品，买卖双方通常不在一地，执行网络商品七日无理由退货规定，在程序上有些具体事项，在《网络购买商品七日无理由退货暂行办法》中做了明确规定。

（1）日期的计算

《网络购买商品七日无理由退货暂行办法》第十条规定，选择无理由退货的消费者应当自收到商品之日起七日内向网络商品销售者发出退货通知。七日期间自消费者签收商品的次日起算。

（2）退货信息和方式

《网络购买商品七日无理由退货暂行办法》第十一条规定，网络商品销售者收到退货通知后应及时向消费者提供真实、准确的退货地址、退货联系人、退货联系电话等有效联系信息。消费者获得上述信息后应当及时退回商品，并保留退货凭证。第十九条规定，网络商品销售者可以与消费者约定退货方式，但不应当限制消费者的退货方式。网络商品销售者可以免费上门取货，也可以征得消费者同意后有偿上门取货。这样规定，有利于充分考虑网络商品销售者和消费者双方的利益，更加方便和快捷。

（3）退货商品和配件及赠品问题

在进行电子商务交易时，由于营销活动或商家促销等因素，所附配件、赠品，是比较普遍的现象。关于随商品一起的配件、赠品，在执行七日无条件退货时，往往问题较多，争议很大。对此《网络购买商品七日无理由退货暂行办法》第十二条规定,消费者退货时应当将商品本身、配件及赠品一并退回。赠品包括赠送的实物、积分、代金券、优惠券等形式。如果赠品不能一并退回,经营者可以要求消费者按照事先标明的赠品价格支付赠品价款。

（4）返还货款

返还货款是网络商品七日无理由退货的关键环节。因为是电子商务交易,退款的时间、方式,以及退款的范围和款额的计算,处理起来比较复杂。

第一,退款的时间和方式。《网络购买商品七日无理由退货暂行办法》第十三条规定,消费者退回的商品完好的,网络商品销售者应当在收到退回商品之日起七日内向消费者返还已支付的商品价款;第十四条规定,退款方式比照购买商品的支付方式。经营者与消费者另有约定的,从其约定。购买商品时采用多种方式支付价款的,一般应当按照各种支付方式的实际支付价款以相应方式退款。除征得消费者明确表示同意的以外,网络商品销售者不应当自行指定其他退款方式。

第二,退款的范围和款额计算。《网络购买商品七日无理由退货暂行办法》第十五条规定,消费者采用积分、代金券、优惠券等形式支付价款的,网络商品销售者在消费者退还商品后应当以相应形式返还消费者。对积分、代金券、优惠券的使用和返还有约定的,可以从其约定。

第十六条规定,消费者购买商品时采用信用卡支付方式并支付手续费的,网络商品销售者退款时可以不退回手续费。消费者购买商品时采用信用卡支付方式并被网络商品销售者免除手续费的,网络商品销售者可以在退款时扣除手续费。

第十七条规定,退货价款以消费者实际支出的价款为准。套装或者满减优惠活动中的部分商品退货,导致不能再享受优惠的,根据购买时各商品价格进行结算,多退少补。第十八条规定,商品退回所产生的运费依法由消费者承担。经营者与消费者另有约定的,按照约定。消费者参加满足一定条件免运费活动,但退货后已不能达到免运费活动要求的,网络商品销售者在退款时可以扣除运费。

6. 网络商品销售者应当建立完善的七日无理由退货商品检验和处理程序

能够完全恢复到初始销售状态的七日无理由退货商品,可以作为全新商品再次销售;对不能够完全恢复到初始销售状态的七日无理由退货商品而再次销售的,应当通过显著的方式将商品的实际情况明确标注。网络商品销售者违反以上规定,销售不能够完全恢复到初始状态的无理由退货商品,且未通过显著的方式明确标注商品实际情况的,违反其他法律、行政法规的,依照有关法律、行政法规的规定处罚;法律、行政法规未作规定的,予以警告,责令改正,并处1万元以上3万元以下的罚款。

7. 网络商品销售者的其他法律责任

网络商品销售者违反规定,有下列情形之一的,按照《消费者权益保护法》第五十六条第一款第(八)项(对消费者提出的修理、重作、更换、退货、补足商品数量、退还货款和服务费用或者赔偿损失的要求,故意拖延或者无理拒绝的)规定予以处罚。即除承担相应的民事责任外,其他有关法律、法规对处罚机关和处罚方式有规定的,依照法律、法规的规定执行;法律、法规未作规定的,由工商行政管理部门或者其他有关行政部门责令改正,可以根据情节单处或者并处警告、没收违法所得、处以违法所得一倍以上十倍以下的罚款,没有违法所得的,处以五十万元以下的罚款;情节严重的,责令停业整顿、吊销营业执照。

第一,未经消费者在购买时确认,擅自以商品不适用七日无理由退货为由拒绝退货,或者以消费者已拆封、查验影响商品完好为由拒绝退货的;

第二,自收到消费者退货要求之日起超过15日未办理退货手续,或者未向消费者提供真实、准确的退货地址、退货联系人等有效联系信息,致使消费者无法办理退货手续的;

第三,在收到退回商品之日起超过15日未向消费者返还已支付的商品价款的。

相关案例

网购七日无理由退货情况较好

中国消费者协会为了加强对"双十一"网购商品价格、售后服务及质量状况的社会监督,于2017年10月至2018年1月组织开展"双十一"网购商品价格、质量、服务调查体验活动。在2018年2月7日公布的《2017年"双十一"网络购物价格、质量、售后服务》报告中,体验人员以普通消费者身份,对101个样本没有标注"不支持七日无理由退货"的商品进行了退货操作。

调查体验结果显示,在101个样本当中,有96个样本完成退货操作,显示出各平台商家遵守七日无理由退货规定方面做得相对较好。

仅有5个样本退货不成功,分别是:国美在线平台"瑞士军刀SWISSGEAR旗舰店"销售的标称某品牌双肩包、淘宝平台"九阳小象部落电器城"店铺销售的某品牌面条机、天猫平台"sneakerhead海外旗舰店"销售的某品牌运动鞋等3个样本未标注不支持七日无理由退货情况,而在售后环节也拒绝退货申请。

此外,贝贝网平台自营的某品牌米粉、某品牌奶粉在商品信息页面标注了"七天无忧退货"但体验人员在实际退货中发现此两款并不支持七日无理由退货。

另外,体验人员对通过跨境电商平台销售的"海淘"样本是否支持七日无理由退货情况进行了查验,统计结果显示,本次调查体验的100个"海淘"样本中,62个样本明确在显示页面或采购页面标识"不支持七日无理由退货"。不仅如此,即使标注支持七日无理由退货的,由于退货所产生的运费与税费较高,消费者选择退货往往得不偿失。

》四、竞争行为应当合法

1. 使用合同公平、守信

在电子商务活动中,使用电子合同情况比较普遍,在使用合同时,大多采用格式条款或者格式合同,因此,保证合同的合法、公平、公正是一个相对难度较大的环节。《网络交易管理办法》第十七条规定,网络商品经营者、有关服务经营者在经营活动中使用合同格式条款的,应当符合法律、法规、规章的规定,按照公平原则确定交易双方的权利与义务,采用显著的方式提请消费者注意与消费者有重大利害关系的条款,并按照消费者的要求予以说明。

网络商品经营者、有关服务经营者不得以合同格式条款等方式作出排除或者限制消费者权利、减轻或者免除经营者责任、加重消费者责任等对消费者不公平、不合理的规定,不得利用合同格式条款并借助技术手段强制交易。违反以上第十七条规定的,按照《合同违法行为监督处理办法》的有关规定处罚。

2. 收集、使用消费者或者经营者信息,应当遵循合法、正当、必要的原则

《网络交易管理办法》第十八条规定,网络商品经营者、有关服务经营者在经营活动中收集、使用消费者或者经营者信息,应当遵循合法、正当、必要的原则,明示收集、使用信息的目的、方式和范围,并经被收集者同意。网络商品经营者、有关服务经营者收集、使用消费者或者经营者信息应当公开其收集、使用规则,不得违反法律、法规的规定和双方的约定收集、使用信息。网络商品经营者、有关服务经营者及其工作人员对收集的消费者个人信息或者经营者商业秘密的数据信息必须严格保密,不得泄露、出售或者非法向他人提供。

网络商品经营者、有关服务经营者应当采取技术措施和其他必要措施,确保信息安全,防止信息泄露、丢失。在发生或者可能发生信息泄露、丢失的情况时,应当立即采取补救措施。网络商品经营者、有关服务经营者未经消费者同意或者请求,或者消费者明确表示拒绝的,不得向其发送商业性电子信息。

3. 遵守《中华人民共和国反不正当竞争法》等法律的规定

电子商务经营者应该遵守《中华人民共和国反不正当竞争法》(以下简称《反不正当竞争法》)等法律的规定,开展正当竞争,不得扰乱社会经济秩序,不得利用网络技术手段或者载体等方式,进行不正当竞争的行为。

《反不正当竞争法》规定,经营者(从事商品生产、经营或者提供服务的自然人、法人和非法人组织)在生产经营活动中,应当遵循自愿、平等、公平、诚信的原则,遵守法律和商业道德。不正当竞争行为,是指经营者在生产经营活动中,违反《反不正当竞争法》规定,扰乱市场竞争秩序,损害其他经营者或者消费者的合法权益的行为。

《网络交易管理办法》第十九条规定,网络商品经营者、有关服务经营者销售商品或者服务,应当遵守《反不正当竞争法》等法律的规定,不得以不正当竞争方式损害其他经营者的合法权益、扰乱社会经济秩序。同时,不得利用网络技术手段或者载体等方式,从事下列不正当竞争行为。

第一,擅自使用知名网站特有的域名、名称、标识或者使用与知名网站近似的域名、名称、标识,与他人知名网站相混淆,造成消费者误认;

第二,擅自使用、伪造政府部门或者社会团体电子标识,进行引人误解的虚假宣传;

第三,以虚拟物品为奖品进行抽奖式的有奖销售,虚拟物品在网络市场约定金额超过法律法规允许的限额;

第四,以虚构交易、删除不利评价等形式,为自己或他人提升商业信誉;

第五,以交易达成后违背事实的恶意评价损害竞争对手的商业信誉;

第六,法律、法规规定的其他不正当竞争行为。

《网络交易管理办法》第五十三条规定,违反以上第十九条第(一)项规定的,按照《反不压当竞争法》第二十一条的规定处罚;违反第十九条第(二)项、第(四)项规定的,按照《反不正当章争法》第二十四条的规定处罚;违反第十九条第(三)项规定的,按照《反不正当竞争法》第二十六条的规定处罚;违反第十九条第(五)项规定的,予以警告,责令改正,并处一万元以上三万元以下的罚款。

【法律概要】

《中华人民共和国反不正当竞争法》

1993 年 9 月 2 日第八届全国人民代表大会常务委员会第三次会议通过,1993 年 9 月 2 日以国家主席令第十号公布。于 2017 年 11 月 4 日由中华人民共和国第十二届全国人民代表大会常务委员会第三十次会议修订,2017 年 11 月 4 日以国家主席令第七十七号公布,自 2018 年 1 月 1 日起施行。

《反不正当竞争法》旨在促进社会主义市场经济健康发展,鼓励和保护公平竞争,制止不正当竞争行为,保护经营者和消费者的合法权益。共五章三十二条,内容包括:第一章,总则;第二章,不正当竞争行为;第三章,对涉嫌不正当竞争行为的调查;第四章,法律责任;第五章,附则。

4. 不得对竞争对手的网站或者网页进行非法技术攻击

电子商务交易依附于网络。电子商务网站和网页,是电子商务交易的基础。《网络交易管理办法》第二十条规定,网络商品经营者、有关服务经营者不得对竞争对手的网站或者网页进行非法技术攻击,造成竞争对手无法正常经营。

5. 网络经营者应当向工商管理部门报送经营统计资料

《网络交易管理办法》第二十一条规定,网络商品经营者、有关服务经营者应当按照国家工商行政管理总局的规定向所在地工商行政管理部门报送经营统计资料;第五十一条规定,违反以上规定的,予以警告,责令改正,拒不改正的,处以一万元以下的罚款。

第三节 电子商务平台(网站)的 法律法规

一、企业自建自营电子商务网站的法律法规

1. 电子商务网站设立的法律法规

企业自建自营电子商务网站是一种电子商务经营行为,企业属于电子商务经营者。根据国务院《互联网信息服务管理办法》规定,互联网信息服务分为经营性和非经营性两类。国家对经营性互联网信息服务实行许可制度;对非经营性互联网信息服务实行备案制度。未取得许可或者未履行备案手续的,不得从事互联网信息服务。从事新闻、出版、教育、医疗保健、药品和医疗器械等互联网信息服务的,依照法律、行政法规以及国家有关规定须经有关主管部门审核同意,在申请经营许可或者履行备案手续前,应当依法经有关主管部门审核同意。

(1)经营性信息服务网站设立的法律法规

经营性互联网信息服务,是指通过互联网向上网用户有偿提供信息或者网页制作等服务活动。

根据《互联网信息服务管理办法》的规定,国家对经营性互联网信息服务实行许可制度。根据《互联网信息服务管理办法》第六条的规定,从事经营性互联网信息服务,除应当符合《中华人民共和国电信条例》(以下简称《电信条例》)规定的要求外,还应当具备下列条件。

第一,有业务发展计划及相关技术方案;

第二,有健全的网络与信息安全保障措施,包括网站安全保障措施、信息安全保密管理制度、用户信息安全管理制度;

第三,服务项目属于《互联网信息服务管理办法》第五条规定范围的,已取得有关主管部门同意的文件。

【法规概要】

《互联网信息服务管理办法》

为了规范互联网信息服务活动,促进互联网信息服务健康有序发展,国务院制定了《互联网信息服务管理办法》,并于 2000 年 9 月 25 日以国务院令第 292 号公布。于 2010 年 12 月 29 日国务院第 138 次常务会议通过《国务院关于废止和修改部分行政法规的决定》修订,2011 年 1 月 8 日以国务院令第 588 号公布,自公布之日起施行,共二十七条。

(2)非经营性信息服务网站设立的法律法规

非经营性互联网信息服务,是指通过互联网向上网用户无偿提供具有公开

性、共享性信息的服务活动。根据《互联网信息服务管理办法》的规定，国家对非经营性互联网信息服务实行备案制度。

根据《互联网信息服务管理办法》的规定，从事非经营性互联网信息服务，应当向省、自治区、直辖市电信管理机构或者国务院信息产业主管部门办理备案手续。办理备案时，应当提交下列材料。

第一，主办单位和网站负责人的基本情况；

第二，网站网址和服务项目；

第三，服务项目属于《互联网信息服务管理办法》第五条规定范围的，已取得有关主管部门的同意文件。

省、自治区、直辖市电信管理机构对备案材料齐全的，应当予以备案并编号。

（3）特种行业信息服务审批制度

根据《互联网信息服务管理办法》第五条的规定，国家对从事新闻、出版、教育、医疗保健、药品和医疗器械等互联网信息服务，依照法律、行政法规以及国家有关规定，在申请经营许可或者履行备案手续前，应当依法经有关主管部门审核同意。

（4）从事特殊信息服务专项备案制度

根据《互联网信息服务管理办法》的规定，从事互联网信息服务，拟开办电子公告服务的，应当在申请经营性互联网信息服务许可或者办理非经营性互联网信息服务备案时，按照国家有关规定提出专项申请或者专项备案。

2. 电子商务网站提供服务的法律法规

（1）严格按照规定范围提供服务

《互联网信息服务管理办法》规定，互联网信息服务提供者应当按照经许可或者备案的项目提供服务，不得超出经许可或者备案的项目提供服务。非经营性互联网信息服务提供者不得从事有偿服务。互联网信息服务提供者变更服务项目、网站网址等事项的，应当提前30日向原审核、发证或者备案机关办理变更手续。

《互联网信息服务管理办法》规定，未取得经营许可证，擅自从事经营性互联网信息服务，或者超出许可的项目提供服务的，由省、自治区、直辖市电信管理机构责令限期改正，有违法所得的，没收违法所得，处违法所得3倍以上5倍以下的罚款；没有违法所得或者违法所得不足5万元的，处10万元以上100万元以下的罚款；情节严重的，责令关闭网站。违反《互联网信息服务管理办法》的规定，未履行备案手续，擅自从事非经营性互联网信息服务，或者超出备案的项目提供服务的，由省、自治区、直辖市电信管理机构责令限期改正；拒不改正的，责令关闭网站。

（2）亮证经营或服务

《互联网信息服务管理办法》规定，互联网信息服务提供者应当在其网站主页的显著位置标明其经营许可证编号或者备案编号。违反规定，未在其网站主页上标明其经营许可证编号或者备案编号的，由省、自治区、直辖市电信管理机构责令改正，处5 000元以上5万元以下的罚款。根据《电信条例》第十五条的规定,电信业务经营者在经营过程中,变更经营主体、业务范围或者停止经营的,应当提前 90 日向原颁发许可证的机关提出申请,并办理相应手续;停止经营的,还应当按照国家有关规定做好善后工作。

（3）互联网信息服务的内容合法

《互联网信息服务管理办法》规定,互联网信息服务提供者应当向上网用户提供良好的服务,并保证所提供的信息内容合法。从事新闻、出版以及电子公告等服务项目的互联网信息服务提供者,应当记录提供的信息内容及其发布时间、互联网地址或者域名;互联网接入服务提供者应当记录上网用户的上网时间、用户账号、互联网地址或者域名、主叫电话号码等信息。互联网信息服务提供者和互联网接入服务提供者的记录备份应当保存 60 日,并在国家有关机关依法查询时予以提供。未履行以上规定的义务的,由省、自治区、直辖市电信管理机构责令改正;情节严重的,责令停业整顿或者暂时关闭网站。

二、第三方电子商务交易平台的法律法规

第三方交易平台,是一种比较常见的电子商务经营者,又称电子商务平台经营者。《电子商务法》第九条第二款规定,本法所称电子商务平台经营者,是指电子商务中为交易双方或者多方提供网络经营场所、交易撮合、信息发布等服务,供交易双方或者多方独立开展交易活动的法人或者非法人组织。

1. 审查管理申请进入（入驻）第三方电商平台者

《电子商务法》第二十七条规定,电子商务平台经营者应当要求申请进入平台销售商品或者提供服务的经营者提交其身份、地址、联系方式、行政许可等真实信息,进行核验、登记,建立登记档案,并定期核验更新。电子商务平台经营者为进入平台销售商品或者提供服务的非经营用户提供服务,应当遵守本节有关规定。第二十八条规定,电子商务平台经营者应当按照规定向市场监督管理部门报送平台内经营者的身份信息,提示未办理市场主体登记的经营者依法办理登记,并配合市场监督管理部门,针对电子商务的特点,为应当办理市场主体登记的经营者办理登记提供便利。第三十八条规定,电子商务平台经营者知道或者应当知道平台内经营者销售的商品或者提供的服务不符合保障人身、财产安全的要求,或者有其他侵害消费者合法权益行为,未采取必要措施的,依法与该平台内经营者承担连带责任。对关系消费者生命健康的商品或者服务,电子商务平台经营者对平台内经营者的资质资格未尽到审核义务,或者对消费者未尽到安全保障义务,造成消费者损害的,依法承担相应的责任。

2. 与申请进入（入驻）第三方电商平台者订立协议

第三方商务平台,在电子商务活动中为交易双方或者多方提供网页空间、虚拟经营场所、交易撮合、信息发布等服务,必须按照国家法律法规的规定,订立协议。这是明确电子商务参与各方权利和义务,保障电子商务交易秩序的重要保证。《网络交易管理办法》第二十四条规定,第三方交易平台经营者应当与申请进入平台销售商品或者提供服务的经营者订立协议,明确双方在平台进入和退出、商品和服务质量安全保障、消费者权益保护等方面的权利、义务和责任。第

三方交易平台经营者修改其与平台内经营者的协议、交易规则，应当遵循公开、连续、合理的原则，修改内容应当至少提前七日予以公示并通知相关经营者。平台内经营者不接受协议或者规则修改内容、申请退出平台的，第三方交易平台经营者应当允许其退出，并根据原协议或者交易规则承担相关责任。

3. 建立第三方电商平台规则和制度

《电子商务法》第三十二条规定，电子商务平台经营者应当遵循公开、公平、公正的原则，制定平台服务协议和交易规则，明确进入和退出平台、商品和服务质量保障、消费者权益保护、个人信息保护等方面的权利和义务。第二十五条规定，第三方交易平台经营者应当建立平台内交易规则、交易安全保障、消费者权益保护、不良信息处理等管理制度。各项管理制度应当在其网站显示，并从技术上保证用户能够便利、完整地阅览和保存。第三方交易平台经营者应当采取必要的技术手段和管理措施保证平台的正常运行，提供必要、可靠的交易环境和交易服务，维护网络交易秩序。违反以上规定的，予以警告，责令改正，拒不改正的，处以 1 万元以上 3 万元以下的罚款。第二十九条规定，第三方交易平台经营者在平台上开展商品或者服务自营业务的，应当以显著方式对自营部分和平台内其他经营者经营部分进行区分和标记，避免消费者产生误解。违反以上规定的，予以警告，责令改正，拒不改正的，处以 1 万元以上 3 万元以下的罚款。

相关案例

阿里巴巴持续反腐清退 36 家违规店铺

2017 年 4 月 7 日，阿里巴巴集团廉正合规部发布处罚公告，宣布永久关闭平台上 36 家以不正当手段谋取利益的商家店铺。这是该部门连续第三年发布此类封杀令，通过定期清退违规店铺，重申持续透明反腐决心。

据披露，2016 年 2 月至今，阿里巴巴集团旗下各平台共有 36 家店铺因采取不正当手段谋求不正当利益，违背了诚信经营原则，依规被永久关闭店铺，情节严重的还被追究法律责任。

阿里巴巴集团对外，通过制定平台规则，鼓励商家诚信经营，为千万中小商家的创业、发展提供公正透明的商业环境；对内，倡导诚信文化以及开展反舞弊调查，在查处内部腐败的同时推进业务机制完善。据廉正合规部有关负责人介绍，目前阿里巴巴集团有超过 10 万名员工，分布国内及海外多地，廉正诚信文化和商业行为准则是每个人入职阿里巴巴集团的"必修课"，也是每年必经的评估考核项目。该负责人强调，商家一旦发现阿里巴巴集团的员工存在任何违规行为，可随时通过其廉正举报平台举报。

---

4. 记录保持和检查监控第三方电商平台交易信息

《电子商务法》第三十一条规定，电子商务平台经营者应当记录、保存平台上发布的商品和服务信息、交易信息，并确保信息的完整性、保密性、可用性。商品和服务信息、交易信息保存时间自交易完成之日起不少于 3 年；法律、行政法规另有规定的，依照其规定。第二十八条第二款规定，电子商务平台经营者应当依照税收征收管理法律、行政法规的规定，向税务部门报送平台内经营者的身份信息和与纳税有关的信息，并应当提示依照本法第十条规定不需要办理市场主体登记的电子商务经营者依照本法第十一条第二款的规定办理税务登记。同时，作为在电子商务活动中为交易双方或者多方提供网页空间、虚拟经营场所、交易撮合、信息发布等服务的第三方电商平台，有义务对在第三方电商平台上的电商活动的信息进行检查监控，发现有违反工商行政管理法律、法规、规章的行为时，应向电商平台经营者所在地工商行政管理部门报告，且及时采取措施制止违法行为，在必要时，可停止对违法经营者提供第三方交易平台服务；当地工商行政管理部门发现平台内有违反工商行政管理法律、法规、规章的行为，要求电商平台采取措施制止时，电商平台应该配合。工商行政管理部门发现平台内有违反工商行政管理法律、法规、规章的行为，依法要求第三方交易平台经营者采取措施制止的，第三方交易平台经营者应当予以配合。电商平台违反规定不予配合的，予以警告，责令改正，拒不改正的，处以 1 万元以上 3 万元以下的罚款。

5. 保护商标等知识产权

《电子商务法》第四十一条规定，电子商务平台经营者应当建立知识产权保护规则，与知识产权权利人加强合作，依法保护知识产权。第四十二条规定，知识产权权利人认为其知识产权受到侵害的，有权通知电子商务平台经营者采取删除、屏蔽、断开链接、终止交易和服务等必要措施。通知应当包括构成侵权的初步证据。电子商务平台经营者接到通知后，应当及时采取必要措施，并将该通知转送平台内经营者；未及时采取必要措施的，对损害的扩大部分与平台内经营者承担连带责任。因通知错误造成平台内经营者损害的，依法承担民事责任。恶意发出错误通知，造成平台内经营者损失的，加倍承担赔偿责任。第四十五条规定，电子商务平台经营者知道或者应当知道平台内经营者侵犯知识产权的，应当采取删除、屏蔽、断开链接、终止交易和服务等必要措施；未采取必要措施的，与侵权人承担连带责任。第八十四条规定，电子商务平台经营者违反本法第四十二条、第四十五条规定，对平台内经营者实施侵犯知识产权行为未依法采取必要措施的，由有关知识产权行政部门责令限期改正；逾期不改正的，处 5 万元以上 50 万元以下的罚款；情节严重的，处 50 万元以上 200 万元以下的罚款。

6. 建立消费纠纷和解及消费维权自律制度

《电子商务法》第五十八条规定，国家鼓励电子商务平台经营者建立有利于电子商务发展和消费者权益保护的商品、服务质量担保机制。电子商务平台经营者与平台内经营者协议设立消费者权益保证金的，双方应当就消费者权益保证金的提取数额、管理、使用和退还办法等做出明确约定。

消费者要求电子商务平台经营者承担先行赔偿责任以及电子商务平台经营者赔偿后向平台内经营者的追偿，适用《中华人民共和国消费者权益保护法》的有关规定。第五十九条规定，电子商务经营者应当建立便捷、有效的投诉、举报机制，公开投诉、举报方式等信息，及时受理并处理投诉、举报。第六十一条规定,消费者在电子商务平台购买商品或者接受服务,与平台内经营者发生争议时,电子商务平台经营者应当积极协助消费者维护合法权益。

7. 押金收取和退还的规定

电子商务经营者收取押金是一种较为普遍的行为,为了保护电子商务消费者的合法权益,《电子商务法》对押金收取和退还作了相关规定。

《电子商务法》第二十一条规定,电子商务经营者按照约定向消费者收取押金的,应当明示押金退还的方式、程序,不得对押金退还设置不合理条件。消费者申请退还押金,符合押金退还条件的,电子商务经营者应当及时退还。第七十八条规定,电子商务经营者违反本法第二十一条规定,未向消费者明示押金退还的方式、程序,对押金退还设置不合理条件,或者不及时退还押金的,由有关主管部门责令限期改正,可以处 5 万元以上 20 万元以下的罚款;情节严重的,处 20 万元以上 50 万元以下的罚款。

相关案例

北京××科技有限公司商丘分公司未按规定审查登记经营主体身份案

2017 年 3 月,商丘市工商局梁园分局经检队执法人员在检查中,发现北京××科技有限公司商丘分公司在经营时,未能对平台上的部分经营主体的身份进行审查登记,执法人员依法对其行为予以警告。

2017 年 4 月 17 日执法人员再次进行检查,发现其仍未对经营主体的身份信息进行审查登记,当日商丘市工商局梁园分局对其下达责令改正通知书,责令 7 日内改正,至 2017 年 5 月 17 日,仍未对经营主体的身份信息进行审查登记。

商丘市工商局梁园分局认为:当事人的行为违反了《网络交易管理办法》第二十三条第一款的规定,依据《网络交易管理办法》第五十条的规定,对当事人处以罚款。

第四节　在线商店的登记管理

一、在线商店的概述

在线交易不同于现实交易之处在于运行的环境和使用的手段不同,此外还有一个重要的表现就是在线交易的主体具有虚拟性,在线商店是当前电子商务中的一种重要交易主体。随着在线商店的逐渐兴起,与此相关的问题也日益增多,其中一些问题就涉及交易主体认定的问题。要充分地了解在线商店必须首先理解一些相关概念。

↘ (一) 在线交易的模式

在线交易的模式有多种,不同的企业可能有不同的设计。但总体而言,根据交易平台经营者在交易中的地位或作用,在线交易主要有两种模式,一种是直接模式,另一种是间接(中介)模式。

1. 在线交易的直接模式

形象地说,在线交易的直接模式就是在网上开设独立的门面对外进行交易。其前提条件是企业设立交易站点或开设在线商店独立地对外进行交易。在线交易的直接模式是消费者和生产者,或者是需求方和供应方直接利用网络形式所开展的买卖活动。这种买卖交易的最大特点是供需直接见面,环节少,速度快,费用低。

在线交易直接模式的过程可以分为以下六个步骤。

(1) 消费者进入互联网,查看在线商店或企业的主页;

(2) 消费者通过购物对话框填写姓名、地址、商品品种、规格、数量、价格;

(3) 消费者选择支付方式,如信用卡,也可选用借记卡、电子货币或电子支票等;

(4) 在线商店或企业的客户服务器检查支付方服务器,确认汇款数额;

(5) 在线商店或企业的客户服务器确认消费者付款后,通知销售部门送货上门;

(6) 消费者的开户银行将支付款项传递到消费者的信用卡公司,信用卡公司负责发给消费者收费清单。

在整个过程中,需要第三方认证机构(CA)认证,以确认在线经营者的真实身份。在线交易的直接模式是消费者与商家之间直接"见面"或"联系",并由此建立交易或服务法律关系,这通常不易引起混淆。因为登录该企业网站就如同进入某个企业的大门与该企业进行网络谈判,订立电子合同,消费者可以确信是与该企业进行交易的。但是,这种交易也存在一些不足。例如,消费者只有在知道该企业名称或企业网站域名的情况下才能登录到该企业网站进行浏览和购物,他不能同时浏览其他企业的网站比较同类产品的价格或品质。而在中介模式下就可以方便地做到这一点。

2. 在线交易的中介模式

在线交易的中介模式是通过网络商品交易中心,即虚拟网络市场进行的商品交易。网络交易中心有很多种模式和运作方式,其中最简单的交易中心仅仅作为信息中心,主要功能是收集、编制供应商的产品或服务目录,使买家容易在网上寻找到这些产品和报价。最普遍的交易中心是贸易中心(trading hubs)。这类交易中心要为买卖双方提供信息服务和交易机会,促成双方成交,然后从交易中赚取佣金。此外,网上拍卖中心或交换中心也是运作较为成功的交易中心。

在典型的网络商品交易中心运作模式中,交易中心利用先进的网络信息技术和计算机软件技术,将商品供应商、采购商和银行紧密地联系起来,为客户提供市场信息、商品交易、仓储配送、货款结算等全方位的服务。

在线交易的中介模式可分为以下几个步骤。

（1）买卖双方将各自的供应和需求信息通过网络告诉给网络商品交易中心，网络商品交易中心通过信息发布服务向参与者提供大量的、详细准确的交易数据和市场信息；

（2）买卖双方根据网络商品交易中心提供的信息，选择自己的贸易伙伴；

（3）网络商品交易中心从中撮合，促使买卖双方签订合同；

（4）买方在网络商品交易中心指定的银行办理转账付款手续；

（5）指定银行通知网络交易中心买方货款到账；

（6）网络商品交易中心通知卖方将货物发送到设在离买方最近的交易中心配送部门；

（7）配送部门送货给买方；

（8）买方验证货物后通知网络商品交易中心货物收到；

（9）网络商品交易中心通知银行买方收到货物；

（10）银行将买方货款转交卖方；

（11）卖方将回执送交银行；

（12）银行将回执转交买方。

在此交易的付款程序中，也有使用第三方支付机构完成付款的方式。所谓第三方支付，就是一些和产品所在国家以及国外各大银行签约，并具备一定实力和信誉保障的第三方独立机构提供的交易支持平台。在通过第三方支付平台的交易中，买方选购商品后，使用第三方平台提供的账户进行货款支付，由第三方通知卖家货款到达、进行发货；买方检验物品后，就可以通知第三方付款给卖家，第三方再将款项转至卖家账户。第三方支付的行业主要分为两大类：一类是以支付宝、财付通为首的互联网型支付企业，它们以在线支付为主，捆绑大型电子商务网站，迅速做大做强；第二类是以银联电子支付、快钱、汇付天下为首的金融型支付企业，侧重行业需求和开拓行业应用。

在线交易中介模式的优点：

① 网络商品交易中心为买卖双方提供了一个巨大的世界市场。网络交易中心为买卖双方提供准确、齐全、及时的产品信息，并提供多种可供选择的交易模式。如淘宝网为买家提供一口价、拍卖等交易方式，并在产品选择、支付方式、商品保障服务等方面提供多种选择，并且为买家和卖家提供独立专属的交流工具阿里旺旺，买家甚至可以直接通过淘宝认证的"全球购买家"购买到世界各地的直邮商品。

② 网络商品交易中心可以有效地解决传统交易中"拿钱不给货"和"拿货不给钱"两大难题。在买卖双方签订合同前，某些网络商品交易中心还可以协助买方对商品进行检验，只有符合质量标准的产品才可入网。这就杜绝了商品"假、冒、伪、劣"的问题，使买卖双方不会因质量问题产生纠纷。某些网络商品交易中心通过对商家的认证，如信用度、宣传真实度、售后保障等方式为买家选择卖家提供参考和保障。甚至还有的交易中心为买家提供先行赔付的服务，也就是用交易中心的能力为买家提供更多的交易保障，以此来解决虚拟交易相比传统交易风险加大的问题。合同签订后，交易中心帮助监督合同的履行过程，买方付款

后卖方才发货,买方验货完毕后交易中心才正式付款,大大降低了货、款交付履行不到位的风险。

③ 在结算方式上,网络商品交易中心一般采用统一集中的结算模式,即在指定的商业银行开设统一的结算账户,对结算资金实行统一管理,有效地避免了多形式、多层次的资金截留、占用和挪用,提高了资金的风险防范能力。这种指定委托代理清算业务的承办银行大都以招标形式选择,有商业信誉的大型商业银行常常成为中标者。专业的第三方支付机构的进入也同样保证了资金的安全。

↘ (二) 在线商店的概念

在线商店是中介模式下的一种常见的在线交易状态,即由企业或个人在作为网上交易平台的网站上开设的用于出售商品或服务的网上商店或专卖店。在线商店的设立主体是个人。开展电子商务活动的企业被习惯性地称为在线企业,由于互联网又被称为虚拟世界,在线企业也被称为虚拟企业。

在线企业的表现形式有两种,一种是企业在互联网上开设的具有出售商品或提供服务功能的独立站点;另一种是企业或个人在网上交易平台开设的具有出售商品或提供服务功能的独立站点。二者的区别在于前一种独立站点式的在线企业,需要企业拥有自己的域名和服务器(包括虚拟主机),在工商或其他部门登记网站,其开设的网站属于经营性网站。后一种独立主页形态的在线商店,是在他人网站的交易平台上设立网上商店或专卖店,一般需要与网站签订协议。为其提供交易平台的网站的生存之道在于吸引商家到该平台设立专卖店,同时负责管理整个虚拟市场,并创立市场的品牌和形象;一些需要开辟在线交易窗口的商家等交易主体,也经常选择在具有一定规模的专业网站上设立网上商店进行交易。企业设立的在线店铺就是指主页形态的在线企业,它们是现实企业在网上设立的销售窗口,这个窗口代表了现实的企业,是现实企业在网上的延伸。

值得一提的是,2008 年 5 月,商务部起草《电子商务模式规范(征求意见稿)》和《商务规范(征求意见稿)》,在《电子商务模式规范(征求意见稿)》中提出了网上商店概念,它是指具有法人资质的企业或个人在互联网上独立注册网站、开设网上虚拟商店、出售商品或提供服务给消费者的电子商务平台。由这个概念我们可以知道,此处的网上商店(B2C)是指在线企业在互联网上注册的独立站点式的电子商务平台,是在线企业的第一种表现形式,即本书所称的在线商店,而本书所说的在线商店在《电子商务模式规范(征求意见稿)》中并没有提及,这也不得不说是该文件的一个疏漏之处。

↘ (三) 在线商店主体认定原则

在线商店的交易是一种非见面的交易,交易主体的判断是比较困难的。网上交易平台类似一个交易中心,里面的众多商家共同构成一个市场,同时这个市场又与交易平台本身有着密切的利益关系,在线商店在与客户进行电子商务交易的同时,这个网上交易平台也为交易双方提供了众多服务,如交易流程咨询,订单保管、查询、跟踪、运输与寄递服务的方法,在网站上具体说明使用服务的方法、时间、收费标准及有关注意事项，甚至特定条件下的赔偿服务。在这种情况下，如何认定交易主体，在线商店和交易平台承担何种责任对电子商务的进行有着重要意义。虽然目前法律尚无明确的规范，但在交易主体认定上仍然有应当遵循的三个基本原则。

1. 民事主体真实原则

民事主体真实原则，是说民事法律关系的主体必须是真实存在的，而不应当是"虚拟"的或不存在的。对于法律而言不存在虚拟主体，所以在线商店必须真实存在。而真实存在可以有两种存在形式：一种是现实中存在对应的企业主体，即在现实中具备住所或办公场所、注册资本、组织机构等要素经登记而成为合法营业主体。网上主体仅仅是将现实企业"搬到网上"。例如，某百货店或连锁店可以在某网站的交易平台上寻找一家网络交易市场，开设自己的主页或专卖店。另一种是现实中原本不存在对应的企业，只是为设立在线商店而成立新企业，纯粹从事网上交易。这种情况在 B2C 交易中比较多见。一般来讲，除生产信息产品的企业外，纯粹从事网上交易的企业只能是商业企业。这类企业具有企业资格，它有账户、经营人员、配货中心等，只是它没有商品展示的实体柜台，只有在线虚拟店铺。当网上商店是个人设立时也是如此，设立的个人必须是真实存在的自然人，不能是其他民事主体虚构出来的自然人。

2. 民事主体资格法定原则

民事主体资格法定是民法的一个基本原则，即哪些主体可以参加民事法律关系，享有民事权利，承担民事义务。民事主体资格法定原则突出地表现在商事主体法定上。当自然人作为网上店铺的设立主体时，要求该自然人具有相应的民事主体资格。自然人的民事主体资格包括民事权利能力和民事行为能力。民事权利能力是自然人自出生之时就具有的。依据我国《民法典》的规定，根据自然人的年龄、智力和精神状况，自然人分为完全民事行为能力人、限制民事行为能力人与无民事行为能力人。自然人开设网上商店，从事相应的电子商务活动应当具备完全民事行为能力，即 18 周岁以上具备完全行为能力的公民和 16 周岁以上不满 18 周岁以自己的劳动收入为主要生活来源的公民，可以成为开设网上商店的合法民事主体。

当企业作为网上店铺的设立主体时，凡以商事主体身份从事交易或进行其他营业的，必须获得企业登记；不具有法人资格的合伙组织或其他营业主体（如分支机构），只要取得营业执照或进行营业登记，也可以具有从事商事交易的主体资格。从民法的角度讲，只要获得营业执照，即可认定为具有参与民事法律关系的主体资格即民事权利能力，同时也就具有了相应的民事行为能力。需要讨论的是，企业是否可以在网上设立与企业名称或商号不一致的在线商店。例如，现实中的企业称为"中百"，那么在网上是否可以设立"百中"专卖店？我们认为，在网络环境中不可能完全禁止人们设立异于其现实企业商号的企业，硬性规定禁止是不现实或不可行的，但法律必须要求在线商店应标明其设立人在现实中真实的对应主体，并按照规定将现实企业的营业登记证号或电子营业执照号码标识于专卖店网页上。

上述情况的存在,给在线商店主体的判断增加了一些难度。在国际上,网上交易主体会因不同国家对商事主体的法律规定不一样而存在差别。某些国家对在线企业的设立采取自由原则,允许任何人或企业在网上设立企业或从事交易活动,而忽略现实中存在真实企业的可能性。但在我国,普遍认为应结合身份认证制度逐步对网上交易主体进行登记,发放电子营业执照,以确保网上交易主体的真实性和合法性。为此,我们提出认定在线交易主体的第三个原则:主体公示原则。

3. 主体公示原则

商事主体的名称或商号最主要的功能是区别交易主体,不同的名称即视为不同的主体,以谁的名义缔结合同,谁即是合同的当事人。这是根据民商法自主行为、自我负责原则推出的一个基本原理。但是,网上商店都开设在第三方提供的网上交易平台上,许多店铺集中在一个市场,在网站交易平台的统一管理和经营下,以谁的名义进行交易就显得非常重要。在这一点上,网上店铺的交易可以适用代理法上的显名规则,即在交易过程中应当向交易相对人显示专卖店的设立人或真实的交易主体,所显示的是谁,谁即成为交易的主体。

在线企业设立的在线商店在现实中至少存在两种形式,一种是直接以原有企业名称(以营业执照上名称为准)设立网上店铺;另一种是以新名称设立销售窗口或专卖店。直接以现实企业名义设立的在线商店,网上显示的名称与现实企业一致,符合显名原则,判断当事人是不成问题的。而在店铺名称与现实企业名称不一致的情况下,消费者无法从网上商店名称本身判断它是哪个企业设立的,因而无从判断交易主体是谁,谁将最终对所销售的产品负责。所以,网上商店主页上应当有专门的链接页面显示其设立人或现实中符合法定条件的民事主体名称。网上交易平台有责任让交易相对人(消费者)知道他在与谁订立合同,谁将承担履行合同的责任。如果一个专卖店未将自己设立人的真实姓名告诉交易相对人,网上交易平台也未能提醒消费者,那么网上交易平台可以被认为是合同的当事人或卖方,至少网上交易平台应承担合同履行的保证责任(承担连带责任)。

因此,网上交易平台负有向当事人披露真实交易主体存在或名称的义务,不尽这一义务的,即可推定网上交易平台为当事人。如果网上交易平台服务提供者不能向客户提供真实的现实存在的交易主体的姓名或名称,那么即可推定该网站为合同的主体。所以,主体公示原则要求在线商店必须在网上显示其真实主体。

二、在线商店的登记管理制度

在线商店作为电子商务活动和网上交易的重要主体,其规范和管理显得非常重要。由于网上商店交易主体具有难以确定的特点,针对网店设立人的管理也显得尤为重要。

(一)网络交易参与主体的登记与管理

网络交易参与主体的管理,包括作为直接交易的网络商品经营者和网络服务经营者的登记,也包括网络交易平台经营者对前者的审核与监督。我国工商行政管理总局 2010 年 5 月 31 日公布了《网络商品交易及有关服务行为管理暂行办法》(以下简称《暂行办法》),并于 2010 年 7 月 1 日起实施。根据规定,在线商店的设立主体应当满足下列条件。

1. 实名注册

已经在工商行政管理部门登记注册并领取营业执照的法人、其他经济组织或者个体工商户开设网上商店,应当在其网站主页面或者从事经营活动的网页醒目位置公开营业执照登载的信息或者其营业执照的电子链接标识。

自然人开设网上商店,应当向提供网上交易的平台服务提供者提出实名认证申请,提交其姓名和地址等真实身份信息。通常情况下,未满 18 周岁者不得申请实名认证。网上店铺具备登记注册条件的,依法办理工商登记注册。注册申请营业执照目前必须具备两个条件,一是注册资金不低于 10 万元;二是必须具备固定的经营场所。目前对于不具备固定经营场所的网上店铺如何登记尚无明确的规定。我国将在具备条件时对网络销售个人逐步实施工商登记制度。我们认为,虽然同样不具备固定经营场所,但对于只从事网上销售的在线企业与开设网上商店的自然人进行注册的标准和条件,应该区别设立。目前,向网上交易服务平台服务提供者提出开店申请时,平台经营者会要求服务提供者进行实名认证,认证方式主要包括以下两种。

(1) 要求申请者提供身份证明。企业与个体工商户应提供其营业执照信息,自然人应提交身份证信息。

(2) 对申请者进行身份认证。网上交易平台提供网上支付功能,申请人开设网上商店需要开通网上支付功能,提供此项服务的银行和第三方支付机构要求申请人提供身份信息和与支付功能关联的银行账户信息,并对此两项信息进行验证核实,核实后才取得开设网上店铺的资格。某些大型的第三方支付机构,如支付宝(中国)网络技术有限公司作为众多网上销售平台的支付功能服务商,一旦通过它们的身份认证,相当于拥有了一张互联网身份证,可以在众多电子商务网站开店、出售商品,同时增加支付宝账户拥有者的信用度。

2. 发布商品

在线商店设立人为销售商品或提供服务必须填写商品描述、属性、买卖方式(如一口价或拍卖等)、交易保障(如 7 天包退换)等内容,出售实物的店铺还需要上传商品的照片。这个过程一般由交易平台的发布平台予以发布,其发布过程有格式化的相应要求。依据《暂行办法》的规定,网上交易要求的商品或者服务应当符合法律、法规、规章的规定。法律、法规禁止交易的商品或者服务,经营者不得在网上进行交易。网络交易平台经营者应对此进行监管。

3. 履行销售者的义务

(1) 经营行为合法

网络商品经营者和网络服务经营者向消费者提供商品或者服务,应当遵守《消费者权益保护法》、《产品质量法》、《商标法》、《反不正当竞争法》、《企业名称登记管理规定》等法律、法规、规章的规定,依法从事经营行为。

网络商品经营者和网络服务经营者提供电子格式合同条款的,应当符合法律、法规、规章的规定,按照公平原则确定交易双方的权利与义务,采用合理和显著的方式提请消费者注意与消费者权益有重大关系的条款,并按照消费者的要求对该条款予以说明。网络商品经营者和网络服务经营者不得以电子格式合同条款等方式作出对消费者不公平、不合理的规定和减轻、免除经营者义务、责任或者排除、限制消费者主要权利的规定。

(2)公布必要信息

网络商品经营者和网络服务经营者向消费者提供商品或者服务,应当事先向消费者发布商品或者服务的名称、种类、数量、质量、价格、运费、配送方式、支付形式、退换货方式等主要信息,采取安全保障措施确保交易安全可靠,并按照承诺提供商品或者服务。

(3)合理收费

网络商品经营者和网络服务经营者提供商品或者服务,应当保证商品和服务的完整性,不得将商品和服务不合理地拆分出售,不得确定最低消费标准以及另行收取不合理的费用。

(4)信息保管与保密

网络商品经营者和网络服务经营者对收集的消费者信息,负有安全保管、合理使用、限期持有和妥善销毁的义务,不得收集与提供商品和服务无关的信息,不得不正当使用,不得公开、出租、出售消费者信息。但是法律、法规另有规定的除外。

(5)真实宣传,依法竞争

网络商品经营者和网络服务经营者发布的商品和服务交易信息应当真实准确,不得做虚假宣传和虚假表示。网络商品经营者和网络服务经营者不得利用网络技术手段或者载体等,实施损害其他经营者的商业信誉、商品声誉以及侵犯权利人商业秘密等不正当竞争行为。

4. 国家机关的管理监督

网络商品交易及有关服务行为的监督管理由县级(含县级)以上工商行政管理部门负责。其主要的管理行为与职责有以下几个方面。

(1)建立信用档案

县级以上工商行政管理部门应当建立信用档案,记录日常监督检查结果、违法行为查处等情况。根据信用档案的记录,对网络商品经营者和网络服务经营者实施信用分类监管。

(2)处罚违法行为

对于在网络商品交易及有关服务行为中违反工商行政管理法律、法规规定,情节严重,需要采取措施制止违法网站继续从事违法活动的,工商行政管理部门应当依照有关规定,提请网站许可地通信管理部门依法责令暂时屏蔽或者停止该违法网站接入服务。工商行政管理部门对网站违法行为作出行政处罚后,需要关闭该违法网站的,应当依据有关规定,提请网站许可地通信管理部门依法关闭该违法网站。网络商品交易及有关服务违法行为由发生违法行为网站的经营者住所所在地县级以上工商行政管理部门管辖。网站的经营者住所所在地县级以上工商行政管理部门管辖异地违法行为人有困难的，可以将违法行为人的违法情况移交违法行为人所在地县级上工商行政管理部门处理。

（3）建立相关制度

县级以上工商行政管理部门应当建立网络商品交易及有关服务行为监管责任制度和责任追究制度，依法履行职责。

》 三、在线商店与网络交易平台的关系

在线商店设立人一般需要与作为网络交易平台的网站签订设立协议。作为为社会提供交易场所的网络交易平台，其生存发展需要吸引经营者到该平台设立网上店铺；而对于需要开辟在线交易窗口的经营者而言，也只有在这样一些具有一定规模的专业平台上设立店铺，才能进入虚拟市场从事交易。

网络交易平台与设立专卖店的设立人之间存在着相互依存的关系。网络交易平台既要为商家提供服务，又要管理整个虚拟市场，创立市场的品牌和形象。因此，在现实生活中，商家与网络交易平台之间设立网上商店签订的协议一般称为合作协议。对于网上商店与网络交易平台的网站之间是何种关系，有以下四种观点。

↘ （一）合伙关系

网络交易平台与专卖店设立人之间是合伙关系。这种看法似乎不能成立。第一，虽然网络交易平台提供的虚拟市场是由进入市场的网上商店构成的，而且网络交易平台要与所有这些设立人签订合作协议，但是在这些设立人之间并不存在共同设立交易市场的共同的意思表示。第二，除非网上商店标明是网络交易平台与设立企业合资举办的，否则，标明是商家专卖或标明设立人的网上店铺应当被认为是设立人独立设立的。一般来讲，网络交易平台与网店设立人合伙设立店铺的可能性很小，因此，多数情况下，网络交易平台与网上商店设立人之间不是合伙关系。

↘ （二）租赁关系

网上商店与网络交易平台之间的关系有点类似于租赁关系。现实生活中的大多数批发市场、交易中心甚至专业性商厦都是将场地租赁给众多的商家，各个商家独立对外交易，共同构成市场。同时，交易市场也有机构统一管理和对外宣传，形成了既分散独立，又有一定程度统一的市场。在网站交易平台建设过程中，也要吸引众多商家"入驻"，网络交易平台为商家提供一定的硬盘空间以制作专卖店的页面，并提供其他配套服务等，因此可称之为网络空间的租赁，甚至有学者将网上商店比喻为交易市场或商厦的摊位租赁或专柜租赁。在某种意义上，这种观点具有一定的道理。因为，虚拟市场的交易模式也无非是现实生活模式的"镜像"。但是，虚拟世界有其特殊性，很难完全套用现实世界中的某一种法律关系构筑这种新环境下的"合作关系"。我们认为，这种合作关系中还包含了居间关系和技术服务等方面的内容。

▷ (三) 居间关系

在以下两个方面,网络交易平台与网店设立人之间的关系类似于居间关系。第一,专卖店的商品信息、要约或要约邀请、确认(合同成立等)信息是由网站传递给客户的,客户的订购、支付等信息也是经网站公司传递给专卖店的;第二,网络交易平台一般要按照专卖店营业额收取交易"佣金",这种佣金类似于居间人的佣金。

但是,网络交易平台提供的信息传递工作,有三点不同于传统居间人的作用。第一,网络交易平台仅仅提供传输手段或通道,主要是单纯的传递作用(最多相当于传达),而没有选择、改变等功能;更为准确地说,网络交易平台只是给交易双方提供了渠道,而不是信息本身,通过网络交易平台这一特殊"舞台"使交易双方建立起直接的联系。第二,网络交易平台传递的信息量要远远超出居间活动。在合同标的为电子产品时,通过网络交易平台即可以完成寻购、下订单、确认订单、交付(下载文件)、支付价款等全部过程;在标的物为货物时,除交付(物流)不能通过网络交易平台实现外,其余也可以通过网络交易平台实现。第三,按照营业额收取一定比例佣金的法律关系并不一定都是居间。我们认为,不能笼统地认为所有的网络交易平台都与网上商店经营者之间存在居间关系。由于居间型网络交易平台相比单一型网络交易平台,其经营者要承担更多责任,因此要对两种网络交易平台进行区分。例如,只有当网络交易平台在其与网店设立人的合作协议中明确写明其承担居间的相关责任,并在普通的管理费和提成之外为居间行为收取专项费用才能够认定其与网店经营者之间存在居间关系,同时这种网络交易平台可以被认定为居间型网络交易平台。

▷ (四) 技术服务合同关系

就技术服务合同而言,网上开店合同也有其特殊性。纯粹的技术服务合同是指当事人以技术知识为另一方解决特定技术问题,一般是委托人提供工作条件,受托人只提供智力劳动或技能的传授。而在网上开店合同中,受托的网站则全面提供设备、程序、硬盘空间等,不仅仅提供网页制作和维护等技术服务,而且这种服务的提供具有长期性,只要专卖店营运,这种服务就得继续。这些特征使得这种技术服务合同具有了合作性因素。实际上,缺少合作或在某些方面的相互配合,专卖店和网上交易中心都很难生存下去。双方既有共同商誉和利益的一面,也有各自商誉和利益的一面。这种相互依存、共同发展的合作关系,使网络交易平台的服务区别于独立主体之间完全基于技术服务合同所提供的服务。

由此可见,单一的描述都无法全面概括网上商店与网络交易平台之间的关系特征,网上商店作为一种新型交易方式中的交易主体,其与网络交易平台之间应当是一种复合型的法律关系,其中融合了租赁、居间、技术服务等多种法律关系的特点。也正因为如此,需要出台专门的法律、法规对网上商店的相关内容进行规范和管理,以促进网上商店及电子商务的健康有序发展。

【活动项目设计】

利用网络平台进行交易如今已成为许多商家的首选,然而一家皮包公司却利用这一平台,在4个月里先后骗取了40名商家共计280余万元。2010年8月29日,东莞市中级人民法院二审以合同诈骗罪判处被告张某有期徒刑14年9个月。

2008年4月,张某同雷某、黄某(二人已判刑)等人商量后一起出资在东莞市常平镇开办了一家电子有限公司,密谋诈骗供应商货物以变卖谋利。三人各有分工:雷某任副总经理负责公司全面工作,张某担任负责采购和货物外卖的采购部经理,黄某是负责外发采购的采购部经理。为了让公司看起来"有模有样",三人配备了较齐全的设备,聘请了100多名员工,还各有公司公章和采购、财务等印章。同时还聘请多名采购员在阿里巴巴等商务网站发布求购信息,或通过其他渠道主动联系供货商。

许多供货商为了确定公司是否真实存在还曾特地到公司现场查看公司的运作,但是该公司有100多名员工、有设备,表面上正常运作,最终供货商都被该公司的表面现象所蒙蔽。

据介绍,张某的骗术其实很简单,先部分进货并支付货款以骗取供货商的信任,然后加大订货量,之后又借口拖延货款,将骗来的货品低价变卖谋利。从2008年2月至2008年6月,有40家供应商落入陷阱,骗取的金额高达280余万元。2009年9月2日,公安机关通过网上追逃,在江苏省常州市将被告人张某抓获归案。

讨论:目前,国家部委及地方政府在规范网上交易主体身份、交易行为等方面做了哪些工作?该如何避免网上交易欺诈?

>> 思考与练习

1. 简述电子商务法律主体的分类及特征。
2. 简述电子商务法律主体认定的三大基本原则。
3. 简述网络商品七日无理由退货的程序。
4. 简述第三方电子商务交易平台的法律法规。

03

第三章
电子签名与电子认证
法律制度

【本章概要】

电子签名与电子认证作为电子商务的安全保障手段,既是一个将电子商务法律主体的身份与其电子记录联系起来的技术性问题,又是一个全新的法律问题。电子签名侧重于解决身份辨别与文件归属问题,而电子认证解决的是密钥及其持有人的可信度问题。本章主要涉及电子签名的概念、种类、电子签名的法律效力、数据电文的概念、电子签名法的意义、电子认证机构的设立和管理制度以及电子认证的法律关系等内容。

【学习目标】

1. 了解签名在商务活动中的功能及其重要性,理解电子签名的法定含义与特征;
2. 了解电子认证的含义与作用,掌握我国《电子签名法》中所规定的基本制度;
3. 了解我国对于电子认证机构设立条件以及设立程序的规定;
4. 掌握我国法律对于电子认证活动的基本规定。

【重点与难点】

重点:了解电子签名与传统签名的异同和电子认证的分类及作用。
难点:理解电子签名和电子认证的法律效力。

【关键术语】

电子签名　数字签名　电子认证　继续履行

第一节　电子签名法律制度

一、电子签名概述

（一）《中华人民共和国电子签名法》的立法概述

1.《电子签名法》的立法情况

"电子签名"立法最早的是1995年美国的犹他州,《犹他州电子签名法》是世界上第一部电子签名法;1996年联合国国际贸易法委员会制定了《电子签名示范法》;1999年欧盟制定了《电子签名指令》;2000年10月美国国会通过《全球和国内商业法中的电子签名法案》;日本出台了《关于电子签名及认证业务的法律(电子签名法)》;新加坡、韩国等许多国家也制定了相关法律。到目前为止,全世界有40多个国家制定了有关电子签名方面的法律。

2003年4月,我国开始电子签名法的立法工作。在电子签名法的立法过程中,我国首先借鉴《电子商务示范法》《电子签名示范法》的相关原则和内容,借鉴了欧盟、美国、日本、韩国、新加坡等国家的相关立法,征求了国内电子商务企业和法律方面专家的意见和建议。

《中华人民共和国电子签名法》方案成熟后,在2004年4月2日,首次提交第十届全国人民代表大会常务委员会第八次会议,全国人民代表大会常务委员会对电子签名法草案进行了审议,根据意见和建议,先后又有两次修改,并提交全国人民代表大会常务委员会审议;在2004年8月28日,第十届全国人民代表大会常务委员会第十一次会议通过了《中华人民共和国电子签名法》,自2005年4月1日起实施。根据2015年4月24日第十二届全国人民代表大会常务委员会第十四次会议《关于修改〈中华人民共和国电力法〉等六部法律的决定》第一次修正;根据2019年4月23日第十三届全国人民代表大会常务委员会第十次会议《关于修改〈中华人民共和国建筑法〉等八部法律的决定》第二次修正。

2.《中华人民共和国电子签名法》的立法意义

为了消除电子商务和电子政务发展过程中的法律障碍,第十届全国人民代表大会常务委员会第十一次会议审议通过了《电子签名法》。《电子签名法》是我国在电子商务方面的第一部法律,也是电子商务实体法中的第一部立法,它对规范电子商务交易和行为,促进电子商务、电子政务,以及相关方面的健康发展起到重要的推动作用。从我国电子商务的实践分析及《电子签名法》的颁布实施来看,其意义主要包括以下3个方面。

（1）规范电子签名行为

《电子签名法》在法律上对电子签名提出了要求,包括电子签名的定义、电子签名的法律效力、可靠电子签名的条件等。在电子商务的交易过程中,以网络上的数据电文形式的签名,起到了规范作用,从而推进网络身份确定的规范化。

（2）确立电子签名的法律效力

《电子签名法》第一次确立了电子签名的法律效力,可靠的电子签名具有传统手写签字、盖章同等的法律效力,对于民事活动中的合同或者其他文件、单证等文书,当事人可以约定使用或者不使用电子签名、数据电文。当事人约定使用电子签名、数据电文的文书,不得仅因为其采用电子签名、数据电文的形式而否定其法律效力。

（3）维护有关各方的合法权益

电子签名用于识别签名人的网络身份,同时表明签名人认可文件中的内容,享有规定的义务,承担相应的责任。《电子签名法》在电子商务交易中,可避免不必要的纠纷,对维护电子商务交易双方的权益将会起到重要的作用。

3.《中华人民共和国电子签名法》的适用范围

（1）电子签名的适用范围

第一,电子商务活动。网络上的交易,不论是在互联网上还是在专用网络上,交易过程中均会涉及很多资格身份、交易内容的确定和证明,电子签名将是最为普遍的网上身份认证的解决办法。

第二,经济、社会事务管理。除电子商务活动外,很多经济和社会事务管理也已经网络化。例如,对于电子报关、报税、年检及行政许可法等来说,电子签名也是一种有效的身份确认方式。

（2）电子签名的不适用范围

《电子签名法》规定,有些情况或文书,不适用电子签名。不适用电子签名的文书包括:第一,涉及婚姻、收养、继承等人身关系的;第二,涉及土地、房屋等不动产权益转让的;第三,涉及停止供水、供热、供气、供电等公用事业服务的;第四,法律、行政法规规定的不适用电子文书的其他情形。

（二）电子签名的概念和种类

1. 传统签名的概念

关于签名,目前没有统一的定义。国际组织、各国立法以及不同学者对此仍存在分歧。相对传统签名而言,首先存在一个技术问题,因此,各种不同的定义之间主要的分歧在于如何界定电子签名所使用的技术范围。传统意义上讲,签名本身就是一个广泛而有分歧的概念,东西方也有不同理解。《辞海》对"签名"的解释是"在文件上亲笔署名或画押";《现代汉语词典》的解释为:签名是指"写上自己的名字"。

2. 电子签名的概念

电子签名是传统签名在信息化时代的发展,电子签名并非书面签名的数字化扫描图像,而是附加于一项数据电文之中或之后的,或与之有逻辑联系的电子数据信息,它可用来证明数据电文发出者的身份,确定签名人与数据信息的联系并表明签署者承认该数据电文中所包含的信息内容。电子签名,目前国际上并没有统一的定义。根据目前电子签名的技术方案,综合各国立法,可以归纳为以下几类。

(1) 广义的电子签名。所谓广义的电子签名,是指包括数字技术、生物特征技术、电子录音、电传等各种电子技术手段在内的电子签名。

(2) 狭义的电子签名,即数字签名。有人认为电子签名就是数字签名,严格来说这是不准确的。数字签名属于电子签名中的一种,是指以非对称密钥技术为基础的签名,而电子签名还可以包括口令、密钥以及生物特征鉴别法等。不过数字签名是目前广泛使用且技术最为成熟的一种。关于数字签名,后面还会详述。

3. 电子签名种类

就目前技术发展的现状而言,可以将电子签名主要分为电子化签名、生理特征签名和数字签名。各种电子签名技术具有各自的优势和局限性,目前使用最为普遍的是数字签名。但是,可以预见,随着技术的不断发展,电子签名的形式也将不断地发展更新。

(1) 电子化签名

电子化签名是指对手写签名进行模式识别的签名方法。电子化签名的实现采用签名者传统的手写方式,但需要一定的技术将手写签名转换为电子化签名。在硬件方面,需要一块与计算机相连的手写感应板及电子笔;在软件方面,需要高度精确的模式识别技术、笔迹压缩技术和加密技术等。签名者签署电子化签名时,首先用电子笔在手写感应板上书写自己的签名,然后将感应数据传送至计算机,由计算机将数据进行加密等处理,并将该签名数据与其所要签署的文件绑定在一起,完成与传统手写签名几乎完全一致的签署行为。对电子化签名进行验证时,需将该签名与留存的签名样式用模式识别的数字计算方法进行比对,以辨认该签名之真伪。

电子化签名的主要优点在于实现方式上与传统手写签名方式相类似,符合人们的传统习惯,易于被人们接受。但是,由于每次手写签名的差异性,对模式识别技术及比对技术要求很高,现有的模式识别技术还有待进一步提高。

(2) 生理特征签名

生理特征签名是一种基于用户指纹、视网膜结构、手掌掌纹、声纹、全身形体特征以及脸部特征等独一无二的生理特征,通过生物识别技术进行身份识别的签名方法。生理特征是一个人与他人不同的唯一特征,是可以测量、自动识别和验证的。生理特征签名不需要用户进行相应的签名行为,而是由生物识别系统自动采集、处理,完成对用户的身份认证。以用户指纹作为生理特征的签名为例,签名主要涉及两个过程,即登记过程和识别过程。其中登记过程包括三个环节,读取指纹图像、提取特征和保存数据。首先,通过指纹读取设备读取人体指纹的图像,对其进行初步的处理;其次,用指纹辨识软件对指纹进行特征提取,建立指纹的特征数据;然后,将这些指纹的特征数据作为模板加以保存。

在进行识别的过程中,对待认证的指纹重复读取指纹图像和提取特征环节,然后将待认证的指纹特征数据与模板中保存的指纹特征数据进行比对,得出两个指纹是否匹配的结果,以确认待认证对象的身份。其他生理特征签名过程与此相类似,主要区别在于采集和识别技术上的不同。

生理特征签名是现代生物技术与计算机技术的结合,因此,其签名的安全性和可靠性很高,而且可以免去携带、保存、丢失、记忆等其他签名方式的不便。但是,将生理特征转化为电子资料的设备以及技术较为昂贵,使得这种签名方式所需的成本较高。此外,这种确认身份的方式不太人性化,可能会使人产生排斥心理。

(3) 数字签名

数字签名是指以对称密钥加密、非对称加密、数字摘要等加密方法产生的电子签名方式。数字签名产生于 1978 年,在 20 世纪 90 年代被大量采用。与电子签名的其他种类相比较,数字签名发展较为迅速并且也较为成熟,早期的电子签名立法往往将其确立为调整对象。

相关知识

在 ISO7498 - 2 标准中,数字签名被定义为:"附加在数据单元上的一些数据,或是对数据单元所作的密码变换,这种数据和变换允许数据单元的接收者用以确认数据单元来源和数据单元的完整性,并保护数据,防止被人(例如接收者)进行伪造。"美国电子签名标准(DSS, FIPS186 - 2)将数字签名解释为:"利用一套规则和一个参数对数据计算所得的结果,用此结果能够确认签名者的身份和数据的完整性。"

（三）电子签名的特征及功能

1. 电子签名的特征

由电子签名的概念可以看出,电子签名应具备如下特征:

(1) 电子签名是以电子形式出现的数据。

(2) 电子签名是附着于数据电文的。电子签名可以是数据电文的一个组成部分,也可以是数据电文的附属,与数据电文具有某种逻辑关系,使数据电文与电子签名相联系。

(3) 电子签名必须能够用于识别签名人身份并表明签名人认可与电子签名相联系的数据电文的内容。

2. 电子签名的功能

在电子商务活动中,电子签名主要有三种功能:

(1) 证明文件的来源,即识别签名人。

(2) 表明签名人对文件内容的确认。

(3) 是构成签名人对文件内容的正确性和完整性负责的依据。电子签名与传统商务活动中的签名、盖章作用相同,具有同样的法律效力。

相关知识

"电子签名"与"数字签名"的关系

有人把"电子签名"完全等同于"数字签名",这是不准确的。实现电子签名的技术手段有很多种,而数字签名是目前电子商务、电子政务中应用最普遍、技术最成熟、可操作性最强的一种电子签名方法。数字签名采用了规范化的程序和科学化的方法,用于鉴定签名人的身份及对一项电子数据内容的认可,并且数字签名还能验证出文件的原文在传输过程中有无变动,确保传输电子文件的完整性、真实性和不可抵赖性。所以,我国《电子签名法》中提到的签名,一般指的是"数字签名"。

》 二、电子签名的法律效力

在电子商务实践中,保证电子交易安全的重要手段是电子签名。电子签名技术的发展非常迅速,各种不同的技术手段和方式在电子商务领域的应用虽然起了一定的安全保障作用,但是,由于没有相应的法律规范,电子签名应用中遇到了不少问题,如电子签名、数据电文是否具有法律效力无明文规定;电子签名的规则不明确,发生纠纷后责任难以认定;为电子交易各方提供信誉保证的电子认证机构,其法律地位和法律责任不明确,电子签名的安全性、可靠性没有法律保障。

因此,从法律的角度给予电子签名与传统签名、盖章同等的法律地位,就成为电子签名得以广泛应用和发挥功效的前提,在解决电子合同的书面形式及效力的法律问题之后,各国已纷纷将立法的重点转向电子签名。近十年来,随着计算机网络的发展,电子签名法成为国际电子商务立法的核心内容。同时也需要对认证机构的准入条件、运行规则、责任方式等作出规定。

↘ (一)电子签名的效力范围

电子签名法的作用就是通过确立电子签名的法律效力,消除电子商务发展中的法律障碍,保护电子商务交易方的合法权益,保障交易安全,为电子商务与电子政务的发展创造有利的法律环境。法律应有一定的前瞻性和包容性,不仅应该考虑目前电子签名所适用的主要领域,同时也应该考虑随着社会经济的发展和技术的进步,电子签名可能适用的其他领域。电子商务是一种新兴的交易方式,电子签名、数据电文并未在社会活动中获得广泛应用,广大民众的认知度不高。同时,电子签名、数据电文的应用需要借助一定的技术手段,物质条件也会限制一部分民众使用这种交易方式。由于上述原因,并基于交易安全因素的考虑,一些国家和地区的电子签名或电子商务法规定某些领域不适用这种交易方式。

我国《电子签名法》参考外国的立法先例,并结合我国的实际情况,在该法第三条规定了电子签名法的适用除外,包括:

1. 涉及婚姻、收养、继承等人身关系的文书；

2. 涉及土地、房屋等不动产权益转让的文书；

3. 涉及停止供水、供热、供气、供电等公用事业服务的文书。

同时，为了使《电子签名法》在实施过程中具有更大的灵活性，还规定了一个兜底条款，即法律、行政法规可以对其他不适用电子文书的情形作出规定。同时，考虑到经济、社会等方面的行政管理活动中使用数据电文、电子签名的特殊情况，需要授权国务院依据《电子签名法》制定政务活动和其他社会活动中使用电子签名、数据电文的具体办法。因此，《电子签名法》第三十五条规定："国务院或者国务院规定的部门可以依据本法制定政务活动和其他社会活动中使用电子签名、数据电文的具体办法。"由此看来，按照《电子签名法》的规定，电子签名、数据电文主要适用于商务活动，但又不限于商务活动，可以相应地使用在电子政务中，国务院如果认为哪些政务活动不适用电子签名，可以另行制定行政规章。目前，电子签名主要在电子商务活动中使用。

（二）电子签名的原则和法律效力

1. 确立电子签名法律效力的基本原则

为了避免电子签名仅仅因为其与传统签名不同的存在方式而被否认其法律效力，在确立电子签名法律效力时，国际组织及各国立法大都运用功能等同和非歧视电子商务法的两大基本原则，确保电子签名与传统签名具有同等的法律效力。

（1）功能等同原则

联合国国际贸易法委员会《电子商务示范法》第七条这样规定，"如法律要求要有一个人签字，则对于一项数据电文而言，倘若情况如下，即满足了该项要求：(a)使用了一种方法，鉴定了该人的身份，并且表明该人认可了数据电文内含的信息；(b)从所有各种情况看来，包括根据任何相关协议，所用方法是可靠的，对生成或传递数据电文的目的来说也是适当的"。这条规定即体现了签名的功能等同原则，规定符合法律上签名要求的电子签名要具备两项基本功能：一是能够对签字者进行身份认证；二是能够表明签字者对所签署数据电文内容的认可。换言之，具备这两项基本功能的电子签名，根据功能等同原则，等同于传统签名。另外，一些国家立法在界定电子签名时，定义中直接包含了签名的基本功能，清晰地表明功能等同原则在其电子签名法律效力中的应用。

（2）非歧视原则

联合国国际贸易法委员会《电子商务示范法》第五条规定："不得仅仅以某项信息采用数据电文形式为理由而否定其法律效力、有效性或可执行性。"这一规定同样涵盖了对电子签名的非歧视原则，不得仅仅因为采用电子签名的形式而否定其法律效力。非歧视原则从另一个角度明确了电子签名的法律效力。

我国《电子签名法》第三条也明确作出规定，"当事人约定使用电子签名、数据电文的文书，不得仅因为其采用电子签名、数据电文的形式而否定其法律效力"。

目前,电子签名的法律效力在世界范围内已经基本得到认同。

相关知识

联合国《电子签名示范法》规定可靠电子签名的条件

联合国《电子签名示范法》第六条规定,凡法律规定要求有一人的签名时,如果根据各种情况,包括根据任何有关协议,所用电子签名既适合生成或传送数据电文所要达到的目的,而且也同样可靠,则对于该数据电文而言,即满足了该项签名要求。

符合下列条件的电子签名视作可靠的电子签名:

(1) 签名制作数据在其使用的范围内与签名人而不是与其他任何人相关联。

(2) 签名制作数据在签名时处于签名人而不是还处于其他任何人的控制之中。

(3) 凡在签名后对电子签名的任何更改均可被察觉。

(4) 如果签名的法律要求目的是对签名涉及的信息的完整性提供保证,凡在签名后对该信息的任何更改均可被察觉。

伪造、冒用、盗用他人的电子签名,构成犯罪的,依法追究刑事责任;给他人造成损失的,依法承担民事责任。

2. 电子签名的法律效力

我国《电子签名法》明确规定,可靠的电子签名与手写签名或者盖章具有同等的法律效力。如果签名人按照法律要求合法使用电子签名,该电子签名将依法产生法律效力,具体来说其法律效力如下。

(1) 对签名人的效力

就对签名人的效力而言,电子签名具有与传统签名相同的功能:一是表明文件的来源,即签名人承认其为文件的签署者,在签名人和文件之间建立联系;二是表明签名人对文件内容的确认;三是作为表明签名人对文件内容正确性和完整性负责的根据。

(2) 对数据电文内容的效力

电子签名和数据电文紧密联系,经过电子签名的数据电文即表明其得到了签名人的认可,在符合证据客观性、关联性、合法性等要求的条件下,可以作为证据使用。数据电文作为证据使用涉及电子证据的问题,本书有专章讲述。

(3) 对法律行为的效力

当法律规定某种法律行为必须以书面签名形式作出时,以电子签名对数据电文的签署,就充分满足了这一要求。当然,某一电子签名签署的具体的法律行为是否成立或生效,最终要以调整该法律行为的特别法来衡量。譬如要以合同法规范对电子签名签署的要约、承诺的生效与否进行判断,而其合同法上的效力,不是强化电子签名本身所能决定的。但是,无论如何,电子签名对法律行为的成立与生效,起着极其重要的作用。当以电子签名签署的要约、承诺本身符合合同法的基本规范时,那么对该要约或承诺的电子签名,就构成了合同成立与生效的时间、地点等重要的法律行为因素。

相关案例

电子签名法第一案解析:手机短信息可作证

2004 年 1 月,杨先生结识了女孩韩某。同年 8 月 27 日,韩某发短信给杨先生,向他借钱应急,短信中说:"我需要 5000 元,刚回北京做了眼睛手术,不能出门,你汇到我卡里。"杨先生随即将钱汇给了韩某。一个多星期后,杨先生再次收到韩某的短信,又借给韩某 6000 元。因都是短信来往,两次汇款杨先生都没有索要借据。此后,因韩某一直没提借款的事,而且再次向杨先生借款,杨先生产生了警惕,于是向韩某催要。但一直索要未果,于是起诉至北京市海淀区法院,要求韩某归还其 11000 元钱,并提交了银行汇款单存单两张。但韩某却称这是杨先生归还以前欠她的欠款。

为此,在庭审中,杨先生在向法院提交的证据中,除了提供银行汇款单存单两张外,还提交了自己使用的号码为"1391166×××× "的飞利浦移动电话一部,其中记载了部分短信息内容。经法官核实,杨先生提供的发送短信的手机号码拨打后接听者是韩某本人。而韩某本人也承认,自己从 2004 年七八月份开始使用这个手机号码。

法院经审理认为,依据 2005 年 4 月 1 日起施行的《中华人民共和国电子签名法》中的规定,经法院对杨先生提供的移动电话短信息生成、储存、传递数据电文方法的可靠性;保持内容完整性方法的可靠性;用以鉴别发件人方法的可靠性进行审查后,可以认定该移动电话短信息内容具有证据的真实性。根据证据规则的相关规定,录音录像及数据电文可以作为证据使用,但数据电文直接作为认定事实的证据,还应有其他书面证据相佐证。

杨先生提供的通过韩女士使用的号码发送的移动电话短信息内容中载明的款项往来金额、时间与中国工商银行个人业务凭证中体现的杨先生给韩女士汇款的金额、时间相符,且移动电话短信息内容中亦载明了韩女士偿还借款的意思表示,两份证据之间相互印证,可以认定韩女士向杨先生借款的事实。据此,杨先生所提供的手机短信息可以认定为真实有效的证据,证明事实真相,法院对此予以采纳,对杨先生要求韩女士偿还借款的诉讼请求予以支持。

资料来源:《法制日报》,2007 - 12 - 02

▶ (三) 伪造、冒用、盗用他人电子签名的法律责任

在参与电子签名活动过程中,为了防范第三人非法使用电子签名,我国《电

子签名法》第三十二条规定:"伪造、冒用、盗用他人的电子签名,构成犯罪的,依法追究刑事责任;给他人造成损失的,依法承担民事责任。"

伪造他人的电子签名是指未经电子签名合法持有人的授权而创制电子签名或者创制一个认证证书,列明实际并不存在的用户签名等。

冒用他人的电子签名是指非电子签名持有人未经电子签名人的授权以电子签名人的名义实施电子签名的行为。

盗用他人的电子签名是指秘密窃取并使用他人电子签名的行为。

伪造、冒用、盗用他人的电子签名,是一种扰乱市场秩序、侵犯他人权益的行为,同时,这种行为也严重影响了电子交易的安全,法律对这种行为明确给予严厉制裁。

1. 伪造、冒用、盗用他人电子签名的刑事责任

伪造、冒用、盗用他人电子签名的犯罪,主要是指构成《中华人民共和国刑法》第二百八十条关于妨害国家机关公文、证件、印章的犯罪,伪造公司、企业、事业单位、人民团体印章的犯罪。构成该条的犯罪,必须具备以下条件:一是主观上是故意;二是客观上实施了伪造他人的电子签名的行为。对构成犯罪的,依照其规定,伪造、变造国家机关的公文、证件、印章的,处3年以下有期徒刑、拘役、管制或者剥夺政治权利;情节严重的,处3年以上10年以下有期徒刑。伪造公司、企业、事业单位、人民团体印章的,处3年以下有期徒刑、拘役、管制或者剥夺政治权利。

2. 伪造、冒用、盗用他人电子签名的民事责任

伪造、冒用、盗用他人电子签名属于侵权的民事责任,承担方式主要包括停止侵害、排除妨碍、消除危险、返还财产、恢复原状、赔偿损失、赔礼道歉等。对于承担民事责任的几种方式,可以单独适用,也可以合并适用。

》 三、数据电文

数据电文(data message,我国通常译为"数据电文"或"数据信息")是独立于口头、书面等传统意思表达方式之外的一种电子通信信息及记录。它是一个应用于电子商务领域的具有丰富含义的概念,需要在其使用的特定环境中理解其具体意义。

（一）数据电文的概念

数据电文一般是指通过电子手段形成的各种信息,也称为电子信息、电子通信、电子数据、电子记录、电子文件等。我国《电子签名法》规定的数据电文是指以电子、光学、磁或者类似手段生成、发送、接收或者储存的信息。它包含两层意思:其一,数据电文使用的是电子、光学、磁手段或者其他具有类似功能的手段,不仅指现有的通信技术,而且包括未来可预料的各种技术。其二,数据电文的实质是各种形式的信息,包括所有以无纸形式生成、储存或传输的各类电文。

（二）数据电文的特性

数据电文既包括电报、电传、传真等这些久已为人们所接受的无纸形式生成、储存的信息，又包括电子邮件、电子数据交换（EDI）、互联网数据等近年出现以及即将出现的非纸介质类信息。所以，数据电文具有以下特性。

1. 高科技性

数据电文的高科技性至少反映在三个方面：第一，数据电文本身是高科技的产物；第二，数据电文的广泛适用必须借助现代科技；第三，科学技术是确认数据电文效力的关键。当事人在电子交易中出现纠纷时，能够用来证明其交易行为、内容的往往是一些电子数据，但如果缺乏可靠的认证体系，这些数据的真实性就很难认定，而建立一个公正、高效的认证体系更需要设计上的科学性和技术上的可靠性作保障。

2. 无形性

数据电文所记载、传送的通常是数字化信息。这种信息与传统的纸质信息相比，其原始形态往往不是肉眼可识别的文字、图形、符号，而是编码信息。因此，数据电文的初始信息具有无形的特点。

3. 形式多样化

数据信息经磁性载体反映到数据显示设备上可呈现出多种多样的形式，也可以输出到外部设备上，如打印到纸张上或制成缩微胶卷。这些信息与传统的信息载体相结合也可形成有形的可视信息。这些都显示了它的复合性。尤其是多媒体技术的出现，使数据电文综合了文本、图形、图像、动画、音频及视频等多种媒体信息，这种以多媒体形式存在的数据电文几乎涵盖了所有传统证据类型。

4. 易破坏性

数据电文同时具有较高的精密性和脆弱性。数据电文多以计算机与网络为依托，在生成、储存、传输过程中很少受主观因素的影响。但是由于数据电文通常以数字信号的方式存在，而数字信号是非连续性的，因此如果有人故意或因为差错而截获、监听、窃听、删节、剪辑该信息，从技术上讲一般是无法查清的。网络或电路故障、操作人员的不当操作及技术的不稳定都可能破坏数据内容，使数据电文无法反映真实情况。另外，数据电文多以电磁形式储存，添加与删改可不留痕迹，有些类型的数据电文体积小、携带方便、容易毁损，当事人在几分钟甚至几秒钟就可以完成伪造过程，而且不容易被察觉。

（三）数据电文的归属与确定

1. 发送主体的确认

数据电文的归属，就是如何认定数据电文的发出者或者其主体问题。它是数据电文法律后果的先决条件。电子签名是对数据电文效力的确认，借以建立起数据电文与签名者之间的联系。正如书面文件可能会被他人冒名签署一样，在电子环境下，也可能出现冒名发出的数据电文。如果谁是发件人不明确，或是有争议，如何判断该数据电文的归属呢？这种情况下要确定数据电文的效力，就需要适用数据电文归属的推定规则,这些规则是对电子签名法律效力的补充。在一定情况下,数据电文可以视为发件人发送。这样可以使法律关系变得稳定,有利于保护交易对方当事人的合理信赖。

(1)代理。发件人如果明确授权他人发送一项数据电文,则成立一种代理关系。发件人为被代理人,被授权者为代理人。《中华人民共和国民法典》第一百六十二条规定:"代理人在代理权限内,以被代理人名义实施的民事法律行为,对被代理人发生效力。"《中华人民共和国民法典》第一百七十一条规定:"行为人没有代理权、超越代理权或者代理权终止后,仍然实施代理行为,未经被代理人追认的,对被代理人不发生效力。"具体按照我国《中华人民共和国民法典》等相关规定处理。

(2)自动交易。在电子交易中,有些合同的订立和履行通过计算机程控的数据电文自动完成。发件人的信息系统自动发送数据电文。这种信息系统也被称为"电子代理人"。在电子数据交换(EDI)中,这种情况很常见。例如我们从网上书店订购图书,该书店通过其计算机系统接受和确认要约,交易就自动成立了。对这种情况下发件人系统自动发送的信息,推定为发件人发送。

(3)收件人按照发件人认可的方法对数据电文进行验证后结果相符的。发件人与收件人可以事先约定:如果收件人采用某种验证程序对所收到的数据电文进行验证后,验证结果表明该数据电文是发件人发出的,则收件人可以认定该数据电文归属于发件人。发件人也可以单方面认可该种验证程序,或者经过与中间人(如认证机构)的协议确定该验证程序,并同意凡符合该程序要求条件的数据电文,均承担受其约束的义务。

在有些情况下,可能有人会盗用发件人的系统或签名生成数据等信息来发送数据电文。收到数据电文后,只要正确地使用了事先经发件人同意的验证程序来进行验证,收件人即有权视该数据电文为发件人发送。因为发件人有义务防止自己的系统或者有关信息被盗用。一旦发件人疏于这项义务,即应为其疏忽行为负责。当然根据民法一般原则,如果收件人明知或应知所收到的数据电文不是发件人发送的,则收件人无权将该数据电文视为发件人发送的。如果发件人在知道他人冒用了自己的系统或有关信息后,立即对收件人发出通知告知这一情况,则收件人自知悉这一情况时起,不应继续将该数据电文归属于发件人。

2. 数据电文的发送与接收

(1)数据电文的发送

我国《电子签名法》第九条对数据电文的归属作出了规定:"数据电文有下列情形之一的,视为发件人发送:(一)经发件人授权发送的;(二)发件人的信息系统自动发送的;(三)收件人按照发件人认可的方法对数据电文进行验证后结果相符的。"

当事人对以上规定的事项另有约定的,从其约定。

(2)数据电文的发送时间

数据电文进入发件人控制之外的某个信息系统的时间,视为该数据电文的发送时间。

3. 数据电文的接收

(1) 数据电文的收讫

法律、行政法规规定或者当事人约定数据电文需要确认收讫的,应当确认收讫。发件人收到收件人的收讫确认时,数据电文视为已经收到。

(2) 数据电文的接收时间

我国《电子签名法》规定,收件人指定特定系统接收数据电文的,数据电文进入该特定系统的时间,视为该数据电文的接收时间;未指定特定系统的,数据电文进入收件人的任何系统的首次时间,视为该数据电文的接收时间。

《中华人民共和国民法典》第一百三十七条规定:"以对话方式作出的意思表示,相对人知道其内容时生效。以非对话方式作出的意思表示,到达相对人时生效。以非对话方式作出的采用数据电文形式的意思表示,相对人指定特定系统接收数据电文的,该数据电文进入该特定系统时生效;未指定特定系统的,相对人知道或者应当知道该数据电文进入其系统时生效。当事人对采用数据电文形式的意思表示的生效时间另有约定的,按照其约定。"

相关知识

发件人以数据电文发出要约,收件人收到要约的时间为 A 时,其向发件人作出确认收讫,发件人收到收讫通知的时间为 B 时,A 时与 B 时不会一致。而从《电子签名法》第十条的规定中无从得知要约到达的时间到底是以 A 时,还是以 B 时为准。这关系到要约意思表示生效的时间,以及对承诺期限的计算。而在承诺场合,则关系到合同成立的时间、风险分配等重大利益。如不将之明确,在实践中极易导致争议的滋生。

(3) 数据电文的发送地点

我国《电子签名法》规定,发件人的主营业地为数据电文的发送地点,收件人的主营业地为数据电文的接收地点。没有主营业地的,其经常居住地为发送或者接收地点。当事人对数据电文的发送地点、接收地点另有约定的,从其约定。

▶ (四) 数据电文的确认收讫

对于数据电文收讫,《电子签名法》第十条规定:"法律、行政法规规定或者当事人约定数据电文需要确认收讫的,应当确认收讫。发件人收到收件人的收讫确认时,数据电文视为已经收到。"作出如此规定的原因如下。

(1) 确认收讫类似于邮政系统中的回执制度。确认收讫有两种情形:一种是强制性确认收讫,法律、行政法规规定数据电文必须经确认收讫;另一种是当事人约定数据电文须经确认收讫。除了上述情形外,确认收讫不是数据电文产生法律效力的要件。

(2) 确认收讫有多种方式。如果发件人与收件人约定必须采用某种特定形式或方法确认收讫,或发件人单方面要求如此,则收件人应以该方式确认收讫。如果未约定特定方式,则收件人可以通过任何一种方式确认收讫,包括由其信息系统自动发出确认收讫函,只要该方式能明确表示该数据电文已经收到。

（3）对于必须经过确认收讫的,在收到确认之前,数据电文可视为从未发送。发件人收到确认的,可以推定有关数据电文已经由收件人收到。

（五）关于文件保存要求

根据《电子签名法》第六条的规定,符合下列条件的数据电文,视为满足法律、法规规定的文件保存要求。

1. 能够有效地表现所载内容并可供随时调取查用

文件有保存要求,所以要求文件是"书面形式"。符合"能够有效地表现所载内容并可供随时调取查用"的数据电文,就可以视为满足了"书面形式"的要求。

2. 数据电文的格式要求

数据电文的格式与其生成、发送或者接收时的格式相同,或者尽管格式不相同,但是能够准确表现原来生成、发送或者接收的内容。这里规定的完整性可以通过两种方式予以保证:一是保持数据电文形式的高度一致,即数据电文的格式与其生成、发送或者接收时的格式相同,形式相同的数据电文,其内容也必定相同;二是虽不能保证形式的统一,但能保证内容的统一,仍然可以确认其完整性。

3. 能够识别数据电文的发件人、收件人及发送、接收的时间

该条件所设定的标准实际上高于对文件保存所作的一般要求。它规定除了保存数据电文本身外,还能识别数据电文的来源,包括发件人、收件人及发送、接收的时间等信息。这样规定是为了涵盖可能需要保存的所有信息。

满足上述三项条件,即可视为满足了数据电文文件保存的要求。

（六）数据电文的规定及法律效力

我国《电子签名法》借鉴联合国《电子商务示范法》的规定,对符合法律、法规要求的书面形式要件有两个:一是能够有形地表现所载的内容。这是对符合书面形式要求的数据电文的最基本要求。也就是说,数据电文必须采用有形形式,具有可读性。二是可以随时调取查用。数据电文的内容应是固定的,在一定的时间内保持不变,可以重复地供当事人随时查阅。

数据电文满足以下两个条件则符合原件要求:(1)能够有效地表现所载内容并可供随时调取查用。即该数据电文应当符合法律规定的书面形式要求。(2)能够可靠地保证自最终形成时起,内容保持完整,未被更改。但是,在数据电文上增加背书以及数据交换、储存和显示过程中发生的形式变化不影响数据电文的完整性。其中,在数据电文上增加背书,并非传统意义上的背书,而是指在技术上达到背书的功能,这样并不影响数据电文的完整性且符合原件要求。上述关于数据电文的规定,也示意数据电文具备相应的法律效力。

我国相关行政管理方面,对数据电文的原件功能等价标准也有所规定。例如,在纳税申报时,根据《中华人民共和国税收征收管理法》的规定,纳税人可以

采用传统书面形式报送纳税表和税务部门规定的资料,也可以按照规定采取数据电文的形式办理纳税申报。

【法律概要】

《中华人民共和国税收征收管理法》

1992 年 9 月 4 日,第七届全国人民代表大会常务委员会第二十七次会议通过,根据 1995 年 2 月 28 日第八届全国人民代表大会常务委员会第十二次会议《关于修改〈中华人民共和国税收征收管理法〉的决定》第 1 次修正,2001 年 4 月 28 日第九届全国人民代表大会常务委员会第二十一次会议修订,根据 2013 年 6 月 29 日第十二届全国人民代表大会常务委员会第三次会议《关于修改〈中华人民共和国文物保护法〉等十二部法律的决定》第 2 次修正,根据 2015 年 4 月 24 日第十二届全国人民代表大会常务委员会第十四次会议《关于修改〈中华人民共和国港口法〉等七部法律的决定》第 3 次修正,自公布之日起施行。

《中华人民共和国税收征收管理法》旨在加强税收征收管理,规范税收征收和缴纳行为,保障国家税收收入,保护纳税人的合法权益,促进经济和社会发展,共六章九十四条,内容如下。

第一章总则;第二章税务管理(第一节税务登记,第二节账簿、凭证管理,第三节纳税申报);第三章税款征收;第四章税务检查;第五章法律责任;第六章附则。

《中华人民共和国税收征收管理法》第二十六条规定,纳税人、扣缴义务人可以直接到税务机关办理纳税申报或者报送代扣代缴、代收代缴税款报告表,也可以按照规定采取邮寄、数据电文或者其他方式办理上述申报、报送事项。

【法律概要】

《中华人民共和国税收征收管理法实施细则》

根据《中华人民共和国税收征收管理法》的规定,国务院制定了《中华人民共和国税收征收管理法实施细则》,于 2002 年 9 月 7 日以国务院令第 362 号公布,根据 2012 年 11 月 9 日《国务院关于修改和废止部分行政法规的决定》第 1 次修订,根据 2013 年 7 月 18 日《国务院关于废止和修改部分行政法规的决定》第 2 次修订,根据 2016 年 2 月 6 日《国务院关于修改部分行政法规的决定》第 3 次修订,自公布之日起施行。

《中华人民共和国税收征收管理法实施细则》共九章一百一十三条,内容如下。

第一章总则;第二章税务登记;第三章账簿、凭证管理;第四章纳税申报;第五章税款征收;第六章税务检查;第七章法律责任;第八章文书送达;第九章附则。

《中华人民共和国税收征收管理法实施细则》中有更为详细的规定，不仅可以采用数据电文的形式办理纳税申报，而且对办理纳税申报的数据电文方式的范围进行了限定。在税收方面的法律法规中，承认数据电文进行纳税申报的功能等价标准，对提高纳税效率、方便纳税人都是有积极作用的。

该实施细则第三十条规定，税务机关应当建立、健全纳税人自行申报纳税制度。经税务机关批准，纳税人、扣缴义务人可以采取邮寄、数据电文方式办理纳税申报或者报送代扣代缴、代收代缴税款报告表。数据电文方式，是指税务机关确定的电话语音、电子数据交换和网络传输等电子方式。第三十一条第二款规定，纳税人采取电子方式办理纳税申报的，应当按照税务机关规定的期限和要求保存有关资料，并定期书面报送主管税务机关。

1. 关于数据电文的证据力

（1）数据电文的可采性

可采性是指在诉讼中是否允许将数据电文作为证据使用。

我国诉讼法采取列举方式列出证据的种类。例如，《民事诉讼法》第六十三条规定："证据有下列几种：（一）书证；（二）物证；（三）视听资料；（四）证人证言；（五）当事人的陈述；（六）鉴定结论；（七）勘验笔录。"《行政诉讼法》、《刑事诉讼法》也都作了类似的规定。这些法律明确列举的证据种类中没有数据电文。但是，根据证据学的一般理论，任何证据材料要作为认定事实的根据，必须具有三个特性：客观性、与待证事实的关联性及合法性，为此，数据电文作为证据只要符合证据的客观性、关联性和合法性，裁判者就可以将其作为认定事实的根据。

（2）数据电文的真实性

对数据电文进行辨真，面临的挑战通常来自三个方面：数据电文在技术上很容易被篡改、处理；对数据电文所依赖的计算机程序的可靠性；数据电文的制作者身份的识别。

根据《电子签名法》第八条的规定，审查数据电文作为证据的真实性，应当考虑以下因素：

① 生成、储存或者传递数据电文方法的可靠性；

② 保持内容完整性方法的可靠性；

③ 用以鉴别发件人方法的可靠性；

④ 其他相关因素。

相关知识

2002年4月1日起实施的《关于民事诉讼证据的若干规定》第二十二条规定："调查人员调查收集计算机数据或者录音、录像等视听资料的，应当要求被调查人提供有关资料的原始载体。提供原始载体确有困难的，可以提供复制件。提供复制件的，调查人员应当在调查笔录中说明其来源和制作经过。"

2. 数据电文的法律效力与传统证据法律效力的冲突

数据电文的法律效力与传统证据法律效力的冲突表现在以下三个方面。

（1）数据电文的"书面形式"问题

传统纸质书面形式具有的最基本的功能在于可以较长时间地保存所载信息以供日后调取查用。按照现行法律的规定，重要商务文件、合同、商业票据等都须采用书面形式，否则不具备法律效力。在电子商务中，数据电文完全取代纸质媒介，成为信息载体。那么，以数据电文作为数据电文证据力的规定形式，记载的交易信息是否具有与传统的书面形式相同的法律效力呢？

（2）数据电文的原件和保存问题

传统书面形式的原件是指初次附着于纸质媒介并在其后未经改变的信息。在重要商务活动中，当事人要提供和保存相关原件，发生纠纷提起仲裁或诉讼时，要以原件作凭据。然而，电子商务以数据电文在计算机网络间传输信息，电子数据都记录在计算机内，打印出来的都只能算是"副本"。那么，应如何确定数据电文的"原件"？

（3）电子签名的法律效力问题

传统商务活动中的签名、盖章是为了证明签名人的身份，表明签名人认可所签署的书面文件不可抵赖。当事人通过交换、保存经各自签名盖章的书面文件可以防止任何一方对文件内容的擅自更改。在电子商务中，交易信息通过计算机网络以数据电文传输，不可能采用传统的手书签名、盖章方式，为此人们创造了电子签名技术，作为保证网上交易安全的重要手段。

第二节　电子认证法律制度

2004 年国家颁布《电子认证法》，此后电子认证制度进入快速发展阶段。2017年，我国的电子认证服务市场规程达到了 237 亿元，2013—2017 年的年均复合增长率为 26%。电子认证在网上银行、网上交易领域日益被广泛应用，在确保网络身份支持系统方面有越来越突出的作用。我国电子认证的立法已经初现雏形，至少上位法的支持力度已经很大，但它更需要的是一些具有可操作性的法律法规的支撑。

一、电子认证概述

（一）电子认证的产生

在纸面交易环境下，书面文件与其认证手段——"签名"通常是紧密结合，甚至是合二为一的。交易的参与者可以通过鉴别书面文件上的手写签名，判定文件的归属和真伪。而在虚拟的网络交易环境下，"书面"和"签名"变得无形且二者之间也有所分离，这种情况下交易的参与者无法依靠自身的技术判定这种书面文件的归属和真伪。这便需要由交易各方都信赖的第三方出面，证明电子签名人的身份及其信用状况，从而消除交易双方的疑虑，为交易的达成起到桥梁作用。在电子商务环境下，这种中立的、公正的、权威的认证机构必不可少，它所提供的信用服务保证了电子商务的健康发展。

电子认证，是指特定的机构对电子签名及其签署者的真实性进行验证的具有法律意义的服务。电子认证有狭义和广义之分。狭义的电子认证仅指电子认证行为，即由认证机构采用电子方法以证明电子签名人真实身份或电子信息真实性的行为；广义的电子认证则包括认证机构、电子认证行为和数字证书在内的一整套法律制度。

相关知识

电子签名人与电子签名依赖方

我国《电子签名法》规定了电子签名人与电子签名依赖方等用语的含义。

电子签名人，是指持有电子签名制作数据并以本人身份或者以其所代表的人的名义实施电子签名的人。

电子签名依赖方，是指基于对电子签名认证证书或者电子签名的信赖从事有关活动的人。

电子认证服务是指为电子签名相关各方提供真实性、可靠性验证的活动。电子认证服务机构主要是为了保证用户之间在网上传递信息的安全性、真实性、可靠性、完整性和不可抵赖性，而对用户的身份真实性进行验证，负责向电子商务的各个主体颁发并管理符合国内、国际安全电子交易协议标准的电子商务安全证书的权威第三方。

相关链接

电子认证应用指引颁布保障网络金融安全

中国人民银行日前制定并颁布了《中国人民银行信息系统电子认证应用指引》（以下简称《指引》），以进一步加强和规范金融服务网络信任体系建设，提高电子认证应用的安全性。央行称，近年来人民银行加快了信息化建设步伐，建成投产的金融服务系统越来越多，联网单位的范围越来越广，使得网络金融服务信任问题越来越突出。为保障网络金融服务的安全，中国人民银行坚持应用电子认证实现高强度网络安全，并不断推进信息系统国产化软件应用，以确保电子认证的自主可控。

央行表示，《指引》为满足联网信息系统对电子认证应用的"广度"和"深度"需求，提供了多种版本的应用开发包和应用开发包软、硬件实现方式，从开发源头上实现电子认证应用的规范性；提供通用的电子认证应用接口，创造性地提出了"小交叉方案"，解决不同单位多个信任域间的证书互认问题。同时，《指引》还明确规定了电子认证应用类型、应用模式和应用实现策略及流程，规范了应用的操作。

资料来源：《每日经济新闻》，2010-03-26

（二）电子认证的分类与功能

1. 电子认证的分类

电子认证可以有效地解决计算机网络系统面临的多方面的信息安全问题，是目前最为有效的信息安全解决方案。电子认证依据不同的分类标准而不同。

（1）按照电子认证功能和对象的不同，电子认证可分以下三类。

① 站点认证。即在正式传递数据电文之间，应首先认证通信是否在一定的站点之间进行，此过程通过验证加密的数据功能能否成功地在两个站点间进行传送来实现。电子意思表示认证，即必须保证该数据电文是由确定的发出方传送给确定的接收方，并且其内容未被篡改或发生错误，可按确定的次序接收。

② 身份认证。其目的在于识别合法用户和非法用户，阻止非法用户访问系统。用于身份认证的方法大致可分为四类：验证他知道什么；验证他拥有什么；验证他的生理特征；验证他的下意识动作特征。

③ 电讯源的认证。其目的在于预防非法的信息存取和信息在传输过程中被非法窃取，确保只有合法用户才能看到数据，防止信息泄密事件发生。

（2）按照认证主体的不同，电子认证可分为以下两类。

① 双方认证，又称相互认证。一般在封闭型的网络通信中实行。此时通信各方相互了解，认证比较容易。

② 第三方认证，即由交易当事人之外的、双方共同接受的、可信赖的第三方所进行的认证，一般在开放性的网络通信或大规模的封闭型网络通信中使用。

（3）按照电子签名认证所使用的技术不同，电子认证可分为以下两类。

① 消息认证。所谓"消息认证"又称为"完整性校验"，在 OSI 安全模型中称为"封装"，在银行业中称为"消息认证"，其内容包括证实消息的信源和信宿，查验消息内容是否遭到篡改，以及获知消息的序号和时间性。"消息认证"不一定是实时的，如存储系统或电子邮件系统就不要求实时认证。

② 身份认证。所谓"身份认证"，是指用来验证通信用户或终端个人身份的安全服务，即获得对谁或对什么事信任的一种方法。"身份认证"可分为三种：一是自然人掌握的某种信息，如口令、账户等；二是自然人的个人持有物（token，也称令牌），如图章、磁卡、智能卡等；三是自然人的个人特征，如指纹、掌纹、声波纹、视网膜、基因、笔迹等。

相关知识

CCC 认证

CCC 认证（China Compulsory Certification），是中国政府要求的对在中国大陆市场销售的产品实行的一种强制性产品认证制度。

中国政府为兑现入世承诺，于 2001 年 12 月 3 日对外发布了强制性产品认证制度，从 2002 年 5 月 1 日起，中国国家认证认可监督管理委员会开始受理第一批列入强制性产品目录的 19 大类 132 种产品的认证申请。只要列入

CCC目录的在中国境内销售的产品均需获得CCC认证,取得CCC认证标志。目前的"CCC"认证标志分为四类,分别为:CCC+S安全认证标志;CCC+EMC电磁兼容类认证标志;CCC+S&E安全与电磁兼容认证标志;CCC+F消防认证标志。

2. 电子认证的功能

电子认证功能集中表现在以下两个方面。

(1) 防止欺诈功能

在电子商务环境下,交易的双方不再受时间、空间的限制,他们之间缺乏道德约束力,而且发生欺诈事件后救济的方法也非常有限。即便有救济的方法,往往救济的成本也超过损失本身。所以,只有事先对各种欺诈行为全面予以防范,才是最明智、最经济的选择。

相关案例

假定某甲在商家的零售网上浏览并想购物,如果用公开的密钥加密完成这一交易,他可以从在线目录上查询商家的公共密钥,并以该公钥对自己的信用卡号码加密,再发送给商家。

根据公钥加密理论,只有商家可以阅读加密信息,因为商家排他性地拥有与其公钥相对应的私钥。但是,如果有第三方入侵,以欺骗性的公钥代替商家真实的公开密钥时,情况就很危险。甲可能以错误的公钥对其信用卡号码加密,由于入侵者拥有与欺骗性公钥相对应的私钥,它可以对甲的信息进行解密,之后偷窃其信用卡号码。更严重的是,公钥加密使入侵者隐藏了其欺骗的证据,在复制了甲的信用卡号码后,入侵者可再以商家真实的公钥对甲的信息进行加密,并将加密的信用卡信息发送到商家,商家和甲都不知道期间的交易信息已经被截获、篡改。

(2) 防止否认功能

电子认证的最终目的是为了在电子商务交易的当事人之间发生纠纷的情况下,提供有效的认证解决方法。其机理在于诚实信用原则的渗透。依此原则,在电子商务活动中,信息发送人难以否认电子认证程序与规则,而信息接收人(包括电子商务消费者)不能否认其已经接收到的信息,规则为交易当事人提供预防性的保护,避免一方当事人试图抵赖曾发送或收到某一数据信息而欺骗另一方当事人的行为发生。

3. 电子认证的法律效力

(1) 电子认证法律效力的内容

① 确认电子签名的真实性和有效性

经过电子认证的电子签名,认证申请人可以相信其真实性和有效性。认证申请人发现该签名是不真实的,在法律规定的条件下可以要求认证机构赔偿损失。

② 电子认证不具有公信力

必须说明的是,经过电子认证的电子签名,认证申请人可以相信其真实性和有效性但其他人不一定相信其真实性和有效性。

③ 电子认证具有证明力

电子签名经过电子认证后,一旦当事人之间发生纠纷,认证机构颁发的认证证书可以作为证据使用。

(2) 电子认证效力的实现

电子认证的效力一般通过两种途径得到保障。

① 通过立法的形式加以确认

通过法律授权政府机关主管部门制定相应规则,从而最终达到保障电子认证的效力具有法律上的依据与保障。美国很多州都采取此种方式,主要表现在以下几个方面:以直接的立法形式明示直接承认可被接受的技术方案标准,如美国犹他州法例等;授权政府主管部门制定相应规则关于 CA 颁发或吊销 CA 从事电子认证业务许可的权力,同时对违规违法经营操作的 CA 具有行政处罚权;制定明确的设立及管理 CA 的条件及程序。同时,在监管 CA 层面上,政府主管部门还设置所有合法登记、注册经营电子认证业务的 CA 的资料库供客户查询。如美国犹他州法律规定,主管机构在其设置的公共密钥凭证资料库中,专门开辟一个存有所有登记注册 CA 详尽档案数据库,其中除了一般公司信息(如公司名称、住址及电话及被授权的营业范围)外,还包括目前使用的核发认证凭证的机构有无违规经营遭到处罚的记录等信息。

② 采取当事人之间通过协议方式来确认电子认证的效力

在这种情形下,法律只规定原则性条文,如确认电子签名与书面签名的同等效力性,至于当事人之间如何选择技术方案及由谁来做"第三者",即电子认证人,则由当事人之间协议确定。在此情形下,银行、ISP(Internet 服务供应商)公司等均可扮演电子认证机构的角色。但相对第一种形式,电子认证的效力就相对薄弱,特别是在发生纠纷的情况下,如何对抗第三人等,法院如何判定合约效力及责任归属问题,就无专门法律可依。

》 二、电子认证法律规定

➜ (一) 电子认证机构

1. 电子认证机构的定义

认证机构,亦称认证中心、验证机构或凭证管理中心等。专指电子商务中对用户的电子签名颁发数字证书的机构,是受一个或多个用户信任,提供用户身份验证的第三方机构。联合国国际贸易法委员会在其《统一电子签名规则(草案1999 年 2 月稿)》中规定:"认证机构,是指任何人或实体,在其营业中从事以数字签名为目的,而颁发与加密密钥相关的身份证书。"新加坡在其《电子交易法》第 2条中规定:"认证机构是指颁发数字证书的人或组织。"由于认证工作提供的是一种信息服务,因此,我国《电子签名法》将认证机构界定为电子认证服务提供者。我国《电子认证服务管理办法》第二条将电子认证服务提供者界定为:"为电子签名人和电子签名依赖方提供电子认证服务的第三方机构。"可见,关于"认证机构"的定义,各国立法并没有相同之表述。

电子认证机构作为电子商务中承担安全电子交易认证服务、签发数字证书,并能确认用户身份的服务机构,其存在是开放性电子商务活动得以健康发展的重要保障。它是PKI(公钥基础设施)的核心执行机构,是PKI的主要组成部分。电子认证机构的组成主要有:证书签发服务器,负责证书的签发和管理,包括证书归档、撤销和更新等;密钥管理中心,用硬件加密机生成公/私密钥对,CA密钥不出主机加密服务器,提供CA证书的签发;目录服务器,负责证书和证书撤销列表(CRL)的发布和查询。

CA是一个层次结构,第一级是根CA(Root CA),负责总政策;第二级是政策CA(PCA),负责制定具体认证策略;第三级为操作CA(OCA),是证书签发、发布和管理的机构。

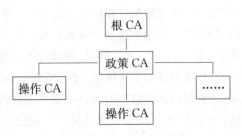

图 3-1　CA 层次结构

2. 认证机构的种类

从认证机构的结构角度来看,认证机构可以分为单层次的爪状结构、多层次的树状结构和网状结构三种。

单层次的爪状结构中只存在一个最高级的认证机构(称为根认证机构)和若干从属的认证机构,所有从属的认证机构颁发的认证证书都由最高级的认证机构加以再认证。多层次的树状结构有一个认证机构作为最高级的认证机构,下有若干从属的认证机构作为高级认证机构,而每个高级认证机构下有若干从属的认证机构,如此反复一直延伸至最基层的认证机构。在这种机构中,认证申请人如果对某个认证机构颁发的认证证书的效力有疑问时,可以向上一级的认证机构继续提出认证申请,要求对该认证证书的真实性和有效性予以认证,而最高级的认证机构由其自身保证所颁发的认证证书的真实性。网状结构存在若干认证机构,彼此之间相互独立,没有隶属关系。在这种结构中,一个认证机构的认证证书由另一个认证机构加以认证,认证申请人可以不断地向其他认证机构提出再认证申请,直到认证申请人相信此认证机构的再认证的真实性和有效性。

3. 认证机构的业务范围

在电子认证中,认证机构的主要职责即证书的颁发与公布、管理、中止和撤销及保存等,统称为认证机构的证书业务规范。新加坡《电子交易法》规定,证书是指为支持数字签名而签发的记录,该数字签名,能够确定持有独有密钥的人的身份以及其他一些重要的特征。我国《电子签名法》中的定义是:"电子签名认证证书,是指可证实电子签名人与电子签名制作数据有联系的数据电文或者其他电子记录。"

（1）证书的颁发

我国《电子签名法》第二十条规定:"电子签名人向电子认证服务提供者申请电子签名认证证书,应当提供真实、完整和准确的信息。电子认证服务提供者收到电子签名认证证书申请后,应当对申请人的身份进行查验,并对有关材料进行审查。"认证机构向申请人颁发认证证书后还有义务通过信息公告栏向社会公布。

（2）证书的管理

认证机构发布证书后,持有人可能申请更新、撤销证书,证书可以因有效期届满而失效,可以因私钥泄密或其他原因而作废等,认证机构有责任对此一系列情况作记录,以便社会公众及时了解认证证书的效力情况,维护电子签名和电子认证的公信力,保障交易安全。关于证书的管理,我国《电子认证服务管理办法》第三十条规定:"有下列情况之一的,电子认证服务机构应当对申请人提供的证明身份的有关材料进行查验,并对有关材料进行审查:①申请人申请电子签名认证证书。②证书持有人申请更新证书。③证书持有人申请撤销证书。"

（3）证书的中止与撤销

证书颁布后,由于特殊情况的出现,如用户申请、个人用户死亡、法人用户不再存续、用户私钥泄密等发生证书被中止或撤销的情形。中止是证书效力的暂时中止,当法定事由消除后证书重新恢复效力;撤销则是证书的彻底无效。

我国《电子认证服务管理办法》第二十九条规定:"有下列情况之一的,电子认证服务机构可以撤销其签发的电子签名认证证书:(一)证书持有人申请撤销证书。(二)证书持有人提供的信息不真实。(三)证书持有人没有履行双方合同规定的义务。(四)证书的安全性不能得到保证。(五)法律、行政法规规定的其他情况。"

（4）认证信息的储存

认证机构的认证业务规范还包括储存与认证相关的信息。我国《电子签名法》第二十四条规定:"电子认证服务提供者应当妥善保存与认证相关的信息,信息保存期限至少为电子签名认证证书失效后五年。"

（二）认证机构的设立

认证机构在我国《电子签名法》中被称为是认证服务的提供者,是指从事颁发以电子签名的目的而使用的与加密密钥相关的证书的机构。认证机构为保障电子交易活动顺利进行而设定,主要解决电子商务活动中交易各方身份的认定,维护交易安全。2000年6月29日,中国第一家CA——中国金融认证中心(CFCA)正式挂牌,标志着中国正式开始CA认证。2002年8月,中国国家信息安全测评认证中心正式授予CFCA"国家信息安全认证系统安全证书"。

在商业领域,中国电信部门、工商行政管理部门、税务部门、外贸部门也都积累了丰富的信用信息资料。目前我国电子商务认证中心的建设欠规范,出现大量行业性的认证中心,如中国电信认证中心(CTCA)、中国邮政认证中心(CPCA)等。经贸委认证中心也有区域性之分,如上海、海南、大连等地的认证机构。而在电子商务发达的美国,目前只有三家大型的认证机构,因此国内局面有待规范。

1. 电子认证服务机构申请设立的条件

国际上对认证机构的设立有三种管理模式,一是强制性许可制度,认证机构必须通过许可才能开展业务,如日本、德国等;二是非强制性许可制度,不经许可的认证机构,没有政策优惠,但仍可以运营,如新加坡等;三是行业自律,完全依市场调节,如美国等。

根据我国《电子签名法》和《电子认证服务管理办法》的相关要求,设立电子认证服务机构,提供电子认证服务的应当具备下列条件。

(1) 具有独立的企业法人资格

独立的企业法人是指经各级工商行政管理机关登记注册的企业法人,具有符合国家法律规定的资金数额、企业名称、组织章程、组织机构、住所等法定条件,能够独立承担民事责任,经主管机关核准登记取得法人资格的社会经济组织。企业法人应具有以下特征:具备企业法人的法定条件,经核准登记成立;从事营利性生产经营活动;独立承担民事责任。电子认证服务机构必须是依法设立的企业,并具有独立的企业法人资格。

(2) 具有与提供电子认证服务相适应的人员

电子认证服务提供者应当具有与提供电子认证服务相适应的专业技术人员和管理人员。《电子认证服务管理办法》规定,从事电子认证服务的专业技术人员、运营管理人员、安全管理人员和客户服务人员不少于 30 名,并且应当符合相应岗位技能要求。

(3) 注册资本不低于人民币 3000 万元

《电子认证服务管理办法》规定,电子认证服务机构注册资金不低于人民币3000 万元。具备必要的资金是电子认证服务提供者开展业务的前提条件,也是电子认证服务提供者承担法律责任的重要保证。

(4) 具有固定的经营场所和满足电子认证服务要求的物理环境

由于提供电子认证服务对于安全性、保密性的要求较高,电子认证服务提供者相较于一般企业,对经营场所的防火、防盗、防电磁辐射等方面的要求更高。

(5) 具有符合国家安全标准的技术和设备

电子认证服务提供者应当具有符合国家安全标准的技术和设备。国家为了保障信息技术产品的安全性,先后制定了一系列国家标准。电子认证服务提供者在提供电子认证服务过程中使用的技术和设备,应当符合国家已经制定的安全标准。

(6) 具有国家密码管理机构同意使用密码的证明文件

电子认证服务提供者提供电子认证服务应当具有国家密码管理机构同意使用密码的证明文件。我国《商用密码管理条例》规定,商用密码技术属于国家秘密。国家对商用密码产品的科研、生产、销售和使用实行专控管理,任何单位或者个人只能使用经国家密码管理机构认可的商用密码产品。由于电子认证服务提供者在经营过程中必然要使用密码技术和密码产品,所以必须要具有国家密码管理机构同意使用密码的证明文件。

2. 提交材料

与设立条件相一致,《电子认证服务管理办法》第六条规定:申请电子认证服务许可的,应当向工业和信息化部提交下列材料。

(1)书面申请;

(2)人员证明;

(3)企业法人营业执照副本及复印件;

(4)经营场所证明;

(5)国家有关认证检测机构出具的技术、设备、物理环境符合国家有关安全标准的凭证;

(6)国家密码管理机构同意使用密码的证明文件。

相关知识

网站资质认证受累于钓鱼网站泛滥

"网络钓鱼"诈骗的频繁出现,不仅给网民带来了超过76亿元的经济损失,同时也破坏了网民网上购物的安全感。这使得原本是对电子商务(电商频道)安全保护的网站资质认证从某个方面上反而成为电子商务发展的一道门槛。

为此,中国反钓鱼网站联盟提醒网民,目前不少网站已经在网站首页底部安装了第三方网站资质的认证,网民应首先通过第三方机构的网站资质信息来判断网站的真伪。网民如果发现网站地址不是"http:"开头的,应谨慎对待,停止填写信息,做好自我保护。

资料来源:《北京商报》,2010-05-27

---

3. 审批

(1)审核。由工业和信息化部对提交的申请材料进行形式审查。申请材料齐全、符合法定形式的,应当向申请人出具受理通知书。申请材料不齐全或者不符合法定形式的,应当当场或者在5日内一次告知申请人需要补正的全部内容。工业和信息化部对决定受理的申请材料进行实质审查。需要对有关内容进行核实的,指派两名以上工作人员实地进行核查。工业和信息化部对与申请人有关事项书面征求中华人民共和国商务部等有关部门的意见。

(2)批准。工业和信息化部应当自接到申请之日起45日内作出准予许可或者不予许可的书面决定。不予许可的,应当书面通知申请人并说明理由;准予许可的,颁发《电子认证服务许可证》,并公布下列信息:《电子认证服务许可证》编号;电子认证服务机构名称;发证机关和发证日期。电子认证服务许可相关信息发生变更的,工业和信息化部应当及时公布。《电子认证服务许可证》的有效期为 5 年。

(3) 工商注册。取得电子认证服务许可的,应当持《电子认证服务许可证》到工商行政管理机关办理相关手续。

(4) 公布相关信息。取得认证资格的电子认证服务机构,在提供电子认证服务之前,应当通过互联网公布下列信息:机构名称和法定代表人;机构住所和联系方式;《电子认证服务许可证》编号;发证机关和发证日期;《电子认证服务许可证》有效期的起止时间。

(三) 认证机构职权和相关法律关系

1. 认证机构的职权

认证机构的职权主要表现在它对用户电子签名认证证书的管理上。电子签名认证证书是指可证实电子签名人与电子签名制作数据有联系的数据电文或者其他电子记录。

(1) 发放证书

认证服务提供者在收到申请后,应申请人的请求,经审查符合条件的,予以发放证书。

《电子签名法》第二十条规定:"电子签名人向电子认证服务提供者申请电子签名认证证书,应当提供真实、完整和准确的信息。电子认证服务提供者收到电子签名认证证书申请后,应当对申请人的身份进行查验,并对有关材料进行审查。"第二十一条规定了电子签名认证证书上应包括的内容为电子认证服务提供者名称、证书持有人名称、证书序列号、证书有效期、证书持有人的电子签名验证数据、电子认证服务提供者的电子签名和其他等。

(2) 中止证书

认证服务提供者对已经发生或可能发生影响认证安全的紧急事件,应采取措施暂时阻止证书的使用。中止证书只能在用户请求,或根据有关法律文件,或者是证书机构发现发放的证书可能存在虚假这三种情况下做出,其他情况下不得自行中止。认证服务提供者中止证书的同时,应当在信息公告栏和可查询处予以公告,并通知有关当事人。中止证书不能超过规定的时间。

(3) 撤销证书

认证机构在用户的主体资格或行为不符合认证机构规定时,应当终止证书的效力。撤销证书可以是基于当事人的请求或法律文件的规定,也可以是认证机构的决定。因此,撤销证书可分为申请撤销和决定撤销。申请撤销是应当事人请求或法律文件的规定而撤销。决定撤销是认证机构发现证书中信息已发生变化时主动撤销证书,如用户死亡或解散;认证机构的密钥或信息系统遭到破坏,影响证书安全;或用户的私有密钥遭到危险;认证机构发现证书虚假等。决定撤销无须经证书持有人同意,但应通知证书持有人,并公开相关信息。

（4）保存证书

认证机构在证书有效期满或撤销后，应当将证书保存五年并允许查询。《电子签名法》第二十四条规定："电子认证服务提供者应当妥善保存与认证相关的信息，信息保存期限至少为电子签名认证证书失效后五年。"

2. 认证机构的法律责任

认证机构在认证过程中存在经营风险，如技术应用过失致使记录丢失、没有严格审查致使证书内容虚假、没有经过合理的管理证书行为遭受外部人员攻击等，给签名所有人或者依赖人造成损失的，认证服务提供者应承担相应的法律后果。

（1）归责原则

《电子签名法》第二十八条规定："电子签名人或者电子签名依赖方因依据电子认证服务提供者提供的电子签名认证服务从事民事活动遭受损失，电子认证服务提供者不能证明自己无过错的，承担赔偿责任。"对认证机构采取过错推定归责原则。认证是一个高风险的行业，认证机构在审查当事人真实身份时应尽合理的注意义务，无过错的不应承担责任。在下列三种典型情况下，认证机构应承担责任。

① 电子认证服务提供者不遵守认证业务规则；

② 未妥善保存与认证相关信息；

③ 其他违法行为。

（2）认证服务提供者赔偿范围限制

认证服务提供者只就其违约或失职行为所造成的直接损失承担赔偿责任。确定赔偿问题时，不依据《民法典》的规定。因为认证机构是开展电子商务活动的基础设施和公用事业机构，证书用户众多，如果一旦发生赔偿，认证机构很可能无法正常运营。因此，认证服务提供者只能就其违约或失职行为所造成的直接损失承担赔偿责任，对于当事人丧失利润或机会的损失、精神上的损失不予赔偿。

三、电子认证各方的法律关系

（一）电子签名人（证书拥有人）的义务和法律责任

1. 电子签名人的义务

在认证关系中，电子签名人（亦称证书拥有人、签署者）是认证机构的客户，即接受认证服务的一方。他除了履行一般的支付服务费用的义务外，还应履行一些与认证服务关系的特性相应的义务。这些义务主要包括两点，即真实陈述义务和私有密钥控制义务。

（1）真实陈述义务

认证机构要求电子签名人真实陈述提供的事项与资料，是证书用户在申请证书时所应履行的基本义务。因为其身份、地址、营业范围、证书信赖等级的真实陈述，是证书可信赖性产生的前提。否则，将构成对证书体系信赖性的损害，并因此要承担一定的法律责任。

(2) 私有密钥控制义务

当证书颁发并接收之后,用户就在真实陈述义务之外,又增加了一项私有密钥控制义务。它是证书用户所应负的、针对不特定的任何人的义务,实际上是一种与认证机构的公正发布信息的义务相并列的社会责任。没有用户对其私有密钥的独占性控制,认证机构即使再认真审核、公正发布信息,也无法保证电子签名证书的安全性。控制私有密钥,使其处于独占之安全状态,不仅是用户保护自身利益所必需,同时,也是维护证书体系信誉不可或缺的措施。

我国《电子签名法》规定,电子签名人应履行以下义务:①提供真实、完整、准确信息的义务。电子签名人向电子认证服务提供者申请电子签名认证证书,应当提供真实、完整和准确的信息(第二十条)。②妥善保管电子签名制作数据的义务。电子签名人应当妥善保管电子签名制作数据(第十五条)。③及时告知的义务。电子签名人知悉电子签名制作数据已经失密或者可能已经失密时,应当及时告知有关各方,并终止使用该电子签名制作数据(第十五条)。

2. 电子签名人的法律责任

(1) 电子签名人未履行告知义务和终止使用电子签名制作数据的法律责任

电子签名人作为电子签名活动中的一方当事人,除了享有法律赋予的权利以外,还应当履行法律规定的义务。电子签名人应当妥善保管电子签名制作数据。电子签名人知悉电子签名制作数据已经失密或者可能已经失密时,应当及时告知有关各方,并终止使用该电子签名制作数据。如果电子签名人未妥善保管电子签名制作数据,知悉电子签名制作数据已经失密或者可能已经失密,未及时告知有关各方并终止使用电子签名制作数据,可能使电子签名活动中的其他各方当事人因信赖所使用的电子签名制作数据而遭受损失。对上述原因造成的损失,电子签名人应承担赔偿责任。

(2) 电子签名人申请电子签名认证证书所承担的法律责任

电子签名人向电子认证服务提供者申请电子签名认证证书,应当提供真实、完整和准确的信息。电子签名人由于提供的信息不真实、不完整、不准确,给电子签名活动的其他各方当事人造成损失的,应承担赔偿责任。

(3) 电子签名人由于过错给电子签名依赖方、电子认证服务提供者造成损失的,应承担赔偿责任

我国《电子签名法》的规定与联合国《电子签名示范法》的规定是一致的。《民法典》第一百七十六条规定:"民事主体依照法律规定或者按照当事人约定,履行民事义务,承担民事责任。"其规定的承担民事责任的方式是赔偿损失。这是适用最广泛的一种责任形式。我国法律上的赔偿损失,专指以金钱的方式赔偿对方的损失。侵犯财产权和侵犯人身权都可能承担这种责任。除法律有特别规定外,承担赔偿损失的民事责任时应当赔偿受害人的全部损失,包括财产的直接损失、间接损失,或者是可得利益的损失。

(4) 电子签名人承担赔偿责任的前提条件是主观上必须有过错

我国《电子签名法》第二十七条规定:"电子签名人知悉电子签名制作数据已经失密或者可能已经失密未及时告知有关各方、并终止使用电子签名制作数据,

未向电子认证服务提供者提供真实、完整和准确的信息，或者有其他过错，给电子签名依赖方、电子认证服务提供者造成损失的，承担赔偿责任。"可以看出，对电子签名人承担民事责任实行的是过错责任原则。如果电子签名人主观上没有过错，则不承担赔偿责任。

（二）电子签名依赖方（证书信赖方）的义务、责任

电子签名依赖方，是指基于对电子签名认证证书或者电子签名的信赖从事有关活动的人。其不一定事先与认证机构存在合同关系，但他是认证关系的受益方之一。要求其承担相应的义务，是保障其利益的前提条件。联合国《电子签名统一规则》第十一条规定，相对方（即证书信赖人）如不能履行下列行为，应承担法律责任。

1. 采取合理的步骤确认签名的真实性。

2. 在电子签名有证书证明的情况下，采取合理的步骤：确认证书是否合法有效、是否被中止签发或被撤销；遵守任何有关证书的限制。

电子签名依赖方的义务与责任，我国《电子签名法》未作规定。作为交易中较为被动的一方，他应以合理方式对电子签名进行验证。电子签名依赖方与电子签名人之间一般表现为商务合同关系，主要受《民法典》的调整，一般要求其作为善意的谨慎商人尽到合理的注意义务即可。

（三）认证机构的义务

电子认证服务提供者，处于整个电子签名认证法律关系的中心地位。数据电文和数字签名的真实性、完整性和不可否认性，都基于对电子签名的有效认证，其依据就是认证机构颁发的电子签名认证证书。认证机构的工作，即通过颁发证书用以证明证书上所载公钥与签名人之间的关系，并以其专业能力和执业资格使依赖方据以验证数字签名的真实性和完整性。

我国《电子签名法》规定认证机构的义务如下。

1. 守法、接受监督义务

即依法申请许可资格，遵守国务院工业和信息化部的管理规则，并接受工业和信息化部的监督。《电子签名法》第十八条规定：从事电子认证服务，应当向国务院信息产业主管部门提出申请，并提交符合本法第十七条规定条件的相关材料。国务院信息产业主管部门接到申请后经依法审查，征求国务院商务主管部门等有关部门的意见后，自接到申请之日起四十五日内作出许可或者不予许可的决定。予以许可的，颁发电子认证许可证书；不予许可的，应当书面通知申请人并告知理由。申请人应当持电子认证许可证书依法向工商行政管理部门办理企业登记手续。取得认证资格的电子认证服务提供者，应当按照国务院信息产业主管部门的规定在互联网上公布其名称、许可证号等信息。

2. 公开义务

公开义务也称信息披露义务，即公开其名称、许可证号、电子认证业务规则，包括责任范围、作业操作规范、信息安全保障措施等。我国《电子签名法》第十八

条规定:"取得认证资格的电子认证服务提供者,应当按照国务院信息产业主管部门的规定在互联网上公布其名称、许可证号等信息。"该法第十九条进一步规定:"电子认证服务提供者应当制定、公布符合国家有关规定的电子认证业务规则,并向国务院信息产业主管部门备案。电子认证业务规则应当包括责任范围、作业操作规范、信息安全保障措施等事项。"

此外,《电子认证服务管理办法》第十二条规定:"取得认证资格的电子认证服务机构,在提供电子认证服务之前,应当通过互联网公布下列信息:(一)机构名称和法定代表人。(二)机构住所和联系办法。(三)《电子认证服务许可证》编号。(四)发证机关和发证日期。(五)《电子认证服务许可证》有效期的起止时间。"第二十一条规定:"电子认证服务机构在受理电子签名认证证书申请前,应当向申请人告知下列事项:(一)电子签名认证证书和电子签名的使用条件。(二)服务收费的项目和标准。(三)保存和使用证书持有人信息的权限和责任。(四)电子认证服务机构的责任范围。(五)证书持有人的责任范围。(六)其他需要事先告知的事项。"

3. 谨慎审核义务

谨慎审核义务,即以合法的手段,审查签名人的身份及相关情况。我国《电子签名法》第二十条规定:"电子认证服务提供者收到电子签名认证证书申请后,应当对申请人的身份进行查验,并对有关材料进行审查。"

4. 保证义务

电子认证服务提供者的有关保证义务,即保证认证证书内容在有效期内完整、准确,并保证依赖方能够证实或者了解认证证书所载内容及其他有关事项。我国《电子签名法》第二十二条规定:"电子认证服务提供者应当保证电子签名认证证书内容在有效期内完整、准确,并保证电子签名依赖方能够证实或者了解电子签名认证证书所载内容及其他有关事项。"

5. 妥善保存与认证相关的信息的义务

电子签名人向电子认证服务提供者申请电子签名认证证书,应当提供真实、完整和准确的信息。这些信息的涉及面比较广,既可能包括申请人的个人隐私,也可能涉及申请人的商业秘密,如果这些信息被泄露,可能会损害电子签名人的利益。根据我国《电子签名法》第二十四条的规定,电子认证服务提供者应当妥善保存与认证相关的信息,信息保存期限至少为电子签名认证证书失效后 5 年。同时我国《电子认证服务管理办法》第十八条细化了这一义务:"电子认证服务机构应当履行下列义务:(一)保证电子签名认证证书内容在有效期内完整、准确。(二)保证电子签名依赖方能够证实或者了解电子签名认证证书所载内容及其他有关事项。(三)妥善保存与电子认证服务相关的信息。"

6. 暂停或终止服务时的义务

根据我国《电子签名法》第二十三条的规定,认证人"应当在暂停或者终止服务九十日前,就业务承接及其他有关事项通知有关各方"。此外,电子认证服务提供者拟暂停或者终止电子认证服务的,还应当履行以下义务:

(1)报告。电子认证服务提供者应当在暂停或者终止服务 60 日前向国务院信息产业主管部门报告,使其了解情况。

(2) 协商承接。电子认证服务提供者除在法定期限内向国务院信息产业主管部门报告外,还要与其他电子认证服务提供者就业务承接进行协商,作出妥善安排。

(3) 指定承接。电子认证服务提供者未能就业务承接事项与其他电子认证服务提供者达成协议的,应当申请国务院信息产业主管部门安排其他电子认证服务提供者承接其业务。

四、认证服务的法律责任

(一) 过错赔偿责任

电子签名人或者电子签名依赖方因依据电子认证服务提供者提供的电子签名认证服务从事民事活动遭受损失,而电子认证服务提供者不能证明自己无过错的,应承担赔偿责任。

1. 电子认证机构属于过错责任主体

电子认证是一种用于确定一个人的身份或者特定信息真实性的程序。对于一个数据电文,其认证涉及确定其来源及在传输过程中没有被修改或替换,也就是特定的机构对电子签名及其签署者的真实性进行验证的过程。电子认证的主要功能就是对内防止否认,对外防止欺诈,而且从事电子认证业务的电子认证服务提供者是具备法律规定的条件、依法设立并经国务院信息产业主管部门予以许可的。正是基于对电子认证服务提供者的信任,民事活动中的电子签名人、电子签名依赖方才会信赖电子认证服务提供者颁发的电子认证证书。如果电子签名人或者电子签名依赖方自身没有任何过错,只是由于信赖电子认证服务提供者提供的服务而遭受损失的,电子认证服务提供者应当承担赔偿责任。

2. 电子认证服务提供者不能证明自己无过错的赔偿责任

我国《电子签名法》第二十八条规定:"电子签名人或者电子签名依赖方因依据电子认证服务提供者提供的电子签名认证服务从事民事活动遭受损失,电子认证服务提供者不能证明自己无过错的,承担赔偿责任。"也就是说,如果电子认证服务提供者能够证明自己没有过错,则不承担赔偿责任。通常情况下,对原告提出的事实,是由原告先举证,只有原告尽到了自己的举证责任,被告予以反驳时,才由被告对反驳意见提供证据并加以说明。本条款是举证责任倒置的规定,即对原告提出的侵权事实,电子认证服务提供者如果予以否认,则应负举证责任,证明自己没有过错。只要电子认证服务提供者能够证明自己对电子签名人或者电子签名依赖方所遭受的损失没有过错,就不承担责任。对电子认证服务提供者来讲,只要其能够证明所提供的服务完全是严格按照《电子签名法》和符合国家规定并已向国务院信息产业主管部门备案的电子认证业务规则实施的,则应该能够证明自己没有过错。

(二) 违法提供电子认证业务的法律责任

1. 未经许可提供电子认证服务应承担的法律责任

(1) 未经许可提供电子认证服务行为的界定

按照规定,设立电子认证服务机构提供电子认证服务,应当具备一定的条件。行为人如果没有按照规定的程序取得电子认证从业许可,就构成未经许可提供电子认证服务的违法行为。

(2) 未经许可提供电子认证服务应当承担的行政责任

未经许可提供电子认证服务应当承担的行政责任有责令停止违法行为、没收违法所得或处以罚款。责令停止违法行为,由国务院信息产业主管部门责令违法行为人停止提供电子认证服务的行为。由于电子认证服务涉及民事合同有关各方的交易安全,为了使电子签名人以及电子签名依赖方免受损失,国务院信息产业主管部门一旦发现有未经许可从事提供电子认证服务的行为,应当立即责令违法行为人停止违法行为。对有违法所得的,没收其违法所得。这里的违法所得,是指由于非法提供电子认证服务行为而获得的全部经营收入。违法所得30万元以上的,对其处以罚款。罚款是指有行政处罚权的行政机关强制行为人承担金钱给付义务,即在一定期限内缴纳一定钱款的处罚形式。行使行政处罚权的机关是国务院信息产业主管部门,即由国务院信息产业主管部门对违法行为人处以罚款,罚款的幅度为违法所得1倍以上3倍以下。没有违法所得或者违法所得不足30万元的,处10万元以上30万元以下罚款。

2. 暂停或者终止电子认证服务未按规定报告的法律责任

(1) 暂停或者终止电子认证服务的承接事项

电子认证服务提供者拟暂停或者终止电子认证服务的,应当在暂停或者终止服务60日前向国务院信息产业主管部门报告,并与其他电子认证服务提供者就业务承接事项进行协商,做出妥善安排。由于认证机构的业务涉及公众利益,是一般交易的基础条件,其业务的终止不能像一般的营利性企业一样,而是应当设立能使其业务持续进行的机制,即业务承接。因此,要求电子认证服务提供者按照规定向国务院信息产业主管部门报告,就是为了保证这种业务的延续,便于国务院信息产业主管部门及时做出安排,保护用户的权益。电子认证服务提供者如果打算暂停或者终止电子认证服务,但没有在暂停或者终止服务60日前向国务院信息产业主管部门报告,则构成违法行为,需承担法律责任。

(2) 对暂停或者终止电子认证服务未按规定报告的处罚

对有该违法行为的,由国务院信息产业主管部门对直接负责的主管人员处1万元以上5万元以下的罚款。这里的"直接负责的主管人员"是指在单位违法行为中负直接领导责任的人员,包括违法行为的决策人员,事后对单位违法行为予以认可和支持的领导人员,以及由于疏忽管理或放任而对单位违法行为负有不可推卸责任的领导人员。

▶ (三) 对电子认证服务提供者违法行为的处罚

1. 电子认证服务提供者不遵守认证业务规则的行为

电子认证服务提供者应当制定、公布符合国家有关规定的电子认证业务规则,并向国务院信息产业主管部门备案。电子认证业务规则是电子认证服务提供者制定的,用于约束电子认证服务提供者、电子签名人、电子认证证书信赖者的业务声明,各方当事人必须遵守,特别是电子认证服务提供者。如果电子认证服务提供者不遵守认证业务规则的规定,就构成违法行为。如某电子认证服务提供者制定的电子认证业务规则规定,电子认证服务提供者应当对认证证书申请者的身份进行鉴别,如必须检查文件的复印件,包括工商执照、组织机构代码、税务登记等。电子认证服务提供者可以通过查询第三方数据库或咨询相应的政府机构等方式,对申请者及其申请材料进行验证。如果电子认证服务提供者对申请者所提供的材料没有进行验证,就会影响认证证书的真实性与安全性,构成违法行为,应承担相应的法律责任。

2. 未妥善保存与认证相关的信息

电子认证服务提供者应当妥善保存与认证相关的信息,这是其应履行的义务之一。与认证相关的信息涉及电子签名人的一些个人资料。同时,电子认证服务提供者还要保证电子签名依赖方能够证实或者了解电子签名认证证书所载内容及其他有关事项,所以应当采取有效的措施对信息予以保存,如应采取物理安全保障措施,免遭恶劣环境或者突发事件等的破坏。如果电子认证服务提供者未妥善保存信息,不能确保这些信息在规定的期限内满足查阅的需要,则构成违法行为,应承担相应的法律责任。

3. 对电子认证服务提供者违法行为的处罚

对电子认证服务提供者不遵守认证业务规则、未妥善保存与认证相关的信息等违法行为,首先由国务院信息产业主管部门责令限期改正,即责令违法行为人在规定的期限内纠正违法行为。如果电子认证服务提供者在规定的期限内未纠正违法行为的,由国务院信息产业主管部门吊销其电子认证许可证书,这是比较严厉的处罚。吊销许可证书是指有关行政执法机关依法取消经营单位从事经营活动的合法凭证,取消其从事电子认证服务的资格。同时,对电子认证服务提供者直接负责的主管人员和其他直接责任人员也要处以吊销资格惩罚,即在十年内不得从事电子认证服务。这里的"其他直接责任人员"是指直接实施单位违法行为的人员。对吊销电子认证许可证书的,国务院信息产业主管部门应当予以公告。公告应当在大众媒体上发布,目的是让广大用户知晓,避免造成不必要的损失。在公告的同时,还应当通知工商行政管理部门,由工商行政管理部门吊销违法行为人的营业执照。

（四）境外签名的电子签名认证证书的法律效力

在跨国境的电子商务中,最重要的一个环节是对处于不同司法管辖范围内的交易者的身份进行认证,这就涉及电子证书的跨境认证。实现跨境认证有几种方式:第一,允许境外的认证机构在本地提供服务;第二,境内的认证机构出境提供认证服务;第三,不同司法管辖范围内的认证机构达成互认证协议。第一种和第二种方式都是服务贸易的延伸。境内的认证机构出境或境外的认证机构进境都可视为本地的认证机构,都应当受到本地法律的管辖。为此,我国《电子签名法》第二十六条明确规定:"经国务院信息产业主管部门根据有关协议或者对等原则核准后,中华人民共和国境外的电子认证服务提供者在境外签发的电子签名认证证书与依照本法设立的电子认证服务提供者签发的电子签名认证证书具有同等的法律效力。"

➤（五）对电子认证服务监管部门的规定

国务院信息产业主管部门是制定电子认证服务业具体管理办法的主体，对电子认证服务提供者依法实施监督管理。为了保证电子认证机构以公正第三方的身份对电子签名提供真实可信的认证服务，政府部门应当加强对电子认证服务的监督管理。国务院信息产业主管部门是依照《电子签名法》负责电子认证服务业管理工作的部门，具体负责电子认证服务机构的从业许可。在电子认证服务机构拟暂停或者终止电子认证服务、未能就业务承接事项与其他电子认证服务提供者达成协议时，要安排其他电子认证服务提供者承接其业务，并负责对违反本法规定的行为行使行政处罚权。如果监督管理部门工作人员没有履行相应职责，就要承担相应的法律责任。

【活动项目设计】

某科技实业公司诉庄某、姚某借款纠纷案
——电子邮件的证明力大于书面证据吗

案情简介

上诉人（原审原告）：某科技实业公司

被上诉人（原审被告）：庄某、姚某

庄某是某科技实业公司的原 CEO，姚某是该公司的原 CIO，两人之前均是原××网的高管。从 2000 年 7 月到 2001 年 7 月在某科技实业公司任职期间，两人以个人名义向某科技实业公司借款，总计达人民币 15 万元。2002 年7 月，某科技实业公司要求庄、姚还款。因庄、姚一直未归还上述借款，遂引起诉讼。在区法院一审诉讼过程中，庄某承认向某科技实业公司借款的事实，但声称此笔款项是某科技实业公司支付其并购××网的款项，并用一封经过公证的采集自庄某笔记本电脑里的数据邮件来证明。一审法院在某科技实业公司提供了庄、姚借据书证原件的情况下认为：在没有相反证据的情况下，该邮件的真实性可以认定，并且证明力大于书证原件。一审结束后，某科技实业公司查找了三年前保存完好的所有往来的电子邮件，发现当时并没有这封所谓的邮件，确知是杜撰的。

某科技实业公司向厦门市中级人民法院提起上诉。并在中院当场模拟了内容可公证的和原 E-mail 证据完全相反内容的 E-mail，以此来证明被告提供的电子邮件内容是虚假的。

根据案例讨论以下问题：

阐述本案涉及本章的内容。此案应如何判决？

>> **思考与练习**

1. 什么是数据电文？其法律效力与传统证据的法律效力有什么冲突？
2. 什么是电子签名？电子签名有什么功能？电子签名有哪些法律意义？
3. 简述电子证书的概念与作用。
4. 电子签名人的法律责任有哪些？
5. 对电子认证服务提供者的违法行为应该如何处罚？

04

第四章
电子合同法律制度

【本章概要】

　　电子商务以电子交易为核心展开,电子交易的主要形式是电子合同。因此,电子合同的订立与履行是电子商务活动的核心环节。电子合同与传统合同的根本区别在于以数据电文的方式订立合同、记载合同内容,因此而引发电子合同的种种特殊性。本章共分四节,详细介绍电子合同的概念、特征和分类,电子合同订立和生效的特殊法律问题以及电子合同的履行和违约救济问题。本章着眼于电子合同与传统合同的差别,重点讲述电子合同的特殊性,包括电子合同中的要约与承诺、确认收讫等规则和问题。

【学习目标】

　　1. 掌握电子合同的概念和特征,识别电子合同的类型;

　　2. 领会电子合同的法律效力,掌握电子合同的成立程序;

　　3. 掌握电子合同履行的责任,掌握电子合同违约责任构成要件。

【重点与难点】

　　重点:掌握电子交易中的要约和承诺。

　　难点:电子合同违约责任构成要件及违约责任的主要方式的认定。

【关键术语】

　　电子合同　要约　承诺　违约责任　继续履行

第一节　电子合同概述

随着电子技术的发展,电子合同得以出现,其不再以纸介质为原始的凭据,而是以一组电子数据,即以数据电文的形式记载合同的主要内容。

一、电子合同的概念和特征

(一) 合同的含义

合同是一个在人们生活中经常接触的概念。由于文化传统的不同,大陆法系和英美法系对合同的含义一直有不同的理解。在大陆法系,合同被认为是一种意思表示一致的协议,即合意。在英美法系,合同被认为是受法律保护的允诺。我国属于大陆法系国家,在合同的概念上,也是将合同理解为一种合意。

《民法典》第四百六十四条规定:"合同是民事主体之间设立、变更、终止民事法律关系的协议。婚姻、收养、监护等有关身份关系的协议,适用有关该身份关系的法律规定;没有规定的,可以根据其性质参照适用本编规定。"

(二) 电子合同的含义与特征

电子合同是随着电子商务的发展而发展起来的,网络经济的日益普及,使得电子合同的法律问题也越来越突出。从法律的角度看,电子商务的本质特点在于使用计算机程序化的通信,这是电子商务与以纸质文件为基础的传统商业活动的本质区别。法律对市场交易的调整和规范不仅覆盖了交易的内容,而且覆盖了交易的形式。

电子合同在含义上有广义和狭义之分。广义的电子合同是指通过电传、传真、电报、电子数据交换、电子邮件等方式订立的合同,这类合同都是以电子脉冲形式传递信息的;狭义的电子合同专指以交易为目的,通过计算机网络形式订立的明确相互权利义务关系的协议。本书主要讨论狭义的电子合同。

同传统书面合同相比,电子合同一般具有以下特征:

1. 合同订立的环境不同。传统合同是交易双方通过面对面的协商,在现实世界中订立的,而电子合同的订立双方或多方大多是互不见面的,所有的买方和卖方都是在虚拟市场上运作,其信用依靠密码的辨认或认证机构的认证。

2. 合同订立的各环节不同。电子合同要约与承诺的发出和收到的时间较传统合同复杂,以一方电子数据的发出为要约,以另一方电子数据的回送为承诺。合同成立和生效的构成条件也有所不同。

3. 合同的表现形式不同。传统书面合同的表现形式是纸介质的合同,有原件与复印件之分。电子合同的表现形式是数据电文,不存在原件与复印件的区分。

4. 合同生效的确认方式不同。传统的书面合同是通过当事人签字或盖章生效的,电子合同因其存在方式的特殊性只能采用电子签名方式使合同生效。

5. 合同当事人的权利和义务有所不同。电子合同当事人除了享有和承担传统合同当事人之间的实体和形式上的权利义务外,还享有和承担由电子合同本身特性所决定的特殊形式上的权利义务,如数字签名、信息披露、隐私权保护等。

6. 合同的履行和支付不同。电子合同较传统合同在履行和支付上更为复杂。

【法律概要】

《中华人民共和国民法典》总则编

《中华人民共和国民法典》总则编,规定了民事活动的基本原则和一般规定,在民法典中起统领性作用。共分基本规定、自然人、法人、非法人组织、民事权利、民事法律行为、代理、民事责任、诉讼时效、期间计算。其主要内容如下。

第一章,基本规定;第二章,自然人(第一节,民事权利能力和民事行为能力;第二节,监护;第三节,宣告失踪和宣告死亡;第四节,个体工商户和农村承包经营户);第三章,法人(第一节,一般规定;第二节,营利法人;第三节,非营利法人;第四节,特别法人);第四章,非法人组织;第五章,民事权利;第六章,民事法律行为(第一节,一般规定;第二节,意思表示;第三节,民事法律行为的效力;第四节,民事法律行为的附条件和附期限);第七章,代理(第一节,一般规定;第二节,委托代理;第三节,代理终止);第八章,民事责任;第九章,诉讼时效;第十章,期间计算。

二、电子合同的分类

对合同分类的法律意义在于掌握同一类合同的共同特征以及其共同的成立、生效要件等,从而有助于合同法的妥当适用、合同当事人顺利订立和履行合同以及合同法理论的完善。电子合同作为合同的一种,理论上可以按照传统的合同分类进行划分。除此之外,电子合同还具有自己的特殊性,可以按照自身的特点作如下分类。

(一)根据电子合同的标的不同,可以将电子合同分为信息产品合同和非信息产品合同

信息产品,是指可以被数字化并通过网络来传输的商品,例如计算机软件、多媒体交互产品、计算机数据和数据库等等。标的物为信息产品的合同,是信息产品合同;反之,为非信息产品合同。

信息产品合同中,根据数字化的信息是否存在实体形式,信息产品可以分为

有形信息产品和无形信息产品。有形信息产品是指数字化信息附着在有形载体(如光盘)上的产品,此类信息产品的交付无法在线进行;无形信息产品是指数字化的,不存在有形载体的信息产品,合同当事人可以直接通过网络在线交付,如E-mail传输、在线下载等。有形信息产品的交付可以直接适用我国《合同法》的有关规定,而无形信息产品在履行时间、履行方式、检验、退货和风险承担等方面都有其特殊性。

(二)根据电子合同订立的方式不同,主要可以分为点击合同、以电子数据交换(EDI)方式订立的合同和以电子邮件(E-mail)方式订立的合同

点击合同,即电子形式的格式合同。点击合同在电子商务活动中应用非常广泛,这和互联网技术的高度智能化有关。几乎所有的电子商务企业和网站都会运用点击合同来规定其与消费者或用户之间的一般性权利和义务。

EDI,是指按照一个公认的标准,将商业或行政事务处理转换成结构化的事务处理报文数据格式,并借助计算机网络实现的一种数据电文传输方法。一个典型的采用EDI方式订立合同的过程是:企业收到一份EDI订单,信息系统自动处理该订单,检查订单是否符合要求,然后通知企业内部管理系统组织生产,向零配件供应商订购相关配件等。

以E-mail方式订立的合同,是指当事人以E-mail的方式完成要约和承诺过程而订立合同。E-mail是互联网上应用最广泛的通信工具,以E-mail方式订立的合同能够直观地反映订约双方的意思表示。但是,E-mail在传输过程中其数据包易被截获、修改,安全性较低。在实践中,当事人以E-mail方式订立合同的,宜采用电子签名来确保真实性和安全性。

相关知识

网络服务质量瑕疵——常见的霸王条款

很多电子商务网站都不同程度地存在类似如下的规则:"鉴于网络服务的特殊性,用户同意网站有权随时变更、中断或终止部分或全部的网络服务(包括收费网络服务)。如变更、中断或终止的网络服务属于免费网络服务,无须通知用户,也无须对任何用户或第三方承担任何责任","网站不担保服务不会受中断,对服务的及时性、安全性,出错都不作担保"等。

点评:网站安全与稳定对商家而言是其开展电子商务交易的基础,对用户而言是保障其交易安全的前提。故对商家而言,保障网站具备基本的安全性、稳定性是其基本义务。因此,基于现有电子商务网站安全性、稳定性方面存在较大缺陷的现实,上述规则的存在,增加了用户的交易风险,免除了商家自身保障网站安全、稳定的责任,具有霸王条款性质,缺乏法律效力。

三、电子合同对传统合同法的冲击和挑战

电子合同在通过电子技术手段缔结的过程中,由于其与传统合同签订方式不同,由此引发了许多法律问题,给作为商法基础的传统合同法带来了严峻的考验。如对数据电文传递过程中的要约与承诺能否撤回、撤销?电子合同生效的时间和地点怎样确定?电子合同的形式应归属于口头形式、书面形式还是其他形式?无纸化合同发生争议后,打印件是否具有证明力等。

(一)合同订立的环境问题

电子合同的订立发生在虚拟空间中,交易双方一般互不见面。在电子自动交易中甚至不能确定交易相对人,其身份仅依靠密码的辨认或认证机构的认证。因此,环境的改变带来以下主要法律问题:(1)合同主体的判断;(2)合同主体行为能力的识别。

(二)合同的书面形式和签名问题

传统的书面形式所传递的信息或提出数据的要求常常是在书面形式要求之上再加上其他不同于"书面形式"的概念,如签字和原件。随着电子商务的发展,传统的有纸化合同正在向无纸化方向发展——被电子合同所替代。在线交易环境中,所有的商业活动都在虚拟的网络环境中进行,传统的书面形式和签名被计算机网络中所传输的信息所取代。电子合同不是以原始纸张作为记录的凭证,而是将信息或数据记录在计算机中或记录在磁盘和软盘等中介、载体中。《民法典》合同编将数据电文归为书面形式,但电子合同与传统书面合同表现形式的不同及签名方式的不同必将要求对书面形式和签名的概念等重新加以界定。

(三)电子合同的成立问题

合同成立一般要经过要约和承诺两个过程。在电子交易过程中,交易的各方当事人通过电子网络传达要约和承诺的意思表示。但由于网络信息传输的快捷性,电子要约的撤回、撤销及电子承诺的撤销几乎成为不可能。这就使现行的合同法律规范对该问题难以调整,那么这种意思表示的法律效力就需要重新加以界定。

(四)电子合同的效力问题

根据《民法典》规定,合同生效必须具备三个要件:当事人具有相应的民事行为能力;当事人的意思表示真实;不违反法律和社会公共利益。但是,电子合同是在虚拟的网络环境下订立的,当事人的身份很难认定。此外,当事人订立合同一般是通过自动处理系统进行的,如果发生错误,与当事人的真实意思表示相背,那么该合同的法律效力应该如何认定?而且,网上还存在许多格式条款,传统法律该如何有效规制这些格式条款等。对于上述问题,传统的法律规范已经不能适应新的挑战。为了适应新的环境,各国纷纷立法或调整现有的法律规范。欧盟《关于内部市场中与电子商务有关的若干法律问题的指令(草案)》指出:各

成员国须调整其国内立法以使电子合同合法化。各成员国应特别保证其关于合同缔结的法律制度,不得妨碍电子合同在实际中的应用,也不得因合同是通过电子方式缔结的这一事实而剥夺其生效权利和法律效力。同时,《电子商务示范法》也为实现国际贸易的"无纸操作"提供了法律保障。

目前,我国《民法典》也确定了数据电文的法律地位,从而在法律上确认了电子合同的合法性。但《民法典》合同编中关于电子合同的规定只是粗线条的,缺乏具体而详细的内容,实际操作比较困难,与国际立法趋势还有很大的差距,这必将成为阻碍我国电子商务发展的重大法律障碍。

然而,完善电子商务立法的实际操作也绝非易事。首先,电子商务立法必须注意本国立法与世界各国法律的协调问题,但避免法律冲突是很困难的;其次,电子商务立法如果不科学、不合理,必将阻碍电子技术的发展。所以,电子合同作为一种新生事物,如何从法律上加以规范是保障电子商务能否健康发展的前提。为此,我国应对现行的法律法规进行修改和完善,以全面系统地规范电子交易。这样既有利于电子商务在我国的推广与应用,也使我国法律在此方面能与国际公约和国际惯例相接轨。

知识提示

电子合同没履行是否索赔?

2007年6月初,小晨上网时,QQ头像闪烁。"你想当模特吗?我们公司正在招聘。"小晨打开QQ,是一则关于招聘脚模的信息,网名"中高客服"的人告诉小晨,公司要给某著名杂志提供一组脚模图片,如果愿意可以拍几张试试看。为了取得小晨的信任,对方将公司地址、电话一并告诉小晨,小晨通过网上查询确认了对方公司的身份。经商量,拍脚50元一张,有脸的100元一张,小晨随后通过视频让对方拍摄和剪截图片,按照事前商议总计550元。

6月8日,双方再次网上见面,小晨询问对方怎么没将钱打入银行卡,对方称最近忙,来不及存钱,要求再照一些图片一并将报酬给她。见小晨有些不信,对方称可以签署电子合同,很快,小晨将双方约定的合同内容传给了"中高客服",在签上自己真名后,"中高客服"又将电子合同回传给了小晨。对方告诉小晨,拍完照片立即支付前两次总计1700元的报酬。此后小晨未收到对方支付的钱,打电话质问对方,对方称没钱,如果要钱就将她的照片在互联网上散布。随后,小晨打电话给对方公司,工作人员一听此事就挂断电话。在多次找对方无果的情况下,小晨欲向法院起诉。

通过QQ签订电子合同,到底有没有效力?四川公生明律师事务所张富明律师说:"《合同法》规定,合同形式分为书面、口头和其他形式,传真、电子邮件等新的形式,只要能够有形记载合同的主要内容,都属于合同书面形式,通过QQ能够固定内容、能够输出的,而且能够确定合同相对人的,都应该视为合同书面形式。"该合同可视为书面形式,是有效的。

资料来源:《华西都市报》,2007-06-21

第二节　电子合同的成立

　　传统合同法理论认为,合同的成立与生效有本质区别。合同的成立是当事人对自己利益和义务的衡量和肯定,完全是个人之间的事情;合同的生效则是国家或法律对当事人之间已经成立的合同进行评价,决定是否让其产生法律效力的过程。

一、合同的成立

　　一般而言,合同成立是指当事人意思表示一致而达成协议的状态。其要件有二:(1)存在两个或两个以上的当事人;(2)当事人意思表示一致,即合意。由于合同成立阶段并不考察当事人的缔约资格,所以合同成立的过程,关键是当事人意思表示达成一致的过程,也就是合同的订立过程。电子合同是以数据电文的方式订立的,其意思表示通过数据电文传送和存储。因此,电子合同成立过程中,要约与承诺的生效、撤回和撤销以及合同成立的时间和地点均有一定的特殊性。

二、电子合同中的要约

（一）要约的概念及有效条件

　　要约,又称发盘、发价,是指一方当事人以缔结合同为目的,向对方当事人提出一定条件,希望对方当事人接受的意思表示。其中,发出要约者称为要约人,要约所指向的人称为受要约人。

　　要约要取得法律上的效力,一般应具备以下条件:

　　① 要约必须是特定人的意思表示。要约是要约人向受要约人做出的、含有合同条件的意思表示,其目的是为了得到受要约人的承诺,从而成立合同。

　　② 要约必须向相对人发出。要约必须经过相对人的承诺才能成立合同,因此,要约必须是向相对人发出的意思表示。相对人一般为特定的人,但在特殊情况下也可以为不特定的人。例如商品广告的内容符合要约规定的,可以视为要约。

　　③ 要约的内容必须具体明确。所谓"具体明确",即指要约的内容必须具有足以促使合同成立的主要条件。这是因为要约的法律效力在于,一经受要约人承诺,合同即告成立,所以要约除须表明要约人订立合同的愿望以外,还须拟订合同的主要条款,如标的、质量、数量、价款或酬金、履行期限、履行地点和方式、违约责任和解决争议的方法等,以供受要约人考虑是否承诺。

网上商品信息按照交易的性质来划分可分为:通过计算机与计算机之间传输的软件销售商品信息;运用传统运输手段交货的实物销售商品信息;网上电子银行服务信息等。一般认为实物商品的信息不属于要约,只是商家做的广告,因为这类网上商务信息等同于商店里的商品橱窗展示,只是为了吸引顾客,有些商家甚至在商品还未上市前就已经在网上登载该商品的信息以期扩大销售。但对于网上软件销售和网上信息咨询等服务信息,如果商家列出了商品或服务的价格和信息有效的期限,并符合要约的规定的,一般认为是要约。即顾客只需在网上登载的电子合同中填写信用卡号、密码、索购的软件及所需的服务类型,就可以通过网上下载得到所购的商品。

④ 要约必须具有缔结合同的目的。凡不以缔结合同为目的的行为,如邀请他人某时到某地参加宴会,尽管这也是特定人向相对人发出的、内容具体确定的邀请,但由于其不含有订立具有法律意义的合同的意愿,也不能将其视为要约。

2010 年 5 月 22 日,百度有啊、京东商城、新浪网上商城等 20 个电子商务企业签署承诺书,列出未成年人网购的七大禁区。承诺书的目的是要让家长们放心。唯一的麻烦是,未满 18 岁的小顾客,以后网购恐怕有点费劲儿,因为网站会担心惹麻烦而不愿做你的生意。

网站承诺所设定的七大禁区包括不向未成年人销售烟草制品、酒类,含有淫秽、暴力、凶杀、恐怖、赌博等不良内容的音像制品以及其他法律、法规禁止向未成年人销售的各种商品;在展示商品或服务时,完整准确地描述其名称、功能、质量等基本属性,不恶意夸大或隐匿功能,不恶意标价,不欺诈和恶意竞争等。

(二) 要约邀请

要约邀请也称为要约引诱,是行为人邀请他人向自己发出要约的意思表示。

要约与要约邀请的区别是:

① 要约一般情况下是向特定人发出的,而要约邀请是向非特定人发出的。

② 要约的内容具体确定,而要约邀请的内容没有这一要求。

③ 要约是订立合同的行为,因此,要约发出后对要约人具有约束力,而要约邀请是订立合同的预备行为,一般对发出人没有约束力。如:寄送的价目表,拍卖公告,招标公告,招股说明书,商业广告等为要约邀请。商业广告的内容符合要约规定的,可视为要约。

　　电子商务迅速发展,网上购物已成时尚,美国的亚马逊等知名网上商场都是通过在网页上登载商品图片和介绍来吸引客户的。在使用数据电文单独与特定人联系的情况下,一方发出的信息是否是要约或是要约邀请很容易判断。但是,在网页或网上公告登载的商务信息是要约还是要约邀请,则很难区分。有人建议将网上广告都视为要约邀请,因为这些信息都是对不特定的多数人发生的。

　　《民法典》第四百七十三条规定:"要约邀请是希望他人向自己发出要约的表示。拍卖公告、招标公告、招股说明书、债券募集办法、基金招募说明书、商业广告和宣传、寄送的价目表等为要约邀请。商业广告和宣传的内容符合要约条件的,构成要约。"

（三）要约的效力

　　要约成立后,就产生了要约的法律效力的问题。我国《合同法》规定:要约生效后,在其存续期间要约人即受到要约的拘束,不得撤回、随意撤销或随意变更。

　　要约的撤回与要约的撤销是不一样的。要约的撤回是在要约发生法律效力以前,要约人欲使其丧失法律效力的意思表示。要约是可以撤回的,但撤回要约的通知应当在要约到达受要约人之前或者与要约同时到达受要约人。要约被撤回的,即对要约人失去约束力。但是如果要约已到达受要约人,该要约便不可撤回。要约的撤销是指要约生效后,要约人欲使要约丧失法律效力的意思表示。

现实中的状况及相关规定

　　由于在电子合同中,要约以数字化的形式,以光速在互联网中传递,到达受要约人的时间相当短,要约人几乎不可能有时间再撤回要约,所以只涉及撤销要约的问题。

　　对于要约能否撤销的问题,各国法律存在分歧。英美法认为:要约原则上对要约人无约束力,要约人在受要约人对要约做出承诺之前的任何时候都可以在期限届满以前随时撤销要约,因为要约只是一项允诺,除非要约人采取了签字盖章的形式。《美国统一商法典》第2205条对此有所规定:"要约在有效期限内要约人不得任意撤销,但①限于商人购买和出售货物;②要约以经过签字的书面文件做成;③要约已规定期限。如果没有规定期限,则在合理期限内不予撤销,但不超过三个月。"可见,英美法对消费要约能否撤销的问题是持肯定态度的。而对商人之间的要约是否可被撤销则视情况而定。大陆法认为要约不得撤销。要约一旦送达受要约人就已经生效,要约人不得随意撤销要约。

三、要约的生效时间及法律效力

《民法典》第一百三十七条规定："以对话方式作出的意思表示,相对人知道其内容时生效。以非对话方式作出的意思表示,到达相对人时生效。以非对话方式作出的采用数据电文形式的意思表示,相对人指定特定系统接收数据电文的,该数据电文进入该特定系统时生效;未指定特定系统的,相对人知道或者应当知道该数据电文进入其系统时生效。当事人对采用数据电文形式的意思表示的生效时间另有约定的,按照其约定。"

在要约的生效时间问题上,主要有"发信主义"和"到达主义"两大派别观点。"发信主义"认为,要约人发出要约后,只要要约已处于要约人控制范围之外,要约即生效;"到达主义"认为,要约到达受要约人时生效。《联合国国际货物销售合同公约》和《国际商事合同通则》都采取了"到达主义"的立场,我国《合同法》也采取了"到达主义"原则。

在电子商务环境下,当事人一般以数据电文发出要约。要约一经生效,要约人即受到要约的拘束。要约人在要约有效期间内不得随意撤销要约或对要约内容加以限制、变更和扩张,以免影响交易安全。

四、要约的撤回和撤销

(一)要约的撤回

要约的撤回是指要约人的要约发出后,到达受要约人之前,取消其要约从而阻止要约生效的意思表示。《民法典》第一百四十一条规定:"行为人可以撤回意思表示。撤回意思表示的通知应当在意思表示到达相对人前或者与意思表示同时到达相对人。"

但是,采用数据电文订立合同的,由于信息传输的高速性,要约人一旦发出要约,受要约人即刻就可收到,要约发出后再要撤回,实际上是不可能的。这无疑对传统的要约理论造成了很大冲击。因此,在电子商务环境下要约能否撤回的问题上,存在两种截然不同的观点:一种观点认为,撤回要约在电子商务环境中是不可能的,在电子合同中谈论要约的撤回是没有实际意义的,《合同法》对要约撤回的规定不适用于电子合同;另一种观点认为,电子要约的撤回虽然非常困难,但并非绝对不可能。在服务器发生故障或线路过分拥挤的情况下都可能耽搁要约的收到时间,使一份要约撤回通知先于或同时到达受要约人。因此,应允许当事人撤回要约,《合同法》对要约撤回的规定是适用于电子合同的。

(二)要约的撤销

要约的撤销是指要约人在要约到达受要约人并生效以后,将该要约取消,从而使要约的效力归于消灭的意思表示。《民法典》第四百七十六条规定:"要约可以撤销。撤销要约的通知应当在受要约人发出承诺通知之前到达受要约人。"《合同法》第十九条规定:"有下列情形之一的,要约不得撤销:(一)要约人确定了承诺期限或者以其他形式明示要约不可撤销;(二)受要约人有理由认为要约是不可撤销的,并已经为履行合同做了准备工作。"

在电子商务交易中,要约能否撤销取决于交易的具体方式。从《民法典》合同编的规定来分析,受要约人收到要约后在作出承诺之前,一般有一个考虑期限,在考虑期满前即受要约人承诺前,要约人可以撤销要约。因此,如果是通过电子邮件方式订立合同,在一般情形下,要约是可以撤销的。因为要约人以电子邮件方式发出要约后,受要约人并不一定立即承诺,因而在发出要约与最终作出承诺之间可能会有一段间隔,在此期间,要约人可以撤销要约。但如果当事人采用电子自动交易系统从事电子交易,承诺的作出是即时的,要约人则没有机会撤销要约。

》 五、要约的失效

要约失效,即要约丧失法律效力。要约失效后,要约人不再受其约束,受要约人也终止了承诺的权利。要约失效后,合同即失去了成立的基础,受要约人即使承诺,也不能成立合同。《民法典》第四百八十六条规定,有下列四种情形之一的,要约失效。

↳(一)要约被拒绝

拒绝要约包括明确表示拒绝,或对要约进行了修改、限制或扩张。要约人一旦收到受要约人不接受或不完全接受要约的通知,要约即因被拒绝而终止效力。受要约人拒绝要约后即使在承诺期限内又表示同意的,其意思表示也为新的要约。

↳(二)要约被依法撤销

根据《合同法》的规定,撤销要约的通知应当在受要约人发出承诺之前到达受要约人。因此,只要撤销行为符合法律规定,并且不属于《合同法》第十九条不允许撤销的情形,已生效的要约即失去法律效力。

↳(三)承诺期限届满,受要约人未作出承诺

要约的有效期限也就是受要约人可以承诺的有效期限。在该期限届满时,受要约人未承诺的,要约就失去效力。在该期限届满后,受要约人又表示接受要约的,该意思表示不为承诺,只能看作是一种新要约。

↳(四)受要约人对要约的内容作出实质性变更

《民法典》第四百八十八条规定:"承诺的内容应当与要约的内容一致。受要约人对要约的内容作出实质性变更的,为新要约。有关合同标的、数量、质量、价款或者报酬、履行期限、履行地点和方式、违约责任和解决争议方法等的变更,是对要约内容的实质性变更。"《民法典》第四百八十九条规定:"承诺对要约的内容作出非实质性变更的,除要约人及时表示反对或者要约表明承诺不得对要约的内容作出任何变更的以外,该承诺有效,合同的内容以承诺的内容为准。"因此,如果受要约人对要约的内容作出了实质性变更,那么,修改后的"承诺"是对原有要约的拒绝,原要约因受要约人的拒绝而失效,修改后的"承诺"应视为受要约人

对要约人发出的新要约。

六、电子合同中的承诺

(一) 承诺的概念及有效要件

承诺,又称之为接盘或接受,是指受要约人作出的,对要约的内容表示同意并愿意与要约人缔结合同的意思表示。承诺的法律效力在于一经承诺并送达于要约人,电子合同即告成立。在法律上,承诺必须具备以下条件,才能产生法律效力。

1. 承诺必须由受要约人作出

承诺只能由受要约人作出,因为只有受要约人享有承诺的资格,这是由要约人必须向特定的相对人发出要约这一特点决定的。受要约人,通常是指受要约人本人,但也包括其授权的代理人。代理人在授权范围内所作出的承诺与受要约人的承诺具有同等的效力。受要约人的承诺必须向要约人发出,向非要约人作出同意要约的意思表示,不是承诺,但向要约人的代理人作出承诺,视为向要约人作出承诺。

在电子商务环境下,由受要约人的电子代理人作出的承诺应视为受要约人的行为。同样,承诺也可以向要约人的电子代理人作出。

2. 承诺必须在要约的有效期限内到达要约人

所谓有效期限,是指要约指定了承诺期限的,所指定的期限即为有效期限;要约未指定期限的,通常认为合理的期限即为有效期限。合理期限是指依通常情形可期待承诺到达的期间,一般包括要约到达受要约人的期间、受要约人作出承诺的期间、承诺通知到达要约人的期间。也就是说,如果要约确定了承诺期限,则承诺应当在要约确定的期限内到达要约人。如果要约没有确定承诺期限,是以对话方式作出的,应当即时作出承诺,但当事人另有约定的除外;以非对话方式作出的,承诺应当在合理期限内到达。

3. 承诺的内容必须与要约的内容一致

承诺要取得成立合同的法律效果,必须在内容上与要约一致。但是在实践中,承诺有时并非简单地表现为对要约一字不差地接受,受要约人可能对要约的文字及其内容作出某些修改,这时就须对承诺是否具有法律效力加以确认。如果要求承诺必须与要约内容绝对一致,可能会影响合同及时成立,不利于交易进行,对受要约人也不公平。为此,《民法典》合同编针对受要约人对要约内容修改的性质作出相应规定。受要约人对要约的内容作出实质性变更的,为新要约,而不能再称之为承诺。有关合同标的、数量、质量、价款或者报酬、履行期限、履行地点和方式、违约责任和解决争议方法等的变更,是对要约内容的实质性变更。承诺对要约的内容作出非实质性变更的,除要约人及时表示反对或者要约表明承诺不得对要约的内容作出任何变更的以外,该承诺有效,合同的内容以承诺的内容为准。

4. 承诺的方式必须符合要约的要求

承诺的方式是指受要约人通过何种具体的表现形式将承诺的意思表示送达给要约人。若要约人规定了承诺的方式,则承诺应该符合该方式的要求;若没有规定则应以合理方式作出。作为意思表示的承诺,其表示方式应与要约相一致,即要约以什么方式作出,承诺也应以什么方式作出。承诺的方式应注意以下几点。

(1)要约以对话方式作出的,除当事人另有约定的,承诺人应即时作出承诺的意思表示,过后承诺的,要约人有权拒绝。

(2)承诺的表示一般应以通知的方式作出。通知可以是口头的或书面的,但依法必须以书面形式订立的合同,其承诺必须以书面形式作出。

(3)当事人可约定数据电文作为承诺方式。在电子商务的交易环境下,一个以电子邮件方式收到的要约应当以电子邮件的方式承诺。

(4)根据交易惯例或要约表明可以通过行为作出承诺的,行为亦可作为承诺的表示方式。例如,网上交易的按键合同,只要在某一网页上用鼠标单击了"同意"按钮,行为就完全可以构成一个有效的承诺。一般情况下,为了避免纠纷,网站运营人应当在其网站上加入一个法律性的告知页面,提醒浏览者注意:对该网址的任何使用行为将构成其对该网页所列条款的承诺。

相关知识

在电子商务的交易环境下,一个以电子邮件方式收到的要约应当以电子邮件的方式承诺。当事人可约定以数据电文作为承诺方式。以行为方式作出承诺,应以要约人在要约中同意或当事人之间存在这样的交易习惯为前提。如当一个网络使用者阅读了某一网页上所展现的合同条款,并依照该网页的要求用鼠标点击某个超级文本链接或某个标有"同意"字样的键钮时,该使用者的行为完全可以构成一个有效的承诺。这种依要约要求点击某个特殊键钮的行为,与现实交易中依要约要求以发货作出承诺的行为,在性质上是完全相同的。

在上述情况下,作出一个承诺十分简单,网站运营人很可能会故意利用这一点,诱使不经意的网络浏览者落入一个精心布置的合同陷阱,所以这类合同又叫作"click-Wrap"合同。因此,每个网上要约都应当给予受要约人充分、明确的机会考虑接受或拒绝要约,而要约中任何不常见的、可能造成承诺人不利的条款均应特别提醒承诺人注意。网站运营人应当在其网站上加入一个法律性的告知页面,在该页面中特别提醒浏览者,对该网址的任何使用行为将构成其对该网页所列条款的承诺。否则,误入"合同陷阱"的网络浏览者可以欺诈或重大误解为由,要求撤销合同或认定合同无效。

（二）承诺迟延

所谓承诺迟延,是指受要约人未在承诺期限内作出承诺。承诺迟延一般不发生承诺生效的效果。承诺的期限通常是由要约规定的,如果要约中未规定承诺时间,则受要约人应在合理期限作出承诺。超过承诺期限作出承诺,该承诺不产生效力。《民法典》第四百八十六条规定:"受要约人超过承诺期限发出承诺,或者在承诺期限内发出承诺,按照通常情形不能及时到达要约人的,为新要约;但是,要约人及时通知受要约人该承诺有效的除外。"也就是说,对于迟到的承诺,要约人可承认其有效,但要约人应及时通知受要约人。如果受要约人不愿承认其为承诺,则该迟到的承诺为新要约。受要约人在承诺期限内发出承诺,按照通常情形能够及时到达要约人,但因其他原因使承诺到达要约人时超过承诺期限的,除要约人及时通知受要约人因承诺超过期限不接受该承诺的以外,该承诺有效。

(三) 承诺撤回与撤销

承诺撤回是指受要约人在发出承诺通知以后,在承诺正式生效之前撤回其承诺。《民法典》第四百八十五条规定:"承诺可以撤回。承诺的撤回适用本法第一百四十一条的规定。"电子承诺撤回存在着与电子要约撤回同样的问题。虽然法律并不禁止电子承诺的撤回,但通过网络通信订立合同,电子承诺的作出是在瞬间完成的,实际上承诺的撤回几乎是不可能的。但也有观点认为,不管电子信息传输速度有多快,总是有时间间隔的,而且也存在着网络故障、信箱拥挤、停电断电、计算机感染病毒等突发事件,使得承诺不可能及时到达。既然如此,就有电子承诺撤回的可能性和必要性。撤回承诺作为承诺人的一项权利是保障其与要约人同等受法律保护的一项权利,不应随意加以剥夺。

由于当事人一旦作出承诺,合同即可成立,所以当事人不能撤销承诺,撤销承诺的行为通常造成违约。但是,进行在线交易时存在这样一种情况:网络交易者在操作时,可能会因各种原因发生错误,也可能因为操作时间短暂而未对合同条款进行仔细的思考,因此操作成交时,承诺人的意思表示可能并不完全真实。据此,有学者建议在单击成交后,应给客户一段考虑是否最终决定成交的期限。如果在该期限内,客户不愿意成交,可以撤销承诺;如果愿意成交,则不必再作出任何表示。这一观点有其合理性,因为在成交以后,合同即告成立,客户即使以重大误解为由申请撤销合同,也只能向法院提起诉讼,不仅手续烦琐,而且费用较高。

如果允许客户可以撤销承诺,确有利于尊重其真实意思,保护客户的利益,但却给网络经营者带来极大的风险。因为网络经营者在操作成交以后,将要从事一些履约的准备,如准备货物等。如果允许客户可以在一段相当长的时间内撤销其承诺,则网络经营者承担的风险过大,网上的交易便很难进行。所以,可考虑在单击成交后,允许客户在短暂的期限内(如1天内)有权决定是否撤销承诺,在该期限内,客户不必付款,而经营者也不必负有准备履约的义务。这样,可使客户享有撤销承诺的权利,也不会损害网上经营者的利益。对此,目前国内尚无法律规定。

(四) 确认收讫与承诺

因为互联网具有开放性和复杂性的特点,发送方的要约或承诺发出之后,和传统方法相比,被其他人截获的可能性更大,没有人能够保证所发出的要约或承诺绝对能够完整地按时到达收件方。为了给电子交易增加一层保险,就产生了要约和承诺的送达确认。确认收讫,是指在接收人收到发送的信息时,由其本人或指定的代理人或通过自动交易系统向发送人发出表明其已收到的通知。确认收讫是通过发回的信息来证实信息是否到达以及传递中有无错误和缺漏发生,当事人可以利用确认收讫制度解决发信后的不确定问题。因此,就发送人而言,确认收讫有利于减少发送人的风险,这在商业上和法律上都具有重大价值。

《电子签名法》对数据电文的确认收讫问题也作出了相应规定。《电子签名法》第十条规定:"法律、行政法规规定或者当事人约定数据电文需要确认收讫的,应当确认收讫。发件人收到收件人的收讫确认时,数据电文视为已经收到。"

确认收讫不是合同订立的必经程序。在合同订立过程中是否需要设立确认收讫这一环节应由当事人自己决定,确认收讫一方面能减少风险,但同时也增加了商业成本,法律应赋予当事人自由选择的权利。

七、电子合同成立的时间和地点

(一) 电子合同成立的时间

电子合同成立的时间是指电子合同开始对当事人产生法律约束力的时间。在一般情况下,电子合同成立的时间就是电子合同生效的时间,合同成立的时间是对双方当事人产生法律效力的时间。一般认为收件人收到数据电文的时间即为到达生效的时间。联合国《电子商务示范法》第十五条和我国《民法典》第一百三十七条的规定基本相同。例如,收件人为接收数据电文而指定了某一信息系统,该数据系统进入该特定系统的时间,视为收到时间。如果收件人没有指定某一特定信息系统,则数据电文进入收件人任一信息系统的时间为收到时间。进入时间,是指信息系统内可投入处理的时间,而不管收件人是否检查或者是否阅读传送的信息内容。

认定发送和接收电子合同的时间对于判断交易成立和生效具有重要意义。根据《合同法》和民事法律关系基本原理和电子合同的实际情况,认定发送和接收电子通信时间的默认规则为,在双方没有相反约定的情况下,某个电子信息进入某个输送人无法控制的信息系统就视为该信息已经被发送,如果信息先后进入了多个信息系统,则信息发送的时间以最先进入接收方网络服务提供者的服务器为准的服务器的时间。在判断信息接收时间方面,如果电子信息的接收人指定了一个信息接收系统,则电子信息进入该系统的时间即为信息接收的时间。

(二) 电子合同成立的地点

电子合同成立的地点是指电子合同成立的地方。确定电子合同成立的地点涉及发生合同纠纷后由哪地、哪级法院管辖及其法律适用问题。《民法典》第四百九十二条规定:"承诺生效的地点为合同成立的地点。采用数据电文形式订立合同的,收件人的主营业地为合同成立的地点;没有主营业地的,其住所地为合同成立的地点。当事人另有约定的,按照其约定。"之所以这样规定,主要是因为电子交易中收件人接收或者检索数据电文的信息系统经常与收件人不在同一管辖区内,上述规定确保了收件人与视为收件地点的所在地有着某种合理的联系,可以说《合同法》这一规定充分考虑了电子商务不同于普通交易的特殊性。

第三节　电子合同的条款与生效

一、电子合同的条款

电子合同与传统合同在本质上没有区别,因此,电子合同的条款适用《合同法》的有关规定。《民法典》第四百七十条规定,合同的内容由当事人约定,一般包括以下条款。

(一) 当事人的名称或者姓名和住所

合同是双方或多方当事人之间的协议,当事人是谁、住在何处,或营业场所在何处应予以明确。当事人包括自然人、法人和其他组织。合同当事人是自然人时,应写明当事人的姓名、住所;合同当事人是法人和其他组织时,应写明其名称和住所。如果是涉外合同,还应标明当事人的国籍。

(二) 标的

标的是合同权利义务指向的对象。没有标的或标的不明确,权利义务就没有依托,所以标的是合同的必备内容。合同的标的可以是货物,也可以是劳务或工程项目等。

(三) 数量

数量和质量是标的的具体化,它直接确定了当事人权利义务的范围和程度。数量是以数字和计量单位来衡量标的的尺度,在大宗交易的合同中,除规定具体的数量条款以外,还应规定损耗的幅度和正负尾差。

(四) 质量

质量条款包括标的名称、品种、规格、等级、标准、技术要求等。在合同实务中,质量条款能够按国家质量标准进行约定的,则按国家质量标准进行约定,没有质量标准的,也可按"凭样品"确定质量条款。

(五) 价款或者报酬

价款又称价金或报酬,是取得标的的一方所支付的代价。在以物为标的的合同中,这一代价叫价金;在以劳务和工作成果为标的的合同中,这种代价称报酬。

(六) 履行期限、地点和方式

合同的履行期限、地点和方式,是享有权利的一方要求对方履行义务的法律依据,也是确定双方当事人在没有完全履行合同的情况下承担法律责任的依据。其中,履行期限是指享有权利的一方要求对方履行义务的时间范围;履行地点是指合同当事人履行或接受履行合同义务的地点;履行方式是指当事人采取什么办法来履行合同义务。

(七) 违约责任

违约责任是当事人不履行或者不适当履行合同规定的义务所应承担的法律责任。

(八) 解决争议的方法

合同当事人在合同订立或履行过程中发生的争议如何解决,是否提请仲裁机构仲裁,最好在合同中订明,以便于合同管辖的争议和尽快解决纠纷。

以上合同的主要条款一般是由当事人通过协商一致来确定。但在电子商务环境下,特别是在网上消费交易中,购买者通过上网的方式购物就是希望节省时间和精力,如果要求每笔交易都要就合同条款进行协商最终达成一致是不现实的。因此,商家通常会依据本行业的规范和国家法律制定商场规约,列明商家的责任限制条款,顾客在进入商场以后就会看到商场的规约,在这种前提下,如果顾客购买商品,就表示他已经接受了这部分合同条款。

二、电子合同的生效要件

电子合同的成立只是意味着当事人之间已经就合同内容达成了意思表示一致,但合同能否产生法律效力,是否受法律保护还需要看它是否符合法律的要求,即合同是否符合法定的生效要件。电子合同的成立并不等于电子合同的生效,电子合同的生效是指已经成立的合同符合法律规定的生效要件。虽然《民法典》合同编没有对合同的生效作出具体的规定,但是电子合同是一种典型的民事法律关系。《中华人民共和国民法典》第一百四十三条规定,民事法律行为应当具备以下几个要件。

(一) 行为人具有相应的民事行为能力

在电子交易中,由于电子商务活动是在虚拟的空间进行的,当事人基于对自身隐私的考虑,或者防止他人冒用自己的身份等原因,可能以化名或代码进入某商业网站,所登录的身份与真实情况往往不符。在这种情况下,当事人一方若想得知对方是否具有相应的民事行为能力存在很大困难。因此,在电子交易中,如何识别当事人的身份是一个十分重要的问题。此外,在电子商务中,当事人常采用智能化交易系统来自动发送、接收或处理变易订单,这就是"电子代理"问题。对于电子代理人,法律应当如何规定,也是一个急需破解的难题。

(二) 意思表示真实

意思表示是指行为人将其设立、变更、终止民事权利义务的内在意思表示于外部的行为。电子合同成立的前提是当事人就电子合同的主要条款达成合意。《民法典》第四百七十条规定,合同的内容由当事人约定,一般包括以下条款:当事人的名称或者姓名和住所;标的;数量;质量;价款或者报酬;履行期限、地点和方式;违约责任;解决争议的方法。只有当事人对以上主要条款意思表示一致,电子合同的成立才具备意思要件。但是,当事人之间通过电子媒介所作出的意思表示,在涉及电子错误及因诈骗、胁迫而撤销的问题时,是否适用民商法有关错误的规定是一个值得探讨的问题。

↘(三)不违反法律或者社会公共利益

电子合同以当事人意思自治为基本原则,但电子合同的内容不得违反法律的强制性规定和社会的公共利益。否则,电子合同因欠缺合法性要件而无效。

相关知识

网站扩大免责范围的霸王条款

霸王条款:"如因不可抗力或其他本站无法控制的原因使本站销售系统崩溃或无法正常使用导致网上交易无法完成或丢失有关的信息、记录等,网站不承担责任","对于因交易而引起的或与之有关的任何直接的、间接的、特殊的、附带的、后果性的或惩罚性的损害或任何其他性质的损害,本站、本站的董事、管理人员、雇员、代理或其他代表在任何情况下都不承担责任"。

点评:这些条款将网络服务责任、网站工作人员过错责任也排除在外,明显不具合理性。

↘(四)合同必须具备法律所要求的形式

我国现行的法律法规无法确认电子合同的形式属于哪一种类型,尽管电子合同与传统书面合同有着许多差别,但是在形式要件方面不能阻挡新科技转化为生产力的步伐,立法已经在形式方面为合同的无纸化打开了绿灯。法律对数据电文合同应给予书面合同的地位,无论意思表示方式是采用电子的、光学的还是未来可能出现的其他新方式,一旦满足了功能上的要求,就应等同于法律上的"书面合同"文件,承认其效力。

》三、电子合同效力认定的相关法律问题

合同的法律效力是指已经成立的合同在当事人之间产生了一定的法律约束力。电子合同的法律效力强调的是电子合同在当事人之间产生的法律拘束力问题,《合同法》第四十四条规定:"依法成立的合同,自成立时生效。"但依法成立的合同并非都有法律效力,对电子合同而言,影响其效力的主要原因有以下几点。

（一）无权代理订立的合同

《民法典》第五百零三条规定："无权代理人以被代理人的名义订立合同，被代理人已经开始履行合同义务或者接受相对人履行的，视为对合同的追认。"

在电子商务的 B2B 交易方式下较容易产生代理权限纠纷。由于交易双方不能如传统贸易中那样审查代理人的授权，可能导致所签合同得不到被代理人的认可。这种情况在电子交易中可能有两种情形，一是双方或一方使用的是未经加密、认证的电子邮件系统。在这种情形下传输的数据电文有被他人截获、篡改的可能，因此合同的效力很难得到保障。二是双方均采用了数字认证等安全系统。在这种方式下，虽然数据电文的真实性和原始性得到了保障，但如果交易一方认为已经成立的合同于己不利而想毁约时，他可能会声称所作的意思表示系其工作人员或系统操作员未经授权的擅自作为。对此，除非主张合同无效的一方有确凿的证据，否则相对一方可依据《合同法》第四十九条关于表见代理的规定主张该代理行为有效。所谓表见代理，是指客观上存在使相对人相信无权代理人的行为有代理权的情况和理由，且相对人主观上为善意时，代理行为有效。例如，《民法通则》第六十六条规定，本人知道他人以自己的名义实施民事行为而不作否认表示的，视为同意，即属于这种情况。

（二）限制民事行为能力人订立的合同

在 B2C 交易方式下，判断消费者的民事行为能力是比较困难的，即使是消费者一方使用了数字签名的技术，电子商务经营者也只能了解消费者的年龄而无从知晓其精神状况。《民法典》第一百四十四条规定："无民事行为能力人实施的民事法律行为无效。"第一百四十五条："限制民事行为能力人实施的纯获利益的民事法律行为或者与其年龄、智力、精神健康状况相适应的民事法律行为有效；实施的其他民事法律行为经法定代理人同意或者追认后有效。"因此，主张合同无效只得由限制民事行为能力人的法定代理人行使，其代理人未对合同效力提出异议的，合同有效；如果电子商务经营者一方已知购买方的购买行为与其年龄、智力、精神健康状况不相适应，在能够通知其法定代理人的情况下则应催告代理人追认，不能通知的情况下应主动撤销合同。

相关知识

民事权利能力和民事行为能力

民事权利能力，是指法律赋予民事主体享有民事权利和承担民事义务的能力，即民事主体享有权利和承担义务的资格，是作为民事主体进行民事活动的前提条件。

民事行为能力，是指民事主体以自己的行为享有民事权利、承担民事义务的能力，即民事主体以自己的行为享有民事权利、承担民事义务的资格。

民事行为能力以民事权利能力为前提,只有具备民事权利能力,才有可能具有民事行为能力。但有民事权利能力,不一定有民事行为能力。民事行为能力既包括民事主体对其实施的合法行为取得民事权利、承担民事义务的能力,也包括对其实施的违法行为承担民事责任的能力。

根据《中华人民共和国民法总则》第十六条至二十四条规定:

第十六条 涉及遗产继承、接受赠与等胎儿利益保护的,胎儿视为具有民事权利能力。但是胎儿娩出时为死体的,其民事权利能力自始不存在。

第十七条 十八周岁以上的自然人为成年人。不满十八周岁的自然人为未成年人。

第十八条 成年人为完全民事行为能力人,可以独立实施民事法律行为。十六周岁以上的未成年人,以自己的劳动收入为主要生活来源的,视为完全民事行为能力人。

第十九条 八周岁以上的未成年人为限制民事行为能力人,实施民事法律行为由其法定代理人代理或者经其法定代理人同意、追认,但是可以独立实施纯获利益的民事法律行为或者与其年龄、智力相适应的民事法律行为。

第二十条 不满八周岁的未成年人为无民事行为能力人,由其法定代理人代理实施民事法律行为。

第二十一条 不能辨认自己行为的成年人为无民事行为能力人,由其法定代理人代理实施民事法律行为。八周岁以上的未成年人不能辨认自己行为的,适用前款规定。

第二十二条 不能完全辨认自己行为的成年人为限制民事行为能力人,实施民事法律行为由其法定代理人代理或者经其法定代理人同意、追认,但是可以独立实施纯获利益的民事法律行为或者与其智力、精神健康状况相适应的民事法律行为。

第二十三条 无民事行为能力人、限制民事行为能力人的监护人是其法定代理人。

第二十四条 不能辨认或者不能完全辨认自己行为的成年人,其利害关系人或者有关组织,可以向人民法院申请认定该成年人为无民事行为能力人或者限制民事行为能力人。被人民法院认定为无民事行为能力人或者限制民事行为能力人的,经本人、利害关系人或者有关组织申请,人民法院可以根据其智力、精神健康恢复的状况,认定该成年人恢复为限制民事行为能力人或者完全民事行为能力人。本条规定的有关组织包括:居民委员会、村民委员会、学校、医疗机构、妇女联合会、残疾人联合会、依法设立的老年人组织、民政部门等。

➤ (三)可撤销的合同

根据《合同法》第五十四条的规定,重大误解和显失公平的合同,当事人一方可请求变更或者撤销。网络购物很容易产生重大误解的情形,因为网上购物不同于现实生活中可以通过目视、触摸、试用等方法详细了解产品的性能、规格等。如果消费者对产品没有足够的认识与了解，就会对产品的基本情况产生重大误解，按照《合同法》的理论这属于可撤销合同，但消费者要证明这一点却并不容易。对此法律应当加以限制，即规定经销商必须在 Web 页面上以醒目的字体和颜色对性能上的差异作出特别说明，否则由此造成误解的当属可撤销的合同。

▶ (四) 格式条款及争议解决

格式条款是指当事人为了重复使用而预先拟订，并在订立时未与对方协商的条款。由于网络购物的特殊性，在 B2C 的交易方式中几乎无一例外地采用格式条款。一些商家从自己的利益出发，在冗长的格式条款中掺杂了大量不利于消费者的条款，特别是免责条款，消费者上网购物时因为费用和时间的限制通常都不能细加研究，即使有消费者发现这些条款存在问题也只能被动地选择"接受"或"不同意"，而不能进行修改或提出自己的意见。

《民法典》第四百九十六条规定："格式条款是当事人为了重复使用而预先拟定，并在订立合同时未与对方协商的条款。采用格式条款订立合同的，提供格式条款的一方应当遵循公平原则确定当事人之间的权利和义务，并采取合理的方式提示对方注意免除或者减轻其责任等与对方有重大利害关系的条款，按照对方的要求，对该条款予以说明。提供格式条款的一方未履行提示或者说明义务，致使对方没有注意或者理解与其有重大利害关系的条款的，对方可以主张该条款不成为合同的内容。"

《民法典》第四百九十七条规定："有下列情形之一的，该格式条款无效：(一)具有本法第一编第六章第三节和本法第五百零六条规定的无效情形；(二)提供格式条款一方不合理地免除或者减轻其责任、加重对方责任、限制对方主要权利；(三)提供格式条款一方排除对方主要权利。"

《民法典》第四百九十八条规定："对格式条款的理解发生争议的，应当按照通常理解予以解释。对格式条款有两种以上解释的，应当作出不利于提供格式条款一方的解释。格式条款和非格式条款不一致的，应当采用非格式条款。"

相关案例

合同有效力具备的条件：未成年人订立的合同是否有效

1. 合同有效须具备的条件

根据《中华人民共和国民法总则》第一百四十三条的规定，具备下列条件的民事法律行为有效：第一，行为人具有相应的民事行为能力；第二，意思表示真实；第三，不违反法律、行政法规的强制性规定，不违背公序良俗。合同有效力应当具备以下条件：

(1) 行为人在履约时具有相应的民事行为能力。民事行为能力是指民事主体以自己的行为设定民事权利或者义务的能力。合同作为民事法律行为，只有具备相应民事行为能力的人才有资格订立；不具有相应的民事行为能力的人所订立的合同为效力待定的合同。但不具有相应民事行为能力的人可以通过其法定代理人订立合同。

（2）意思表示真实，是指意总表示的行为人的表示行为应当真实反映其内心的效果意思，当事人的内在意志和外在意思一致，就是真实的。

（3）不违反法律、行政法规的强制性规定，不违背公序良俗。合同的目的是当事人缔结合同所欲达到的效果，合同的内容是合同中规定的权利和义务所指向的对象，合同的目的或内容不违反法律、行政法规的强制性规定，不违背公序良俗，否则，合同无效。虽然我国的合同法奉行合同自由原则，即当事人可自由协商确定合同的内容，但是，当事人的自由不能超出法律的限制。

2. 未成年人订立的合同是否有效

合同订立的主体包括自然人、法人和其他组织等，而自然人又有成年人与未成年之分。对于有完全民事行为能力人与他人订立的合同一般是有效的，但是未成年人订立的合同是否有效呢？视情况而定。

（1）如果是8周岁以下的未成年人，即无民事行为能力人，其所订立的合同是无效的。不满8周岁的未成年人是无民事行为能力人，由他的法定代理人代理民事活动。无民事行为能力人与他人订立的合同没有法律效力。

（2）8周岁以上的未成年人，即限制民事行为能力人，其所订立的合同要区分情况。限制民事行为能力人订立的合同，是可撤销的合同。但是经法定代理人追认后，该合同有效。但如果限制民事行为能力人订立的是纯获利益的合同，或者与其年龄、智力、精神健康状况相适应而订立的合同，不必经法定代理人追认。例如赠与合同等，不必经其法定代理人追认。

（五）系统设置与系统障碍

在 B2B 交易方式下，交易一方或双方设置了系统自动确认或自动回复功能的，若以系统自动回复未经所有人确认为由主张合同无效的，不予支持，因为计算机执行的是人编制的程序，反映的是人的意志。由于系统障碍造成错误回应的，在 B2B 交易方式下可解除合同的效力。如果出故障的是电子商务系统，则合同有效，因为电子商务经营者面对的是不特定多数的消费者，商誉是其必要的保证，所以必须承担营运中的风险；如果出故障的是消费者一方的计算机，则可解除合同。因为在电子交易中，消费者处于弱势地位，应尽力保证消费者作出真实的意思表示。

第四节　电子合同的履行与违约责任

虽然电子合同的订立过程和表现形式与传统合同有些不同，但在其履行、终止、违约救济等方面基本上可以适用普通合同法的规则。

》 一、电子合同的履行

合同的履行是指合同当事人按照合同的约定或者法律的规定，全面适当地完成各自承担的合同义务，使债权人的权利得以实现的过程。《民法典》第五百零九条规定："当事人应当按照约定全面履行自己的义务"，这是法律对合同履行的基本要求。

↪ （一）电子合同履行的原则

《民法典》虽然没有明确规定合同履行的原则，但是，通常认为合同的履行原则主要有适当履行原则和协作履行原则。这两个基本原则也适用于电子合同的履行。

1. 适当履行原则

适当履行原则又称全面履行原则、正确履行原则，是指当事人按照合同约定或者法律规定的标的及其数量、质量，由适当的主体在适当的履行期限、履行地点，以适当的方式，完成合同的义务，它是对当事人履行合同的最基本的要求。对于电子合同而言，如果是离线交付，债务人必须按照约定发货或者由债权人自提；如果是在线交付，交货一方应给予对方合理验查的机会，保证交付标的质量，而付款一方则应依约定按时付款。

2. 协作履行原则

协作履行原则是指当事人不仅适当履行自己的合同债务，而且应基于诚实信用原则，要求对方协助其完成履行。协作履行原则是诚实信用原则在合同履行方面的具体体现。《民法典》第五百零九条规定："当事人应当按照约定全面履行自己的义务。当事人应当遵循诚信原则，根据合同的性质、目的和交易习惯履行通知、协助、保密等义务。"《民法典》第五百五十八条规定："债权债务终止后，当事人应当遵循诚信等原则，根据交易习惯履行通知、协助、保密、旧物回收等义务。"电子合同履行过程中，当事人仍应遵循协作履行原则，如为便于债务人发货，债权人应及时告知其地址和身份信息；当事人一方在线收集的另一方当事人的有关资料不得非法利用等。

↪ （二）电子合同履行的基本方式与地点

从当前我国电子商务开展的情况看，电子合同基本上有三种履行方式：第一种是在线付款，在线交货。此类合同的标的是信息产品，如音乐、计算机软件、音像产品的下载等。第二种是在线付款，离线交货。第三种是离线付款，离线交

▶ **125**

货。后两种合同的标的可以是信息产品也可以是非信息产品。对于信息产品而言，既可以选择在线下载的方式也可以选择离线交货的方式。不同的履行方式决定其履行地点不同。

1. 合同标的物的交付地点

（1）以有形介质为载体的信息的交付

当交易的信息以有形介质为载体时，它与传统的动产买卖在交付地点与方式方面没有多大区别。交易应当按照合同的约定履行，当事人就合同内容约定不明确的，应首先达成补充协议，不能达成补充协议的，按交易习惯确定，仍然不能确定的，按照《民法典》第五百一十一条的规定履行："履行地点不明确，给付货币的，在接受货币一方所在地履行；交付不动产的，在不动产所在地履行；其他标的，在履行义务一方所在地履行。"

（2）以数字化信息形式的交付

对于通过网络在线传输电子信息，美国《统一计算机信息交易法》第六百零六条规定："以电子方式交付拷贝的地点为许可方指定或使用的信息处理系统；所有权凭证可以通过惯用的银行渠道交付。"在这一点上，它与数据电文的发送、接收时间的确定方式是一致的，即以信息系统作为其参照标准。从交付完成的标准看，则是"提交并保持有效的拷贝给对方支配"，其最终落脚点，是让信息使用人能有效地支配合同项下的电子信息。

2. 对合同标的物的接收及价金的支付地点

（1）接收标的物的地点

如果电子合同标的物是有形化的交付，则买方应在合同约定或法律规定的履行交付的地点接收该标的物。如果合同标的物是电子化的交付，由于交付地点是买方指定的信息处理系统，因此，买方有义务使其信息处理系统处于可接受卖方履行交付义务的状态并给卖方适当的通知。如果由于买方信息系统的原因使卖方无法履行其义务或造成履行迟延，则卖方不承担责任。

（2）价金的支付

价金的支付可以采用电子支付的形式。目前各大银行都开通了网上支付业务，通过电子资金划拨方式可以很便利地完成网上支付。买方根据卖方提供的账号，通过计算机向银行文件转账系统发出指令，银行在核实买方的客户身份后，即可从买方账户上划拨相应资金至卖方账户。当然，当事人也可以采用传统的方式支付价金。

二、电子合同的违约责任

（一）违约的归责原则

违约的归责原则是关于违约方的民事责任的法律原则。合同违约的归责原则有两类：一种是过错责任原则，另一种是严格责任原则。

1. 过错责任原则

过错责任原则是指一方违反合同的义务，不履行和不适当履行合同时，应以过错作为确定责任的要件和确定责任范围的依据。过错责任原则包括两层含义：

一是过错是违约责任的构成要件,只有合同当事人基于自己的过错不履行合同时才承担责任;二是当事人过错程度决定其应承担的责任范围。故意违反合同承担的责任较过失违反为重,当事人在订立合同时不可以预先免除故意违约责任。

2. 严格责任原则

严格责任原则是指不论违约方主观上有无过错,只要其不履行合同债务给对方当事人造成了损害,就应当承担合同责任。根据严格责任原则,在违约发生以后,确定违约当事人的责任,应主要考虑违约的结果是否因违约方的行为所造成,而不是违约方的故意和过失。即违约责任不以过错为归责原则或构成要件,除非有法定的或约定的免责事由,只要当事人一方有违约行为,不管是否具有过错,都应当承担责任。之所以采用严格责任为合同责任的原则,主要是因为违约责任源于当事人自愿成立的合同,除了约定或法定的情况,必须受合同的约束,否则,不利于保证对方当事人的合法权益。电子合同作为合同的一种,其违约责任适用严格责任原则。当然,如果电子合同中没有约定违约金,对方也没有实际损失的,违约人也无须承担赔偿责任。

(二)违约责任的特征

1. 违约责任是合同当事人一方不履行合同义务或履行行为不符合合同约定时所产生的民事责任。

2. 违约责任原则上是不履行合同义务或履行合同义务不符合约定或法律规定的一方当事人向另一方当事人承担的民事责任。

3. 违约责任可以由电子合同当事人在法律规定的范围内约定。

4. 违约责任是财产责任。

5. 违约责任具有补偿性、惩罚性。

(三)违约责任的构成要件

1. 主体要件

违约责任是当事人违反了有效合同后应承担的法律责任,所以凡是违约责任必然是当事人因不履行合同或不完全履行合同导致的法律后果。在电子合同中,违约责任的主体必然是有效合同的当事人,是有权独立主张自己利益和独立参加仲裁或诉讼活动的主体。主体资格是主体进行各种法律行为的前提条件,如果主体资格不合格或有缺陷,则合同无效,当然也就无所谓违约责任。电子合同的主体可以是自然人,也可以是法人或其他组织。其中自然人作为电子合同的当事人必须具有相应的民事行为能力,如果不符合《中华人民共和国民法典》关于民事行为能力的条件,应当由其法定代理人或监护人代为行使订立合同的权利,并承担相应的法律责任。法人作为电子合同的当事人必须具备相应的民事权利能力,即该法人的章程规定的其可以为某种合同行为的权利,其他组织作为电子合同的当事人同样也需要具备相应的订约能力。

2. 违约行为

违约行为是指电子合同当事人没有按照合同约定的条件和时间履行合同的

行为。违约包括作为的违约和不作为的违约。作为的违约是指义务人应当以自己的主动行为完成合同规定的义务；不作为的违约是指少数电子合同规定，合同的当事人应当以自己某些不作为的承诺作为合同成立的基础。例如，电子合同中对当事人的个人隐私进行保密的合同条款，其基本内容就是规定合同的信息必须保密，如果违反合同规定的条件泄露了需要保密的信息时，就可构成违约责任。

3. 主观条件

合同履行是一种客观事实，电子合同没有履行或者没有完全履行客观上也使对方的权利不能实现，为了维护对方的合同权利，就要让违约方承担违约责任。

相关案例

北京市首例网银交易合同纠纷案

因曾在网上银行交易，6万多元存款不翼而飞，储户杨先生为此将北京工行海淀西区支行、海淀支行告上法庭。昨天，海淀区人民法院对此宣判，以证据不足驳回了杨先生的请求。据悉，这是本市法院审结的首例通过网上银行交易引发的合同纠纷案。

2004年2月14日，杨先生在工行海淀支行西苑储蓄所存款，开具存折，至2005年9月3日，其存折上有存款74025.37元。2005年9月15日，杨先生去银行取款，发现账上只有13425.37元，有60600元无故消失。为此他将银行告上法庭。

工行海淀西区支行对此解释称，杨先生曾与他们签订过网上银行服务协议。2005年9月4—15日间，杨先生的账户通过网上银行系统汇款36笔，总计60000元，手续费600元。此36笔交易是凭杨先生的账号、密码登录网上银行系统后，向银行发出指令，银行依据指令视为杨先生本人所为。因此，此案争议的60600元款项的转出所造成的后果应当由杨先生自行承担。

法院查明，在整个网上交易过程中，客户需要输入两个密码，即登录密码和支付密码。在首次登录时，客户还需输入在柜台申请开通网上银行时设置的初始登录密码，而这些密码由客户自己掌握，银行对此并不知晓。从杨先生提交的存折可以看出，杨先生此前进行过网上银行交易，他已对登录密码及支付密码进行过设置。对此法院认为，杨先生应妥善保管密码，并应承担因其个人原因导致密码泄露而产生的一切不利后果。

法院认为，工行在客户申请网上银行业务时尽到了相关审查核实义务，在客户进行网上银行操作过程中尽到了相关提示义务，已完全履行了合同义务，在杨先生不能提供充分证据证明存款消失系因工行过错导致的情况下，工行不应对杨先生存款消失的结果承担法律责任。

资料来源：《北京商报》，2006-09-29

（四）免责事由

免责事由分约定的免责事由和法定免责事由。约定的免责事由即免责条款，指当事人双方在合同中约定的，旨在限制或免除其将来可能发生的违约责任的条款。但免责条款的约定不得违反法律的强制性规定和社会公共利益。免除电子合同当事人的基本义务或排除故意或重大过失责任的免责条款为无效条款。法定免责事由主要是不可抗力。根据《民法典》第五百九十条规定："当事人一方因不可抗力不能履行合同的，根据不可抗力的影响，部分或者全部免除责任，但是法律另有规定的除外。因不可抗力不能履行合同的，应当及时通知对方，以减轻可能给对方造成的损失，并应当在合理期限内提供证明。当事人迟延履行后发生不可抗力的，不免除其违约责任。"

当事人可以在合同中约定不可抗力的范围。不可抗力条款是对法律的不可抗力事件的补充，但不能违反法律关于不可抗力的规定。在当事人约定的不可抗力条款与法律对不可抗力的规定不一致时，当事人的约定往往无效。为避免争议，在签订电子合同过程中，应设置免责条款，并对特殊情况下的违约行为提供抗辩理由。根据电子合同的特征，电子合同对下列事件约定可构成免责事由。

1. 文件感染病毒

文件感染病毒的原因可能是遭到恶意攻击所致，也可能是被意外感染。但不论是何种原因，如果许可方采取了合理与必要的措施防止文件遭受攻击，例如，给自己的网站安装了符合标准或业界认可的保护设备，有专人定期检查防火墙等安全设备，但是仍不能避免被攻击，由此导致该文件不能使用或无法下载，应当属于不可抗力。

2. 非因自己原因导致的网络中断

网络传输中断，则无法访问或下载许可方的信息。网络传输中断可因传输线路的物理损害引起，也可由病毒或攻击造成，如果该种情况发生，属于不能避免并不能克服的事件，可认定为不可抗力。

3. 非因自己原因引起的电子错误

例如，消费者购物通过支付网关付款，由于支付网关的错误未能将价款打到商家的账户上，由此导致的违约应认定为不可抗力。

（五）违约责任的主要方式

违约责任是合同当事人因违反合同所应承担的继续履行、赔偿损失等民事责任。违约责任制度是保障债权实现及债务履行的重要措施，它与合同债务有密切关系。合同债务是违约责任的前提，违约责任制度的设立又能督促债务人履行债务。《民法典》第五百七十七条规定："当事人一方不履行合同义务或者履行合同义务不符合约定的，应当承担继续履行、采取补救措施或者赔偿损失等违约责任。"

1. 继续履行

继续履行，又称实际履行，是违约方承担违约责任的一种主要方式。在民法上称为强制实际履行或特定履行、依约履行。所谓继续履行，是指一方在不履行合同时,另一方有权要求对方继续履行义务,并可请求法院强制违约方按合同规定的标的履行义务,对方不得以支付违约金和赔偿金的方式代替履行。继续履行包括两层含义:一方面,在一方违约时,非违约方可以借助于国家的强制力使违约方继续履行合同;另一方面,强制履行是指要求违约方按合同标的履行义务。从法律上看,继续履行具有如下特点。

(1) 继续履行是一种补救方法

继续履行和违约金、损害赔偿等方法相比,更强调违约方应按合同规定的标的履行义务,从而实现非违约方履约的目的,而不仅仅强调弥补受害人所遭受的损失,所以这种方法更有利于实现当事人订立合同的目的。

(2) 是否请求实际履行是债权人享有的一项权利

强制实际履行是有效实现当事人订约目的的补救方式,所以一般认为它是《民法典》中首要的补救方法。但是,在债务人不履行时,债权人有权解除合同,请求损害赔偿,也可以要求债务人实际履行。只要债权人要求实际履行,又有履行可能,债务人应实际履行。所以,在一方违约的情况下,债权人有权决定是否采取继续履行的补救方式。

(3) 继续履行不能与解除合同的方式并用

继续履行可以与违约金、定金责任和损害赔偿并用,但不能与解除合同的方式并用。如果债务人违约,债权人可以依据合同约定要求债务人支付违约金或适用定金罚则,如果给债权人造成损失的,还可以要求对方赔偿损失。在债务人有履约能力的情况下,债权人可以在要求对方支付违约金或赔偿损失的同时,要求对方继续履行合同。但继续履行不能与解除合同的方式并用。因为解除合同旨在使合同关系不复存在,债务人也不再负履行义务,所以它和实际履行是完全对立的补救方法,两者不能并用。

2. 采取补救措施

在货物买卖合同中,采取补救措施是指义务人交付的标的物不合格,提供的工作成果不合格。在权利人仍需要的场合下,守约方可以要求违反合同义务的一方采取修理、重作、更换等补救措施。根据《民法典》的规定,卖方交付货物的质量不符合约定的,受损害方根据标的的性质及损失大小,可以合理选择要求对方承担修理、更换、重作、退货、减少价款或报酬等违约责任。同样,在信息作为产品的情形下,原则上也存在这样的补救措施,即要求许可方或信息提供方更换信息产品或消除缺陷。

3. 停止使用或中止访问

返还财产是传统的违约救济方式之一,但在信息产品交易情形下,返还几乎丧失了意义。因为退还的只是信息产品的载体,其信息内容可能仍然留存在持有人计算机中。这时停止使用、中止访问具有特殊意义,只有停止使用才能保护许可方的利益。停止使用是指因被许可方的违约行为,许可方在撤销许可或解除合同时请求对方停止使用并交回有关信息。停止使用的内容包括被许可方所占有和使用的被许可的信息及所有的复制件、相关资料,同时被许可方不得继续使用上述信息产品。许可方也可以采用电子自助措施停止信息的继续被利用,中止访问就是对信息许可访问合同的救济。当被许可方有严重违约行为时,许可方可以中止其获取信息。

4. 赔偿损失

损害赔偿是指违约一方用金钱补偿因违约给对方造成的损失,它是以金钱为特征的赔偿,即是以支付损害赔偿金为主的救济方法。损害赔偿是各种违约责任制度中最基本和最重要的违约救济方式,是对违约行为的一种最主要的补救措施,也是各国法律普遍确定的一种违约责任形式。

损害赔偿具有以下法律特征:

① 赔偿是因债务人违反合同所产生的一种责任,合同关系是其存在的前提;

② 赔偿是对违约的一种金钱补偿,主要弥补债权人因违约行为遭受直接的损害后果,不具有惩罚性;

③ 损害赔偿以赔偿当事人实际遭受的全部损失为原则,全部损失包括直接损失和间接损失。

《民法典》第五百八十四条规定:"当事人一方不履行合同义务或者履行合同义务不符合约定,给对方造成损失的,损失赔偿额应当相当于因违约所造成的损失,包括合同履行后可以获得的利益,但不得超过违反合同一方订立合同时预见到或者应当预见到的因违反合同可能造成的损失。"这里的损失赔偿额"不得超过违反合同一方订立合同时预见或者应当预见到的因违反合同可能造成的损失",是指应当赔偿的损失是合理预见到的损失。合理预见要具备的条件包括如下几点。

① 预见的主体是违约方。只有在已发生的 B2B 损失是违约方能够合理预见时才表明该损失与违约行为之间存在因果关系。

② 预见的时间应当在订立合同时。当事人在订立合同时要考虑风险,如果风险过大,当事人可达成有关限制条款来限制责任。如果要当事人承担在订立合同时不应当预见的损失,当事人会鉴于风险太大而放弃交易。

③ 预见的内容是有可能发生的损失的种类及各种损失的大小。

如何界定"合理预见"在网络中的程度也是值得考虑的。一般认为,在线交易中合理预见的界定应考虑以下因素。第一,合同主体。B2B 交易主体的预见程度较消费者交易高。第二,合同方式。电子自动交易订立合同相对于在线洽谈方式订立合同预见程度要低。第三,合同内容。信息许可使用合同比信息访问合同应有较高的预见要求。

【活动项目设计】

甲公司为一家大型家电零售企业,乙公司为一家大型空调生产商。甲、乙公司于 2006 年 1 月 5 日达成一项协议,约定双方空调的下单和接单均采用电子数据交换(EDI)的形式,由双方的计算机自动进行。双方在书面合同中约定:甲公司空调存货不足时,甲公司计算机系统自动给乙公司下单(信息发送成功,计算机自动显示);乙公司收到订单后,无须特定的人同意,计算机自动接单,乙公司根据甲公司的订单送货上门。根据双方的协议,合同自 2006 年 1 月 10 日起生效。合同生效后,系统运行一直正常。

2006 年 7 月 6 日,由于天气骤然变热,空调走俏,甲公司库存的乙公司空调低于正常库存量。甲公司的计算机便自动给乙公司下单,订单对货号、数量作了约定,计算机也显示信息发送成功。按照常规,乙公司接单后如立即组织发货,7 月 9 日就能到货。可直到 7 月 15 日,乙公司的货才送到甲公司。而甲公司销售的乙公司空调已经于 7 月 10 日销售完毕。为了应急,甲公司只得于 7 月 9 日从另一家公司进了一批其他品牌的空调。因此,甲公司拒绝接受乙公司此批空调,还要求乙公司赔偿因空调缺货致使客流减少而导致的销售额损失。但乙公司声称,他们是在 7 月 12 日才接到订单的,并且立即组织发货,乙公司没有任何违约行为,不应为此承担责任。

问题:

1. 本案争议的合同何时成立?
2. 甲公司的损失应由谁承担?
3. 甲公司是否有权拒绝乙公司交付的空调?

》》 思考与练习

1. 什么是电子合同?
2. 简述电子合同对传统合同法的冲击与挑战。
3. 简述要约与要约邀请的区别。
4. 简述电子合同效力认定的相关法律问题。
5. 电子合同的违约责任有哪些方式?

05

第五章
电子支付法律制度

【本章概要】

　　完善的电子支付体系是电子商务发展的重要基础。随着现代社会互联网的普及和应用,利用电子支付方式进行的交易在整个社会交易支付总量中的比重越来越高,所涉及的金额也越来越大而且相关当事人众多,法律关系复杂。本章主要围绕电子支付主体、电子支付各方当事人的权利义务及依法应当承担的责任等重点问题进行了阐述,并对电子货币、第三方电子支付、涉及第三方电子支付的相关法律问题、第三方支付的安全保障等涉及的法律问题进行了深入的探讨。

【学习目标】

　　1. 掌握电子支付法的概念与特征、国内外电子支付立法概况、电子支付法律关系;
　　2. 领会电子货币的法律规范,涉及电子货币的基本含义、电子货币的法律监管;
　　3. 理解电子支付法律责任的承担方式。

【重点与难点】

　　重点:理解电子货币及其法律问题。
　　难点:掌握第三方电子支付的法律规范,涉及第三方电子支付概述、第三方电子支付相关法律问题、第三方支付的安全保障。

【关键术语】

　　电子货币　电子支付的自然人　网上银行　第三方支付

第一节　电子支付概述

一、传统交易中支付结算法律制度

(一) 支付结算的概念和特征

支付结算是指单位、个人在社会经济活动中使用票据、信用卡和汇兑、托收承付、委托收款等结算方式进行货币给付及资金清算的行为。它具有法律效应，是一种法律行为。支付结算作为一种法律行为，具有以下法律特征：

① 支付结算必须通过中国人民银行批准的金融机构进行。

② 支付结算是一种要式行为。

③ 支付结算的发生取决于委托人的意志。

④ 支付结算实行统一和分级管理相结合的管理体制。

⑤ 支付结算必须依照相关法律进行。

(二) 支付结算的基本原则

支付结算的基本原则是单位、个人和银行在进行支付结算活动时所必须遵循的行为准则，即恪守信用，履约付款原则；谁的钱进谁的账，由谁支配原则；银行不垫款原则。

(三) 支付结算的主要法律依据

与各种结算方式有关的法律、法规、规章、规定及中国人民银行的有关政策性文件都是支付结算必须遵循的。迄今为止，主要有《票据法》、《票据管理实施办法》、《支付结算办法》、《信用卡业务管理办法》、《银行账户管理办法》、《异地托收承付结算办法》等。

二、电子支付的定义与种类

(一) 电子支付的概念和特征

电子支付，是指从事电子商务交易的当事人，包括消费者、厂商和金融机构，通过信息网络，使用安全的信息传输手段，采用数字化方式进行的货币支付或资金流转。电子支付方式的出现要早于互联网。银行进行电子支付的五种形式分别代表着电子支付发展的不同阶段。第一阶段是银行间采用安全的专用网络进行电子资金转账(EFT)，即利用通信网络进行账户交易信息的电子传输，办理结算；第二阶段是银行计算机与其他机构计算机之间资金的结算，如代发工资，代缴水费、电费、煤气费、电话费等业务；第三阶段是利用网络终端向用户提供各项银行服务，如用户在自动柜员机(ATM)上进行取、存款操作等；第四阶段是利用银行销售点终端(POS)向用户提供自动扣款服务，这是现阶段电子支付的主要方式；第五阶段是最新发展阶段，电子支付可随时随地通过互联网进行直接转账结算，这一阶段的电子支付称为网上支付。

与传统的支付方式相比,电子支付具有以下特征。

① 电子支付是采用先进的技术通过数字流转来完成信息传输,其各种支付方式都是采用数字化的方式进行款项支付的;传统支付方式则是通过现金流转、票据转让及银行的汇兑等物理实体流转来完成款项支付的。

② 电子支付的工作环境是基于一个开放的系统平台(即互联网);传统支付则是在较为封闭的系统中运作的。

③ 电子支付使用的是最先进的通信手段,如互联网、Extranet;传统支付使用的则是传统的通信媒介。电子支付对软、硬件设施的要求很高,一般要求有联网的微机、相关的软件及其他一些配套设施;传统支付则没有这么高的要求。

④ 电子支付具有方便、快捷、高效、经济的优势。用户只要拥有一台能上网的 PC,便可足不出户,在很短的时间内完成整个支付过程。支付费用仅相当于传统的几十分之一,甚至几百分之一。

(二)电子支付的种类

电子支付以网络和信息化为基础进行资金的储存、支付和流通,集储蓄信贷现金和非现金结算等多种功能为一体,通过银行专用网络应用于生产交换分配和消费领域,实现支付功能。根据不同标准,可以对电子支付作如下划分。

第一,根据电子支付指令发起方式,分为网上支付、电话支付、移动支付、销售点终端交易、自动柜员机交易和其他电子支付。

网上支付是电子支付的一种形式。广义上讲,网上支付是以互联网为基础,利用银行所支持的某种数字金融工具,发生在购买者和销售者之间的金融交换,实现从买者到金融机构、商家之间的在线货币支付、现金流转、资金清算、查询统计等过程,由此为电子商务服务和其他服务提供金融支持。

电话支付是电子支付的一种线下实现形式,是指消费者使用电话(固定电话、手机、小灵通)或其他类似电话的终端设备,通过银行系统就能从个人银行账户直接完成付款的方式。

移动支付是使用移动设备通过无线方式完成支付行为的一种新型的支付方式。移动支付所使用的移动终端可以是手机、PDA、移动 PC 等。

第二,根据服务对象的不同和支付金额的大小,分为大额(生产型)电子支付和小额(消费型)电子支付。

大额电子支付又称批发电子资金支付,主要应用于商家对商家的交易支付中,系统维护双方利益,通过网上支付系统完成支付。

小额电子支付又称零售电子资金支付,服务对象主要是广大的个人消费者、从事商品和服务的工商企业。这类交易活动的特点是交易发生频繁,但交易金额相对较小,支付方式上一般采用现金、支票、银行卡交易及网上支付。

第三,根据电子支付手段,分为网络银行在线支付、第三方转账支付、电话银行、IP 账号支付等。

网络银行在线支付又称银行电子资金划拨,是网上流行的支付方式。基本的流程为用户通过网站提供的接口,将购买物品的费用直接转入商家对应银行的账户。在成功转入银行账户后，将确认信息通过 E-mail 或者电话的方式与商家取得联系，确认信息正确后，商家将用户购买的商品发送给用户。电子银行在线支付一般没有担保。

第三方转账支付是目前主流的电子支付方式。基本模式为：买家和卖家在同一个平台上，买家通过平台在各个银行的接口，将购买货物的货款转账到平台的账户上，平台程序在收到银行到款通知后，将信息发送给卖家，卖家在收到平台发送的确认信息后，按照买家的地址发货，买家确认货物后发送信息到平台，平台将买家的货款再转入卖家的账户。此种支付方式建立有较完善的担保机制。

电话银行是以 168 等服务类声讯信息台为平台，通过拨打声讯电话选择购买的产品类型，费用在拨打电话的同时扣除。此类方式没有第三方担保，也没有办法取消交易，安全系数较低。

IP 账号支付基本上只有电信运营商采用，收费方式将支付费用与网民上网费用捆绑。

第四，依据支付系统处理划拨的类型不同，分为贷记划拨与借记划拨。

由收款人发动银行程序所进行的资金划拨，称为借记划拨；由付款人发动银行程序所进行的资金划拨，称为贷记划拨。在大额电子资金划拨中，发动银行程序的是付款人，它向银行发出支付命令，指示银行借记自己的账户并贷记收款人的账户。Fedwire、CHIPS 等大额电子资金划拨系统都是采用贷记划拨的支付方式，但小额电子资金划拨有的是采用贷记划拨方式。

第五，依据支付系统的封闭性程度，分为互联网环境下的电子支付和非互联网环境下的电子支付两种。

前者包括网上银行和电子货币，后者则是指自动柜员机 ATM、销售终端 POS 等。

相关讨论

电子货币支付方式本身也给各国法律体制带来一些难题，如电子货币是否应被视为"可流通票据"还无定论。对那些从事电子货币发行和其他相关服务的企业，还可能面临着各国金融法规的管制。此外，尽管伪造的电子货币尚未出现，但这很可能是因为伪造的电子货币暂时还无法被发现。只有当无数电子货币涌入中心清算所，使清算所意识到该货币量已大大超过货币发行量时，伪造行为才可能被察觉，有时还会出现伪造的电子货币过于逼真而无法与真币相区别的情况。同时电子货币的广泛应用还可能带来逃税避税、外汇汇率波动、国家货币供应失衡等问题，甚至引发金融危机的可能。因此，各国必须制定相应的管制法规，以保证网上电子货币支付能健康、有序地发展。

》 三、电子支付法的概念与特征

电子支付法是一部系统法,涉及电子银行组织法、电子银行业务管理法、电子资金转移法、电子清算和结算法等,也包括电子签名法、电子证据法、电子合同法、消费者权益保护法、隐私权保护法、反洗钱法等内容。

↘ （一）电子支付法的概念

广义的电子支付法是调整中央银行、商业银行和其他经济主体以电子方式进行的债权债务的清算和资金转账结算过程中发生的各种社会关系的法律规范的总称。狭义的电子支付法指电子支付基本法。我国目前没有统一的电子支付基本法。2005 年 10 月 26 日,中国人民银行发布的《电子支付指引（第一号）》（以下简称《指引》）可以视为目前我国规范电子支付最全面的指导性行政法规。此外,2005 年 11 月 10 日,中国银行业监督管理委员会发布的《电子银行业务管理办法》和《电子银行安全评估指引》,对规范电子支付组织、防范金融风险、维护银行和客户在电子支付中的合法权益也起着重要作用。2010 年 9 月 1 日,中国人民银行施行的《非金融机构支付服务管理办法》,对规范非金融机构支付服务行为、防范支付风险、保护当事人合法权益起着主要作用。

↘ （二）电子支付法的特征

电子支付法以调整银行和客户之间的关系为主线,引导和规范互联网上发生的、银行为客户提供的电子支付业务。相对于调整传统的支付方式法律,电子支付法具有以下法律特征。

1. 技术性

在支付系统法中,电子支付法的许多法律规范都是直接或间接地由技术规范演变而来的。例如,电子支付运用公开密钥体系生成的数字签名,规范为安全的电子签名,这就将有关公开密钥的技术规范转化成了法律要求;电子支付法对数据电文的有效性、电子签名的应用、电子认证的推广等都提出了明确的要求。法律中技术的应用对当事人之间的支付形式、权利的形式和义务的履行,有着极其重要的影响。

2. 复杂性

电子支付参与主体众多,包括银行、客户、商家、第三方支付平台、系统开发商、网络运营服务商、认证服务提供机构等,各个参与者之间都会发生各种各样复杂的支付关系。在这些复杂的关系中,银行与客户之间的关系是这类电子支付赖以存在的基础和前提。另外,电子支付本身具有高技术性,在电子支付活动中支付工具和支付方式复杂,主体在经济交往中的一般性支付需求千差万别,且与人们日常生活息息相关,社会影响广泛。以调整银行和客户之间的关系为主线,明确各方权利义务,全面理顺复杂的支付关系是电子支付法的重点。

3. 发展性

目前,我国电子支付业务处于创新发展时期。为了给电子支付业务的创新和发展创造较为宽松的制度环境,促进电子支付效率的提高,保障电子支付安全。目前,国家发布了数部电子支付方面的规范性行政法规,用以引导和规范电子支付行为。涉及电子支付业务的许多法律制度问题仍处于研究和探索阶段,待条件成熟后再上升为基本法,体现了我国银行监管部门审慎负责的态度和"在发展中规范,以规范促进发展"的指导思想。

（三）电子支付立法概况

近年来,电子支付发展非常迅速,新兴的电子支付工具不断出现,电子支付交易量不断提高,逐步成为我国零售支付体系的重要组成部分。但电子支付过程中出现的问题也越来越多,交易的有效性与安全性成为交易各方十分关注的问题。因此,电子商务的蓬勃发展迫切要求就电子支付活动建立稳定、完善的法律环境,以保障电子交易活动的顺利进行。

1. 国外立法概况

在国际社会中,电子支付的特征决定了它的法律渊源非常广泛。制定法、判例、自律组织清算规则、银行实务惯例,共同构成了规范电子支付的"法群"。美国电子支付立法较早,也比较成熟。1978 年,美国颁布了世界上首部电子支付方面的法律《电子资金划拨法》(*Electronic Fund Transfer Act*),该法调整小额消费者电子资金划拨问题,强调保护消费者权益。与之相配套,美国联邦储备系统理事会颁布的 E 条例(Regulation E)、D 条例、Z 条例是小额电子资金划拨的补充法。1989 年,美国颁布《统一商法典》,其中第 4A 编与《电子资金划拨法》相衔接,主要调整大额商业性电子资金划拨问题。1968 年,美国的《真实信贷法》(*Truth Lending Act*)和相应《条例》(*Regulation*)将信用卡和提款卡(ATM 卡)分开调整,主要调整与信用卡有关的交易。

此外,美国联邦储备银行发布了电子支付的操作规范并成立了民间清算机构,如美国自动清算协会的章程和运作规章等。英国有多部自律组织清算规则,如《票据交换所自动收付系统清算规则》、《银行业惯例守则》、《CHAPS 清算规则》等;另外,还有银行实务惯例,如 1992 年由英国银行家协会等民间团体共同公布的《银行业惯例守则》。1992 年,为推动国际间电子支付的广泛应用,联合国国际贸易法委员会制定了《国际资金支付示范法》;1993 年,参照美国《统一商法典》有关规定,联合国制定并发布了《国际贷记划拨示范法》,它成为调整大额电子支付法律系统的法律,为各国立法提供借鉴。欧洲中央银行提出了建立电子货币系统的基本要求,即严格管理、可靠明确的法律保障、技术安全保障、有效防范洗钱等金融犯罪活动、货币统计报告、电子货币可回购性等。

2. 我国立法概况

虽然目前我国的电子支付立法不够完善,但是,我国各级政府在电子支付方面做了多方面的努力和具体工作。电子支付金融卡流通方面,1997 年 12 月,中国人民银行公布了《中国金融 IC 卡卡片规范》和《中国金融 IC 卡应用规范》。1998 年 9 月,中国人民银行公布的与金融 IC 卡规范相配合的 POS 设备的规范。

以上三个标准的制定为国内金融卡跨行跨地区通用、设备共享及与国际接轨提供了强有力的支持,为智能卡在金融业的大规模使用提供了安全性、兼容性的保障。1998年年初,国家金卡工程协调领导小组根据国务院第22号文件发布《关于加强IC卡生产和应用管理有关问题的通知》(以下简称《通知》),要求制定IC卡生产、应用的技术标准和规范,以及加强IC卡的管理、清理整顿IC卡市场、提高IC卡芯片的自主设计和开发能力等。根据《通知》要求,《全国IC卡应用发展规划》、《IC卡管理条例》、《集成电路卡注册管理办法》、《IC卡通用技术规范》等相继出台,为各种电子支付系统的规范化和兼容化提供了契机。1999年1月26日,中国人民银行颁布了《银行卡业务管理办法》,对银行信用卡、借记卡等作出规范。

电子支付的网络安全保护方面,我国制定有基本法律和部门规章,包括国务院1994年2月18日颁布实施的《中华人民共和国计算机信息系统安全保护条例》;1998年2月1日对该规定的修订及1998年2月13日对该规定制定的实施办法;1997年12月16日公安部发布的《计算机信息网络国际联网安全保护管理办法》;1998年8月31日公安部与中国人民银行联合发布的《金融机构计算机信息系统安全保护工作暂行规定》;1997年10月1日生效的《刑法》第一百九十六条确定的信用卡诈骗罪、金融凭证诈骗罪,第285条至287条规定的侵入计算机系统犯罪。

国家新闻出版署在2000年颁布《出版物发行管理暂行规定》,明确了对网上书店经营的行为规范;2000年3月28日,北京市工商局印发了《北京市工商行政管理局网上经营行为登记备案的通告》;中国证监会于2000年4月14日颁布《网上证券委托暂行管理办法》。

2005年被称为我国的电子支付元年,电子支付的立法进程呈现加快趋势。2005年4月1日起施行由全国人大常委会审议通过的《中华人民共和国电子签名法》;2005年4月18日,中国电子商务行业协会推出了《网络交易平台服务规范》;2005年中华人民共和国公安部发布《互联网安全保护技术措施规定》,于2006年3月1日起实施;2005年6月,中国人民银行发布《支付清算组织管理办法》(征求意见稿);2005年10月26日,中国人民银行发布《电子支付指引(第一号)》(中国人民银行公告〔2005〕第23号,以下简称《指引》),《指引》开启了我国电子支付法制化建设的大门,提出银行从事电子支付业务的指导性要求,规范和引导电子支付的发展;2005年11月10日,中国银行业监督管理委员会发布《电子银行业务管理办法》和《电子银行安全评估指引》,两部行政法规于2006年3月1日起施行,用以规范电子支付行业、防范金融风险,维护银行和客户在电子支付中的合法权益;2006年11月6日,中国人民银行制定《金融机构反洗钱规定》,于2007年1月1日起施行;2007年5月20日,中国人民银行以提高个人支付结算效率、提升个人支付结算服务水平为目标,发布了《关于改进个人支付结算服务的通知》;2009年2月4日,中华人民共和国工业和信息化部出台了《电子认证服务管理办法》,自2009年3月31日起施行。

（四）电子支付结算的相关法律法规

1. 电子支付结算的申请

（1）对办理电子支付业务的银行的要求

按照相关法律法规和《电子支付指引（第一号）》的规定,办理电子支付结算的银行,应当符合相关要求和规定。

① 符合要求,公开信息。银行开展电子支付业务应当遵守国家有关法律、行政法规的规定,不得损害客户和社会公共利益。银行与其他机构合作开展电子支付业务的,其合作机构的资质要求应符合有关法规制度的规定,银行要根据公平交易的原则,签订书面协议并建立相应的监督机制。

《电子支付指引（第一号）》第八条规定,办理电子支付业务的银行应公开披露以下信息:第一,银行名称、营业地址及联系方式;第二,客户办理电子支付业务的条件;第三,所提供的电子支付业务品种、操作程序和收费标准等;第四,电子支付交易品种可能存在的全部风险,包括该品种的操作风险、未采取的安全措施、无法采取安全措施的安全漏洞等;第五,客户使用电子支付交易品种可能产生的风险;第六,提醒客户妥善保管、使用或授权他人使用电子支付交易存取工具(如卡、密码、密钥、电子签名制作数据等)的警示性信息;第七,争议及差错处理方式。

② 签订合同。银行应根据审慎性原则,确定办理电子支付业务客户的条件。银行应认真审核客户申请办理电子支付业务的基本资料,并以书面或电子方式与客户签订协议。银行应按会计档案的管理要求妥善保存客户的申请资料,保存期限至该客户撤销电子支付业务后 5 年。

③ 业务办理。银行为客户办理电子支付业务,应根据客户性质、电子支付类型、支付金额等,与客户约定适当的认证方式,如密码、密钥、数字证书、电子签名等。认证方式的约定和使用应遵循《电子签名法》等法律法规的规定。银行要求客户提供有关资料信息时,应告知客户所提供信息的使用目的和范围、安全保护措施以及客户未提供或未真实提供相关资料信息的后果。

（2）办理电子支付结算的要求

① 开立银行结算账户。客户办理电子支付业务应在银行开立银行结算账户,账户的开立和使用应符合《人民币银行结算账户管理办法》、《境内外汇账户管理规定》等规定。客户可以在其已开立的银行结算账户中指定办理电子支付业务的账户。该账户也可用于办理其他支付结算业务。客户未指定的银行结算账户不得办理电子支付业务。

② 签订合同的内容。《电子支付指引（第一号）》第十三条规定,客户与银行签订的电子支付协议应包括以下内容。

第一,客户指定办理电子支付业务的账户名称和账号;

第二,客户应保证办理电子支付业务账户的支付能力;

第三,双方约定的电子支付类型、交易规则、认证方式等;

第四,银行对客户提供的申请资料和其他信息的保密义务;

第五,银行根据客户要求提供交易记录的时间和方式;

第六,争议、差错处理和损害赔偿责任。

③ 发生特殊情形的申请。《电子支付指引(第一号)》第十四条规定,有以下情形之一的,客户应及时向银行提出电子或书面申请:第一,终止电子支付协议的;第二,客户基本资料发生变更的;第三,约定的认证方式需要变更的;第四,有关电子支付业务资料、存取工具被盗或遗失的;第五,客户与银行约定的其他情形。

2. 电子支付指令的发起和接收

(1) 电子支付指令的发起

电子支付指令的发起行应建立必要的安全程序,对客户身份和电子支付指令进行确认,并形成日志文件等记录,保存至交易后 5 年。应采取有效措施,在客户发出电子支付指令前,提示客户对指令的准确性和完整性进行确认。应确保正确执行客户的电子支付指令,对电子支付指令进行确认后,应能够向客户提供纸质或电子交易回单。执行通过安全程序的电子支付指令后,客户不得要求变更或撤销电子支付指令。

(2) 电子支付指令的接收

《电子支付指引(第一号)》第二十二条规定,电子支付指令需转换为纸质支付凭证的,其纸质支付凭证必须记载以下事项(具体格式由银行确定):第一,付款人开户行名称和签章;第二,付款人名称、账号;第三,接收行名称;第四,收款人名称、账号;第五,大写金额和小写金额;第六,发起日期和交易序列号。

(3) 电子支付指令的发起和接收要求

发起行、接收行应确保电子支付指令传递的可跟踪稽核和不可篡改。发起行、接收行之间应按照协议规定及时发送、接收和执行电子支付指令,并回复确认。

3. 电子支付结算的安全控制

(1) 电子支付结算系统的安全

银行开展电子支付业务采用的信息安全标准、技术标准、业务标准等应当符合有关规定。银行应针对与电子支付业务活动相关的风险建立有效的管理制度。

(2) 电子支付结算的金额控制

银行应根据审慎性原则并针对不同客户,在电子支付类型、单笔支付金额和每日累计支付金额等方面做出合理限制。银行通过互联网为个人客户办理电子支付业务,除采用数字证书、电子签名等客户认证方式外,单笔金额不应超过1000 元人民币,每日累计金额不应超过 5000 元人民币。银行为客户办理电子支付业务,单位客户从其银行结算账户支付给个人银行结算账户的款项,其单笔金额不得超过 5 万元人民币,但银行与客户通过协议约定,能够事先提供有效付款依据的除外。银行应在客户的信用卡授信额度内,设定用于网上支付交易的额度供客户选择,但该额度不得超过信用卡的预借现金额度。

(3) 电子支付结算的客户信息安全

银行应确保电子支付业务处理系统的安全性,保证重要交易数据的不可抵赖性、数据存储的完整性、客户身份的真实性,并妥善管理在电子支付业务处理系统中使用的密码、密钥等认证数据;银行使用客户资料、交易记录等,不得超出法律法规许可和客户授权的范围。银行应依法对客户的资料信息、交易记录等保密。除国家法律、行政法规另有规定外,银行应当拒绝除客户本人以外的任何单位或个人的查询。

银行应妥善保管电子支付业务的交易记录,对电子支付业务的差错应详细备案登记,记录内容应包括差错时间、差错内容与处理部门及人员姓名、客户资料、差错影响或损失、差错原因、处理结果等。由于银行保管、使用不当,导致客户资料信息被泄露或篡改的,银行应采取有效措施防止因此造成客户损失,并及时通知和协助客户补救。

(4) 电子支付交易数据的完整性、可靠性和保密

① 电子支付交易数据的完整性和可靠性。《电子支付指引(第一号)》第二十九条规定,银行应采取必要措施保护电子支付交易数据的完整性和可靠性。

第一,制定相应的风险控制策略,防止电子支付业务处理系统发生有意或无意的危害数据完整性和可靠性的变化,并具备有效的业务容量、业务连续性计划和应急计划;

第二,保证电子支付交易与数据记录程序的设计发生擅自变更时能被有效侦测;

第三,有效防止电子支付交易数据在传送、处理、存储、使用和修改过程中被篡改,任何对电子支付交易数据的篡改能通过交易处理、监测和数据记录功能被侦测;

第四,按照会计档案管理的要求,对电子支付交易数据,以纸介质或磁性介质的方式进行妥善保存,保存期限为 5 年,并方便调阅。

《电子商务法》第五十四条规定,电子支付服务提供者提供电子支付服务不符合国家有关支付安全管理要求,造成用户损失的,应当承担赔偿责任。

② 电子支付交易数据保密。《电子支付指引(第一号)》第三十条规定,银行应采取必要措施为电子支付交易数据保密。

第一,对电子支付交易数据的访问须经合理授权和确认;

第二,电子支付交易数据须以安全方式保存,并防止其在公共、私人或内部网络上传输时被擅自查看或非法截取;

第三,第三方获取电子支付交易数据必须符合有关法律法规的规定以及银行关于数据使用和保护的标准与控制制度;

第四,对电子支付交易数据的访问均须登记,并确保该登记不被篡改。

4. 电子支付结算的差错处理

《电子商务法》第五十五条规定,用户在发出支付指令前,应当核对支付指令所包含的金额、收款人等完整信息。支付指令发生错误的,电子支付服务提供者应当及时查找原因,并采取相关措施予以纠正。造成用户损失的,电子支付服务提供者应当承担赔偿责任,但能够证明支付错误非自身原因造成的除外。

第二节　网上银行和电子货币的法律问题

一、网上银行所涉及的法律制度

（一）网上银行的基本内容

自 1995 年 10 月 18 日，全球第一家网上银行"安全第一网络银行"在美国诞生以来，网上银行业发展迅猛。这一风潮从美国迅速向世界各地扩展，越来越多的传统大型银行也已经在因特网上开设网上银行。虽然，目前我国"网上银行"的客户服务业务还有一定的局限性，提供的网上银行业务服务也不是全方位的，但可以说中国的"网上银行"时代已经到来。

1. 网上银行的定义

网上银行是指利用 Internet 和 Internet 技术，为客户提供综合、统一、安全、实时的银行服务，包括对私、对公的各种零售和批发的全方位银行业务服务，还包括为客户提供的跨国支付与清算等银行业务服务。

网上银行是计算机、网络和银行的三位一体，是一种高科技的银行业务手段。网上银行的发展有两种模式：一种是完全依赖于互联网发展起来的全新网上银行；另一种则是在现有传统银行的基础上，运用互联网提供服务，开展传统银行业务交易，并通过它发展家庭银行、企业银行等服务。

2. 网上银行的特点

（1）使用简便

用户只要有一台接入互联网的计算机就可以了。用户上网后，根据网络银行网页的显示，用鼠标单击所需要的柜台或服务项目按钮，就可以按照提示进入自己所需的业务项目。

（2）服务多样化

目前客户的需求越来越多样化，网上银行面对个人的经营方式，可以处理用户提出的各种要求。

（3）使用成本低廉

使用网上银行，实现"人在家中坐，钱从网上来"的梦想。用户只要在家中上网就可以与银行打交道。这样就节省了用户的交通、等待和信息获取等时间，减少了银行服务的中间环节，大大降低了成本。

（4）银行成本降低

一方面，银行可以节省建立网点的投资；另一方面，通过网上交易，可以大大节省交易费用。据资料分析，网上银行经营网上业务的经营成本只相当于经营收入的 15%～20%，而普通银行的经营成本却占收入的 60%。

（5）全天候服务

网上银行的运行完全是数字化、电子化的，不需要任何人工参与，可以提供每周 7 天、每天 24 小时的全天候、不间断的服务。

3. 网上银行的功能

一般来说,网上银行具有以下四大功能。

(1) 访问功能

银行工作人员和客户之间可以通过 E-mail 相互联络。客户可以在他们方便的任何时候,无论是营业时间还是银行关门之后,向银行咨询有关信息,如股票分析和金融新闻等。

(2) 展示功能

主页体现了银行展示的和被访问的界面。截至 2019 年,国内 4 607 家银行业金融机构有了自己的主页,内容包括业务范围、服务项目、经营理念等。

(3) 综合功能

为客户提供各种服务、信息,并处理客户的报表等。

(4) 超越地域限制功能

客户可以在家里享受银行的全方位服务,服务的质量与银行专门派设客户经理没有差别,也许会更好。网上银行没有围墙,一步到位地成为跨国银行,世界各地的居民都是网上银行的潜在客户,都可以通过 Internet 向网上银行购买服务。

4. 网上银行的模式

目前,网上银行有两种不同层次的模式。

(1) 传统银行业务的网络化

现在除了已经网络化的存款、汇款、付款等业务外,外币买卖、信用卡业务、企业融资、房屋汽车贷款、购买保险和理财咨询服务也都逐步地进入网上银行的服务范围。世界上许多著名的商业银行,如花旗银行、摩根大通银行、汇丰银行、美洲银行及我国的各大银行(如工商银行、中国银行、招商银行、建设银行等),都已经进行了银行业务的网络化改造。几乎所有规模较大的商业银行都在互联网上建立了自己的站点。

(2) 建立全新的全部网络化的银行(也可称之为虚拟的网络银行)

美国安全第一网络银行是全球第一家完全通过国际互联网经营的独立银行。它没有银行大厅和营业网点,顾客通过互联网进入该行的站点,屏幕即刻显示出一幅银行大厅的画面。画面上设有:"账户设置"(Account Setup)、"客户服务"(Customer Service)及"个人财物"(Personal Finance)三个主要服务柜台。此外,还有供客户查询的"咨询台"(Information)和"行长"(President)等柜台。安全第一网络银行为客户提供多种银行服务,如开户、存款、支付账单及各项转账服务,外币买卖、长期存款和信用卡服务。客户还可以在网络上申请房屋汽车贷款、购买保险、通过经纪人员买卖各项金融产品等服务。银行每天会产生一次交易汇总表供客户查询及核对,如需提取现金,只要到附近的提款机利用金卡操作即可。安全第一网络银行自开始营运以来,发展迅速,每月客户以 650 人的速度快速成长,然而该银行的业务人员仅 15 人。安全第一网络银行股票上市的当天,股价便翻了一番,由每股 20 美元飙升到 41 美元。

5. 网上银行的技术要求

(1) 信息传输的技术要求

银行应采用合适的加密技术和措施,以确认网上银行业务用户的身份和授权,保证网上交易数据传输的保密性、真实性,保证通过网络传输信息的完整性和交易的不可否认性。

(2) 防止病毒侵袭

银行应实施有效的措施,防止网上银行业务交易系统受计算机病毒侵袭。

(3) 日常考核

银行应制定必要的系统运行考核指标,定期或不定期测试银行网络系统、业务操作系统的运作情况,及时发现系统隐患和"黑客"对系统的入侵。

(4) 应急处理

银行应将网上银行业务操作系统纳入银行应急计划和业务连续性计划之中。

(二) 网上银行的法律问题

由于网上银行属于新生事物,所以它对传统的法律制度产生了冲击。为此,由网上银行而产生的新的法律问题主要涉及以下几个方面。

1. 电子资金划拨风险的承担问题

网上银行属于在因特网上设立的虚拟银行,它的资金转移划拨都采用电子资金划拨(Electronic Fund Transfer, EFT)的方式。电子资金划拨是指采用支票、汇票或其他类似书面票据之外的无纸化的资金转移方式,它为网上银行提供了快速、便捷的电子资金转移清算方式。

虽然如此,由于电子资金划拨系统涉及的当事人众多,如顾客本人、网上银行等金融机构、系统经营主体、通信线路提供者、计算机制造厂商、电力公司等众多相关者,当出现某种障碍划拨资金无法进行结算时,法律关系就显得极为复杂。同时,网上银行通过电子资金划拨系统划拨的资金量非常大,往往由于一时的疏忽造成巨额损失。为此,美国国会制定了《电子资金划拨法》来调控客户是自然人的小额电子资金划拨;美国"统一州法委员会"针对商业性电子资金转移共同制定了《统一商法典》第 4A 编,来调控大额的商业性电子资金划拨,但又不限于电子资金划拨这一方式。目前,《统一商法典》已成为美国管辖大额电子资金划拨最重要的法律。随着跨国电子资金划拨日益普遍,联合国国际贸易法委员会根据美国《统一商法典》第 4A 编,制定了有助于减少各国相关电子支付法令的差异并为各国立法提供依据的《国际贷记划拨示范法》。

不论是美国的《电子资金划拨法》《统一商法典》第 4A 编,还是联合国国际贸易法委员会制定的《国际贷记划拨示范法》,虽然都不很完善,但毕竟对当事人的权利义务关系及无权限交易等做出了规定,一旦出了问题能够依据法律来判定当事人的风险责任。

2. 市场交易规则的变化

传统的银行业务当事人通常仅有两方,即银行与客户,且是面对面的操作方式。网上银行则需要计算机、因特网等高科技产品,这就使银行与客户之间的关系变成银行、客户和计算机三者之间的关系。同时,由于智能信用卡等网上电子货币的出现及不断发展,现金在网上银行的出现大大减少,银行与客户的面对面操作通过计算机实现了无时间和空间限制的人机无纸化操作。另外,网上银行的许多业务流程也与调整传统商业银行的法律不相适应,亟须制定新的完善的法律来调整网上银行的操作,这样能使之良好运行,做到有法可依。

3. 网上银行监管的法律制度

《中国人民银行法》规定,中央银行行使监管职能。由于技术创新而导致的金融电子化使网上银行应运而生。随着因特网用户的迅猛发展,网上银行以其大范围、全天候、实时化、开设费用低廉等特点,为银行业更好地开拓业务打下了良好的基础。因此,目前国内商业银行纷纷将网上银行的建设作为自己竞争战略的制高点和重点之一。由此可见,我国中央银行要想加强监管力度,防范金融风险,势必要加强金融监管电子化的步伐,并采取电子化的监管方式。网上银行管理主要是指网上银行业务管理。为规范和引导我国网上银行业务健康发展,有效防范银行业务经营风险,保护银行客户的合法权益,我国发布了《网上银行业务管理暂行办法》。

(1) 网上银行业务适用范围

网上银行适用于经中国人民银行批准在中华人民共和国境内设立的各类银行机构,包括政策性银行、中资商业银行,以及依据《中华人民共和国外资金融机构管理条例》设立的合资银行、外资银行和外国银行分行。银行机构在中华人民共和国境内开办网上银行业务,应在开办前向中国人民银行提出申请,经中国人民银行审查同意后方可开办。

(2) 网上银行业务的市场准入管理

开办网上银行,应具备下列条件。

① 内部控制机制健全,具有有效的识别、监测、衡量和控制传统银行业务风险和网上银行业务风险的管理制度。

② 银行内部形成了统一标准的计算机系统和运行良好的计算机网络,具有良好的电子化基础设施。

③ 银行现有业务经营活动运行平稳,资产质量、流动性等主要资产负债指标控制在合理的范围内。

④ 具有合格的管理人员和技术人员。银行高级管理人员应具有必要的网上银行业务经营管理知识,能有效地管理和控制网上银行业务风险。

⑤ 外国银行分行申请开办网上银行业务,其总行所在国(地区)监管当局应具备对网上银行业务进行监管的法律框架和监管能力。

(3) 网上银行业务的风险管理

银行开展网上银行业务,在风险管理方面应做到以下几点。

① 遵守国家有关计算机信息系统安全、商用密码管理、消费者权益保护等方

面的法律、法规、规章。

② 银行董事会和高级管理层应确立网上银行业务发展战略和运行安全策略,应依据有关法律、法规制定和实施全面、综合、系统的业务管理规章,以应对网上银行业务运行及存在的风险并实施有效的管理。

③ 制定并实施充分的物理安全措施,有效防范外部或内部非授权人员对关键设备的非法接触。

④ 采用合适的加密技术和措施,以确认网上银行业务用户身份和授权,保证网上交易数据传输的保密性、真实性,保证通过网络传输信息的完整性和交易的不可否认性。

⑤ 实施有效的措施,防止网上银行业务交易系统受计算机病毒侵袭。

⑥ 制定必要的系统运行考核指标,定期或不定期地测试银行网络系统、业务操作系统的运作情况,及时发现系统隐患和"黑客"对系统的入侵。

（4）违法行为的处理

中国人民银行在对银行开展网上银行业务进行监督和检查的过程中,发现有下列情形之一的,将根据《金融违法行为处罚办法》、《金融机构高级管理人员任职资格管理办法》和有关法规进行处理,对情节特别严重的,将强制停办部分或全部网上银行业务。

① 未经中国人民银行批准或予以备案,擅自开办网上银行业务的。

② 开办业务过程中,违反了国家法律法规,危害了国家和公众利益的。

③ 开办网上银行业务过程中,逃避中国人民银行监督检查,形成不公平竞争的。

④ 缺乏合格的管理人员和从业人员,业务管理混乱,无力对开办的业务进行风险控制,造成了重大的资金损失的。

》二、电子货币的基本含义

↘（一）电子货币的定义

电子货币作为一种新型支付工具,关于它的定义,国内外有争议,目前尚无统一的定论。在欧盟范围内,电子货币的概念被做出了一个法律上的定义。在1998 年欧洲央行发布的《电子货币报告》中,电子货币被宽泛地 Internet 化,存储于技术设备中的货币价值,可以广泛地用于向除了发行者之外的其他方进行支付;并且,电子货币作为一种无记名的预付工具在交易中不需要与银行账户相关联。2002 年欧洲议会与理事会发布的《电子货币指令》,将电子货币的法律概念定义为"对发行者的债权所代表的货币价值,并满足:(1)存储于电子设备中;(2)作为支付方式能够被除了发行者之外的其他方所接受"。

《电子货币指令》于 2004 年起被欧盟国家转译为各国的法律并实施。较为权威的是 1998 年巴塞尔委员会给出的定义,"电子货币是指在零售支付机制中,通过销售终端、各类电子设备和公共网络(如 Internet、移动电话等),以储值产品或预付机制进行支付的货币"。所谓"储值",是指保存在物理介质(硬件或介质)中可用来支付的价值,如智能卡、多功能信用卡等。这种介质被称为"电子钱包"，它与我们经常使用的普通钱包类似，当其存储的价值被使用后，可以通过特定设备向其追储价值。而"预付支付机制"是指存在于特定软件或网络中的一组可以传输并可用于支付的电子数据，通常被称为"数字现金"，由一组组的二进制数据（位流）和数字签名组成，持有人只需输入电子货币编码、密码和金额，就可以直接在网络上使用。

相比较而言，我国并没有明确规定电子货币的内涵。2004 年颁布的《中华人民共和国电子签名法》对电子货币有所涉及，但主要是规定了电子签名及其认证，为电子签名技术应用于电子货币提供了法律保障，并没有涉及电子货币的概念。

虽然现在世界各国推行和研制的电子货币千差万别，但其基本形态大致上是类似的，即电子货币的使用者以一定的现金或存款从发行者处兑换并获得代表相同金额的数据，并以可读写的电子信息方式储存起来，当使用者需要清偿债务时，可以通过某些电子化媒介或方法将该电子数据直接转移给支付对象，此种电子数据便可称为电子货币。

相关知识

无现金支付

中国"无现金社会"的概念，最早可以追溯到 2015 年 8 月 8 日，当时微信支付首次提出"无现金日"活动。2017 年 2 月 28 日支付宝宣布，希望用 5 年时间，推动中国率先进入无现金社会，"无现金社会是未来，而未来正在到来"。

"无现金社会"概念正式提出以后，包括微信支付、支付宝在内的中国移动支付企业加速布局线下支付场景，均为"无现金社会"的建成发力。这其中，尤以 2017 年 8 月份微信支付"无现金日"和支付宝"无现金周"的活动最为火热。

"无现金社会"建设如火如荼，相关的争议也随之而来，尤其是部分商家公开"拒收现金"等情况被权威媒体曝出后，更是在社会上引发了对"无现金社会"合理与否的全民讨论。至此，微信支付和支付宝不再提及无现金日、无现金周、无现金城市、无现金社会等，而是提倡建设"移动智慧城市"。同时，微信支付、支付宝在内的中国移动支付平台继续发力线下场景支付。

↘ （二）电子货币的种类

就现阶段而言，大多数电子货币是以既有的实体货币（现金或存款）为基础存在的，具备"价值尺度"和"价值保存"职能，且电子货币与实体货币之间能以 1∶1 比率交换这一前提条件而成立的。而作为支付手段，大多数电子货币又不能脱离现金或存款，是用电子化方法传递、转移，以清偿债权债务实现结算。因此，现阶段电子货币的职能及其影响，实质是电子货币与现金和存款之间的关系。

目前，我国流行的电子货币主要有四种类型。

1. 储值卡型电子货币。一般以磁卡或 IC 卡形式出现，其发行主体除了商业银行之外，还有电信部门（普通电话卡、IC 电话卡）、IC 企业（上网卡）、商业零售企业(各类消费卡)、政府机关(内部消费 IC 卡)和学校(校园 IC 卡)等。发行主体在预收客户资金后,发行等值储值卡,使储值卡成为独立于银行存款之外新的"存款账户"。同时,储值卡在客户消费时以扣减方式支付费用,也就相当于存款账户支付货币。储值卡中的存款目前尚未统计在中央银行征存准备金之列,因此,储值卡可使现金和活期储蓄需求减少。

2. 信用卡应用型电子货币。这种电子货币是指商业银行、信用卡公司等发行主体发行的贷记卡或准贷记卡,可在发行主体规定的信用额度内贷款消费,之后于规定时间还款。信用卡的普及使用可扩大消费信贷,影响货币供应量。

3. 存款利用型电子货币。该类电子货币主要有借记卡、电子支票等,用于对银行存款以电子化方式支取现金、转账结算、划拨资金等业务。该类电子化支付方法的普及使用能减少消费者往返于银行的费用,致使现金需求余额减少,并可加快货币的流通速度。

4. 现金模拟型电子货币。这类电子货币主要有两种:一种是基于 Internet 网络环境使用的即将代表货币价值的二进制数据,保管在微机终端硬盘内的电子现金;一种是将货币价值保存在 IC 卡内并可脱离银行支付系统流通的电子钱包。该类电子货币具备现金的匿名性,可用于个人间支付、并可多次转手,是以代替实体现金为目的而开发的。该类电子货币的扩大使用,能影响流通货币的发行机制、减少中央银行的铸币税收入、缩减中央银行的资产负债规模等。

相关知识

比特币最早是一种网络虚拟货币,跟腾讯公司的 Q 币类似,但是已经可以购买现实生活中的物品。它的特点是分散化、匿名、只能在数字世界中使用,不属于任何国家和金融机构,并且不受地域限制,可以在世界上的任何地方兑换,也因此被部分不法分子当做洗钱工具。2013 年,美国政府承认比特币的合法地位,使得比特币价格大涨。而在中国,2014 年 1 月 7 日,淘宝发布公告,宣布将于 1 月 14 日起禁售比特币、莱特币等互联网虚拟币等商品。

↘(三)电子货币的法律性质

以计算机技术为核心的信息技术的发展,引起了人们生产和生活方式的巨大变革,也又一次推动了货币形态的发展。电子货币的性质在我国银行法中尚无明确规定。一般认为,对电子货币是否构成货币的一种,应当视具体情况处理。对于信用卡、储值卡类的初级电子货币,只能视为查询和转移银行存款的电子工具或者是对现存货币进行支付的电子化工具,并不能真正构成货币的一种。而类似计算机现金的现金模拟型电子货币,则初步具备了流通货币的特征。但是,要真正成为流通货币的一种,现金模拟型电子货币还应当满足以下条件:

① 被广泛地接受为一种价值尺度和交换中介。

② 必须是不依赖银行或发行机构信用的用于清偿债务的最终手段。

③ 自由流通，具有完全的可兑换性。

④ 本身能够成为价值的保存手段，而不需要通过收集、清算、结算来实现其价值。

⑤ 完全的不特定物，支付具有匿名性。

就现今在电子银行支付过程中使用的电子货币来说，并没有完全具备上述条件，但电子货币与现行的货币并不排斥。实际上，电子货币是以现金、存款等货币的既有价值为前提，通过其发行者将其电子信息化之后制造出来的。所以，现有的电子货币可被认为是以既有货币为基础的二次货币，还不能完全独立地作为货币的一种。对于电子货币的法律性质，我国应该及时借鉴别国经验，结合我国的实际情况，对电子货币进行立法，以法律的形式确定电子货币的法律性质和法律地位。

（四）电子货币对传统法律的挑战

电子货币的产生，对传统法律制度造成了巨大的冲击，引发了全新的法律问题，主要表现在以下几个方面。

1. 以电子数据形式存在的电子货币的法律效力问题

电子货币是存储于计算机或 IC 卡中的电子数据，那么电子数据的法律效力问题就是传统法律所要解决的首要问题。对此，联合国国际贸易法委员会《电子商务示范法》第六条规定，如法律要求信息须采用书面形式，则若一项数据电文所含信息可以调取以备日后查用，即满足了该项要求。《电子商务示范法》对书面的含义进行了扩充解释，即只要"所含信息可以调取以备日后查用"，均可视为"书面"形式。我国《合同法》第十一条也确定了数据电文为书面形式的一种。这些法律规定意味着以电子数据为物质载体的电子货币与以纸张为物质载体的纸币具有同等的效力。但是，我国还应该进一步明确以电子数据存在的电子货币的法律效力。

2. 电子货币交易安全问题

美国国会于 2000 年 6 月通过了《全球和国内商务电子签名法》，承认电子签名与传统手书签名具有同样的法律效力。我国也于 2005 年 4 月 1 日颁布实施了《电子签名法》，为电子商务的发展提供了安全保障。但目前网上交易仍存在很大的问题，安全性得不到保障。鉴于目前市场秩序混乱和信用程度不高的现实，我国应该进一步完善有关的法律法规，以确保电子商务交易包括电子货币交易的安全。

3. 电子货币交易所带来的隐私权问题

电子货币交易中的个人隐私主要表现为个人数据。所谓个人数据，是指涉及的个人资料，如姓名、年龄、联系电话、收入、健康状况、生活习惯等。隐私权的保护在各国的民法中都有相关的规定，但是因为电子货币与计算机网络存在密切联系，保护网络中的个人资料问题对传统的隐私权法律保护提出了挑战。例如，认证中心因保管不善泄露交易当事人的密钥或为了牟利而出售持有的资料，对当事人将造成重大损失，或者"黑客"窃取客户信息，然后将这些交易信息泄露出去或用来出卖牟利，无疑对客户的隐私权将会有很大的威胁。那么，如何保护电子货币交易中的客户隐私权就成为我们必须面临的重大技术问题和法律问题。

↘ （五）电子货币面临的问题

1. 电子货币发行主体问题

当今各国在电子货币的发行主体问题上并无统一的解决方案，而是根据具体国情而定。英国联邦储备委员会认为由非银行机构来发行电子货币应该是允许的。欧洲货币机构工作小组则认为只有由主管机构所监管的信贷机构才可发行电子货币。例如，欧洲货币基金组织（EMI）于1994年5月公开发表的欧共体结算系统业务部提交的《关于预付卡的报告书》中指出：电子钱包发行者收取的资金应视为银行存款，原则上只允许金融机构发行电子钱包。德国在对《信用制度法》的修正案中规定：所有电子货币的发行均只能由银行开办。

在我国，1996年4月1日起实施的《信用卡业务管理办法》中规定，信用卡的发行者仅限于商业银行。对于信用卡之外的其他电子货币种类，我国尚无法律规定。现行法律对电子货币发行主体的资格没有严格限制。如果任何主体都有权发行电子货币，即不仅具有正常兑付能力的主体有权发行电子货币，没有正常兑付能力的主体也有权发行电子货币，甚至可以使电子货币的发行成为一种筹集资金的手段，而电子货币的使用人是难以全面了解这些情况的，那么这必然会使使用人的权益无法得到保障。

2. 电子货币的流通性问题

为了便于电子货币的流通，电子货币是否应像纸币一样具有匿名性？如果这样，一些犯罪活动，如洗钱、贩毒、恐怖活动、买卖军火等将大肆猖獗，而有关国家机关则无法在网络中查出这些电子货币的来源或去处。毫无疑问，电子货币无国界并可在瞬间转移的特性将为违法犯罪活动大开方便之门。因此，对电子货币的流通应该如何规定是面临的另一个重大问题。

第三节　第三方电子支付的法律规范

第三方转账支付是目前主流的电子支付方式，相对于传统的资金划拨交易方式，第三方支付可以比较有效地保障货物质量、交易诚信、退换要求等环节，在整个交易过程中，对交易双方进行约束和监督。在不需要进行面对面交易的电子商务形式中，第三方支付为保证交易成功提供了必要的支持。因此随着电子商务在中国国内的快速发展，第三方支付行业也发展得比较快。一直以来突出的法律问题是第三方支付平台的合法性问题，究竟是按照金融机构的要求来规范，还是按照一种第三方中介服务的模式对其进行管理，立法规范直接关系到第三方支付企业的生存和发展。

》 一、第三方电子支付概述

↘ （一）第三方电子支付的内涵

"第三方支付"是指具备一定实力和信誉保障的独立机构，采用与各大银行签约的方式，提供与银行支付结算系统接口的交易支持平台的网络支付模式。

在第三方支付模式中,买方选购商品后,使用第三方平台提供的账户进行货款支付,并由第三方通知卖家货款到账、要求发货;买方收到货物,并检验商品进行确认后,就可以通知第三方付款给卖家,第三方再将款项转至卖家账户上。作为网络交易的监督人和主要支付渠道,第三方支付平台给我们提供了更丰富的支付手段和更可靠的服务保证。

> **相关知识**
>
> 2013上半年,我国第三方支付企业交易规模(线上、线下交易规模总和)达到6.91万亿元人民币,银联商务以46.3%的市场份额领军各支付企业,占据行业综合排名第一的位置;支付宝以其互联网领域的绝对优势紧随其后,以17.8%的市场份额位居第二,汇付天下、通联支付、财付通分别占据行业综合排名三到五位。
>
> 资料来源:赛迪顾问《中国第三方支付行业半年度研究报告(2013H1)》

(二) 第三方支付的特点

第三方支付平台提供一系列的应用接口程序,将多种银行卡支付方式整合到一个界面上,负责交易结算中与银行的对接,使网上购物更加快捷、便利。消费者和商家不需要在不同的银行开设不同的账户,可以帮助消费者降低网上购物的成本,帮助商家降低运营成本;同时,还可以帮助银行节省网关开发费用,并为银行带来一定的潜在利润。

较之SSL、SET等支付协议,利用第三方支付平台进行支付操作更加简单而易于接受。SSL是现在应用比较广泛的安全协议,在SSL中操作只需要验证商家的身份即可。SET协议是目前发展的基于信用卡支付系统的比较成熟的技术。但在SET中,各方的身份都需要通过CA进行认证,程序复杂,手续繁多,速度慢且实现成本高。有了第三方支付平台,商家和客户之间的交涉由第三方来完成,使网上交易变得更加简单。

第三方支付平台本身依附于大型的门户网站,且以与其合作银行的信用作为信用依托,因此第三方支付平台能够较好地突破网上交易中的信用问题,有利于推动电子商务的快速发展。

(三) 第三方支付平台的运作机制

第三方支付使商家看不到客户的信用卡信息,同时又避免了信用卡信息在网络多次公开传输而导致的信用卡被窃事件。第三方支付平台一般的运行模式如下。

① 消费者在电子商务网站选购商品,最后决定购买,买卖双方在网上达成交易意向。

② 消费者选择利用第三方支付平台作为交易中介,用借记卡或信用卡将货

款划到第三方账户,并设定发货期限。

③ 第三方支付平台通知商家,消费者的货款已到账,要求商家在规定时间内发货。

④ 商家收到消费者已付款的通知后按订单发货,并在网站上做相应记录,消费者可在网站上查看自己所购买商品的状态;如果商家没有发货,则第三方支付平台会通知顾客交易失败,并询问是将货款划回其账户还是暂存在支付平台账户内。

⑤ 消费者收到货物并确认满意后通知第三方支付平台。如果消费者对商品不满意,或认为与商家承诺有出入,可通知第三方支付平台拒付货款并将货物退回商家。

⑥ 消费者满意,第三方支付平台将货款划入商家账户,交易完成;消费者对货物不满,第三方支付平台确认商家收到退货后,将该商品货款划回消费者账户或暂存在第三方账户中等待消费者下一次交易的支付。

(四) 第三方支付的优缺点

1. 第三方支付模式的优点

① 比较安全。信用卡信息或账户信息只需告知支付中介,而无须告诉每一个收款人,大大减少了信用卡信息和账户信息失密的风险。

② 支付成本较低。支付中介集中了大量的电子小额交易,形成规模效应,因而支付成本较低。

③ 使用方便。对支付者而言,他所面对的是友好的界面,不必考虑背后复杂的技术操作过程。

④ 支付担保业务可以在很大程度上保障付款人的利益。

2. 第三方支付模式的缺点

① 这是一种虚拟支付层的支付模式,需要其他的"实际支付方式"完成实际支付层的操作;

② 付款人的银行卡信息将暴露给第三方支付平台,如果这个第三方支付平台的信用度或者保密手段欠佳,将给付款人带来相关风险;

③ 第三方结算支付中介的法律地位缺乏规定,一旦终结破产,消费者所购买的"电子货币"可能成了破产债权,无法得到保障;

④ 由于有大量资金寄存在支付平台账户内,而第三方平台非金融机构,所以有资金寄存的风险。

相关知识

我国第三方支付机构前十名榜单

● 支付宝 ALIPAY(浙江蚂蚁小微金融服务集团股份有限公司)

(集支付和生活应用为一体的电子支付软件,国内领先的第三方支付平台,浙江蚂蚁小微金融服务集团有限公司)

● 微信支付(深圳市腾讯计算机系统有限公司)

(腾讯旗下,微信联合知名第三方支付平台财付通推出的极具成长力的移动端支付服务,财付通支付科技有限公司)

- 银联商务(银联商务有限公司)

(国内非金融支付行业综合支付的知名企业,国内较大的银行卡收单专业化服务机构,中国银联旗下,银联商务有限公司)

- 银联在线(上海银联电子支付服务有限公司)

(中国银联打造的互联网业务综合商务平台,第三方支付的领先者,中国银联控股上海银联电子支付服务有限公司)

- 快钱(快钱支付清算信息有限公司)

(万达集团旗下,国内首家基于 E-mail 和手机号码的大型综合支付平台,领先的互联网金融平台,快钱支付清算信息有限公司)

- 壹钱包[中国平安保险(集团)股份有限公司]

(中国平安旗下平安付推出的移动支付客户端,提供互联网支付/移动支付等多元化的第三方支付的个人创新互联网金融及消费服务)

- 拉卡拉(拉卡拉支付股份有限公司)

(第三方移动支付的知名企业,国内率先开发出电子账单服务平台,知名便民金融服务平台,拉卡拉支付股份有限公司)

- 汇付天下(汇付天下有限公司)

(国内领先的新金融综合服务集团,提供网上支付/基金理财/POS 收单/移动支付等支付服务和定制化综合支付解决方案,汇付天下有限公司)

- 易宝支付 YEEPAY(易宝支付有限公司)

(十大第三方支付平台,提供量身定制的行业支付解决方案,国内互联网金融行业创新型企业,易宝支付有限公司)

- 京东支付(北京京东叁佰陆拾度电子商务有限公司)

(京东金融旗下网银在线开发,专注于提供综合电子支付服务,国内知名电子支付解决方案提供商,网银在线(北京)科技有限公司)

》 二、第三方电子支付相关法律规范

中国人民银行 2010 年 6 月 21 日发布央行令,制定并出台《非金融机构支付服务管理办法》(以下简称《办法》),于 2010 年 9 月 1 日起施行。该办法对非金融机构支付业务的申请与许可、监督与管理以及支付机构支付业务的总体经营原则等进行了规范。

↘ (一) 第三方支付的申请与许可规范

1. 第三方支付的申请资质

《办法》规定,非金融机构提供支付服务应具备相应的资质条件,以此建立统

一规范的非金融机构支付服务市场准入秩序,强化非金融机构支付服务的持续发展能力。非金融机构提供支付服务应具备的条件主要包括以下内容。

① 商业存在。申请人必须是在我国依法设立的有限责任公司或股份有限公司,且为非金融机构法人。

② 资本实力。申请人申请在全国范围内从事支付业务的,其注册资金至少为1亿元人民币;申请在同一省(自治区、直辖市)范围内从事支付业务的,其注册资金至少为3千万元人民币,且均需为实缴货币资金。

③ 主要出资人。申请人的主要出资人(包括拥有其实际控制权和10%以上股权的出资人)均应符合关于公司制企业法人性质、相关领域从业经验、一定营利能力等相关资质的要求。

④ 反洗钱措施。申请人应具备国家反洗钱法律、法规规定的反洗钱措施,并于申请时提交相应的验收材料。

⑤ 支付业务设施。申请人应在申请时提交必要的支付业务设施的技术安全检测认证证明。

⑥ 资信要求。申请人及其高级管理人员和主要出资人应具备良好的资信状况,并出具相应的无犯罪证明材料。

考虑支付服务的专业性和安全性等要求,申请人还应符合组织机构、内控制度、风控措施、营业场所等方面的规定。

2. 第三方支付的许可牌照

《办法》明确规定,非金融机构提供支付服务,应当依据本办法规定取得《支付业务许可证》。支付机构依法接受中国人民银行的监督管理。未经中国人民银行批准,任何非金融机构和个人不得从事或变相从事支付业务。《支付业务许可证》实施两级审批程序。申请《支付业务许可证》的,需经所在地中国人民银行副省级城市中心支行以上的分支机构审查后,报中国人民银行批准。《支付业务许可证》自颁发之日起,有效期5年。支付机构拟于支付业务许可期满后继续从事支付业务的,应当在期满前6个月内向所在地中国人民银行分支机构提出续展申请。中国人民银行准予续展的,每次续展的有效期为5年。根据《中华人民共和国行政许可法》及其实施办法和《中国人民银行行政许可实施办法》的规定等,《办法》规定《支付业务许可证》的审批流程主要包括以下内容。

① 申请人向所在地中国人民银行分支机构提交申请资料。《办法》所称中国人民银行分支机构包括中国人民银行上海总部,各分行、营业管理部,省会(首府)城市中心支行及副省级城市中心支行。

② 申请符合要求的,中国人民银行分支机构依法予以受理,并将初审意见和申请资料报送中国人民银行总行。

③ 中国人民银行总行根据各分支机构的审查意见及社会监督反馈信息等,对申请资料进行审核。准予成为支付机构的,中国人民银行总行依法颁发《支付业务许可证》,并予以公告。

《非银行支付机构网络支付业务管理办法》

为规范非银行支付机构网络支付业务,防范支付风险,保护当事人合法权益,根据《中华人民共和国中国人民银行法》、《非金融机构支付服务管理办法》(中国人民银行令〔2010〕第2号发布)等规定,中国人民银行制定了《非银行支付机构网络支付业务管理办法》,于2015年12月28日以中国人民银行公告〔2015〕第43号公布,自2016年7月1日起施行,共七章四十六条,主要内容如下:第一章总则,第二章客户管理,第三章业务管理,第四章风险管理与客户权益保护,第五章监督管理,第六章法律责任,第七章附则。

(二)第三方支付业务的监督与管理

1. 经营范围管理

根据《办法》的规定,非金融机构支付服务主要包括网络支付、预付卡的发行与受理、银行卡收单以及央行确定的其他支付服务。网络支付是指非金融机构依托公共网络或专用网络在收付款人之间转移货币资金的行为,包括货币汇兑、互联网支付、移动电话支付、固定电话支付、数字电视支付等;预付卡是指以营利为目的发行的、在发行机构之外购买商品或服务的预付价值,包括采取磁条、芯片等技术以卡片、密码等形式发行的预付卡;银行卡收单是指通过销售点(POS)终端等为银行卡特约商户代收货币资金的行为。

任何非金融机构和个人未经中国人民银行批准擅自从事或变相从事支付业务的,或者支付机构超出《支付业务许可证》有效期限继续从事支付业务的,均由中国人民银行及其分支机构责令其终止支付业务;涉嫌犯罪的,依法移送公安机关立案侦查;构成犯罪的,依法追究刑事责任。

2. 资金安全管理

《办法》规定,支付机构接受的客户备付金不属于支付机构的自有财产,支付机构应在同一商业银行专户存放接收的客户备付金,且只能按照客户的要求使用,禁止支付机构以任何形式挪用客户备付金。

《办法》还规定,支付机构之间的货币资金转移应当委托银行业金融机构办理,不得通过支付机构相互存放货币资金或委托其他支付机构等形式办理。支付机构不得办理银行业金融机构之间的货币资金转移。

商业银行履行协作监督责任。商业银行作为备付金存管银行,应当对存放在本机构的客户备付金的使用情况进行监督,并有权对支付机构违反规定使用客户备付金的申请或指令予以拒绝。支付机构拟调整不同备付金专用存款账户的头寸时,必须经其备付金存管银行的法人机构进行复核。

人民银行履行法定监管职责。支付机构和备付金存管银行应分别按规定向中国人民银行报送备付金存管协议、备付金专用存款账户及客户备付金的存管或使用情况等信息资料。中国人民银行将依法对支付机构的客户备付金专用存款账户及相关账户等进行现场检查。

（三）第三方与相关各方的法律关系

第三方在业务过程中作为用户的代理人和用户资金的管理者,涉及的法律关系和问题集中体现在与用户之间的关系以及与银行之间的关系。

1. 与用户的关系

作为用户的代理人来处理网络支付相关事宜时,第三方的责任在于其在用户协议中的陈述和允诺,以邮件形式履行经用户合法授权的付款通知和收款通知义务。当然作为代理人和资金的管理人(保管人),第三方对用户的个人信息、账户的信息都应有一定保密义务,并要保证网络支付资金的安全和顺畅。

第三方一般都在用户协议中特别提出,不将资金用于公司的其他目的,并在公司破产的情形下,不将用户的资金自主地归于债权人名下。这里还需要考虑未经授权的支付指令的发出,如果发生未经授权的支付,根据《电子支付指引》(第一号)第42条的规定,"因银行自身系统、内控制度或为其提供服务的第三方服务机构的原因,造成电子支付指令无法按约定时间传递、传递不完整或被篡改,并造成客户损失的,银行应按约定予以赔偿。因第三方服务机构的原因造成客户损失的,银行应予赔偿,再根据与第三方服务机构的协议进行追偿"。

2. 与银行(信用卡)的关系

可以这样考虑,第三方一方面为接受其用户协议的客户提供网络支付和资金保管的服务,另一方面由于其自身不是银行,必须依靠信用卡组织和银行体系来构建自己的服务框架。第三方对于银行和信用卡组织来说是收单人,即用户通过信用卡或者银行账号将资金置入了第三方支付机构的账号中,第三方需要和银行(信用卡组织)之间有个服务协议来明确双方的权利和义务,主要有以下几个方面考虑。

① 对消费者信用卡或者银行账号的认证;

② 银行按照第三方的(用户的指令)要求作出的资金划拨;

③ 对可能出现的欺诈和退款要求的确认。

（四）第三方支付系统的运行安全保障

《办法》规定,支付机构应当具备必要的技术手段,确保支付指令的完整性、一致性和不可抵赖性,支付业务处理的及时性、准确性和支付业务的安全性;具备灾难恢复处理能力和应急处理能力,确保支付业务的连续性。支付机构应当按规定妥善保管客户身份等基本信息、支付业务信息、会计档案等资料,依法保守客户的商业秘密,不得对外泄露。支付机构未按规定建立有关制度办法或风险管理措施的;未按规定保守客户商业秘密的;无正当理由中断或终止支付业务的;其他危及支付机构稳健运行、损害客户合法权益或危害支付服务市场的违法违规行为,中国人民银行分支机构将责令其限期改正,并给予警告或处1万元以上3万元以下罚款;情节严重的,中国人民银行注销其《支付业务许可证》资质;

涉嫌犯罪的，依法移送公安机关立案侦查；构成犯罪的，依法追究刑事责任。

【活动项目设计】

木马"驮"走 16 万，上海特大网银盗窃案引发的质疑

案情简介

涉及金额 16 余万元，是上海发生过的最大的网络盗窃案——"3·10"特大盗窃案告破。在上海市警方缜密侦查和云南警方的大力协助下，犯罪嫌疑人白某和葛某在云南昆明落网。

蔡先生是上海一家美资软件公司的总经理，在上海工作多年。2005 年，建行的客户经理推荐他办理了一张白金理财卡，在 IT 行业工作的蔡先生对网络非常熟悉，早在建行刚开始有网上银行业务的时候就在使用了，后来蔡先生成了签约客户，再后来又办理了数字证书，之后他就经常通过网上银行购物、缴费、转账。2007 年 3 月 10 日，蔡先生上网查看自己的银证通账户情况。然而，令人意想不到的是，原本 16 余万元的账户资金只剩下 36.62 元，蔡先生赶紧登录建行网上银行，但是连续出错，无法查询。通过拨打客服电话查询，卡内钱款果然被人转走了。两个账户共计被转走 163204.5 元（含转账手续费）。当天，蔡先生向卢湾分局报案，卢湾警方接报后，迅速成立专案组，展开案件侦查工作。

在分析案情和银行反馈信息并向被害人了解上网情况后，侦查员进行了综合判断，认为被害人的计算机极有可能被黑客侵入，导致账号内存款被盗。侦查员通过查询银行转账记录，查出被盗资金全部转入一个开户在云南昆明的建设银行活期账户内，并已被人取走。警方迅速派员赶往云南昆明开展侦查工作，在云南警方的协助下，侦查员查明犯罪嫌疑人的大致身份，以及实施网上盗窃的地点。2007 年 3 月 28 日，顺利抓获犯罪嫌疑人白某和葛某，并查获了作案用的计算机和部分赃物。经查，犯罪嫌疑人在网上利用发照片之际，将携带木马程序的病毒植入被害人的计算机，获取被害人的银行账号、密码和认证信息，随后盗取被害人银行账户里的人民币。

思考：目前，由于网络盗窃案件时有发生，网络银行的安全性成为人们关注的焦点，一些人利用木马病毒和"钓鱼"网站，获取了用户的密码和个人资料，从而盗走用户的存款。那么，人们一旦遇到网络盗窃的情况该如何解决？网络银行或者网上支付平台将承担怎样的责任？网络支付用户的权益应如何保护？

>> **思考与练习**

1. 我国涉及电子支付方面的法律规范主要有哪些？
2. 简述网上银行产生的新的法律问题。
3. 电子货币的法律监管涉及的主要内容有哪些？
4. 试述第三方电子支付的内涵。
5. 试述第三方电子支付的优缺点。

06

第六章
电子商务物流法律制度

【本章概要】

　　电子商务的出现使现代物流具有了信息化、自动化、网络化、智能化、柔性化、国际化、专业化的特点,也为我国电子商务环境下物流法律体系的完整和健康提出了新的要求。如何构建电子商务时代物流行业的法律制度,已经成为摆在我国电子商务行业和物流行业立法者面前的严峻课题。本章从电子商务和物流的关系出发,详细介绍了电子商务中我国物流法律适用、运输法律制度、仓储法律制度、配送法律制度和货物保险法律制度,并总结了我国现行电子商务物流法律制度的现状及问题。

【学习目标】

1. 了解电子商务与物流的概念及二者的关系;
2. 掌握运输合同、仓储合同、配送合同和货物保险合同的定义和内容;
3. 能够运用运输合同、仓储合同、配送合同和货物保险合同来解决实际问题。

【重点与难点】

　　重点:掌握运输合同、仓储合同、配送合同和货物保险合同的定义和内容。
　　难点:能够运用运输合同、仓储合同、配送合同和货物保险合同解决实际问题。

【关键术语】

　　电子商务物流　运输合同　仓储合同　配送合同　货物保险合同

第一节 电子商务与物流

一、电子商务物流概述

（一）电子商务物流的定义

我国国家标准《物流术语》（GB/T 18354—2006）中对物流的定义为：物流指的是物品从供应地向接收地的实体流动过程。根据实际需要，将运输、储存、搬运、装卸、包装、流通加工、配送、信息处理等基本功能实施有机结合。物流是对商品流通过程的有力补充，实现物资的空间价值和时间价值。

现代物流指的是将信息、运输、仓储、库存、装卸搬运以及包装等物流活动综合起来的一种新型的集成式管理，其任务是尽可能降低物流的总成本，为顾客提供最好的服务。我国许多专家学者认为：现代物流是根据客户的需求，以最经济的费用，将物流从供给地向需求地转移的过程。它主要包括运输、储存、加工、包装、装卸、配送和信息处理等活动。现代物流更强调信息系统在各项物流活动中信息收集、处理、辅助决策的重要作用。

电子商务物流又称网上物流。就是基于互联网技术，旨在创造性地推动物流行业发展的新商业模式；通过互联网，物流公司能够被更大范围内的货主客户主动找到，能够在全国乃至世界范围内拓展业务；贸易公司和工厂能够更加快捷地找到性价比最适合的物流公司；网上物流致力于把世界范围内最大数量的、有物流需求的货主企业和提供物流服务的物流公司都吸引到一起，提供中立、诚信、自由的网上物流交易市场，帮助物流供需双方高效地达成交易。

（二）电子商务与物流的关系

电子商务作为一种新的数字化商务方式，代表未来的贸易、消费和服务方式，因此，要完善整体商务环境，就需要打破原有工业的传统体系，发展建立以商品代理和配送为主要特征，物流、商流、信息流有机结合的社会化物流配送体系。电子商务物流的概念是伴随电子商务技术和社会需求的发展而出现的，它是电子商务真正的经济价值实现不可或缺的重要组成部分。

电子商务与现代物流密切联系。物流是电子商务"四流"中的重要部分，而现代物流的信息交易和组织管理也要借助电子商务的手段实现。传统的商业运作模式是以商流、物流为主导的，信息活动只是辅助性、管理性的工作。电子商务创造了全新的商品流通模式，它的出现和发展，使商品流通中的信息处理功能发生了质的飞跃，确立了信息流在现代流通中的主导地位。

电子商务的出现使现代物流具有了信息化、自动化、网络化、智能化、柔性化的特点，另外，物流设施、商品包装的标准化，物流的社会化、共同化也都是电子商务下物流模式的新特点。这二者是相辅相成的辩证关系，电子商务的发展使得物流业空前繁荣，而现代物流的保驾护航使电子商务健康快速发展。

电子商务的发展既对现代物流提出新的要求和挑战，同时也为物流业发展带来新的机遇，带来更广阔的增值空间。借助电子商务的发展，信息技术广泛应用于物流系统，从而提升了传统物流产业的服务水平和竞争力。物流是电子商务具有的优势正常发挥的基础。电子商务的开展能够有效地缩短供货时间和生产周期，简化订货程序，降低库存水平，同时使得客户关系管理更加富有成效。在电子商务环境下，商品生产和交换的全过程，即从原材料的采购、各工艺流程的生产到成品的交付，都需要各类物流活动的支持。物流还是商流的后续者和服务者。在电子商务交易过程中，消费者通过网上购物，完成了商品所有权的转移过程，即商流过程。但电子商务的活动并未就此结束，只有商品或服务真正转移到消费者手中，即只有通过物流过程，商务活动才得以终结。没有现代化的物流运作模式支持，没有一个高效的、合理的、畅通的物流系统，电子商务所具有的优势就难以得到有效的发挥，没有一个与电子商务相适应的物流体系，电子商务就难以得到有效的发展。"一流的信息、二流的安全、三流物流配送"是当前中国电子商务的现状，物流配送的落后已成为制约中国电子商务发展的瓶颈。

电子商务与物流水乳交融的典型代表就是第三方物流。第三方物流是指由物流劳务的供方、需方之外的第三方去完成物流服务的物流运作方式。第三方就是指提供物流交易双方的部分或全部物流功能的外部服务提供者。在某种意义上，可以说它是物流专业化的一种形式。第三方物流随着物流业发展而发展，是物流专业化的重要形式。物流业发展到一定阶段必然会出现第三方物流，而且第三方物流的发展水平在一定程度上代表着一个国家物流管理水平的发达程度。第三方物流是一种现代物流企业，管理理念中对信息化建设的重视程度很高，往往都拥有较发达的信息网络。

第二节　电子商务物流法律适用

一、我国电子商务物流法律体系

我国加入WTO后，努力实现与国际通行法律制度和惯例的接轨，积极地完善我国现代物流法律体系，以达到引导、规范、促进、保障我国现代物流业的发展。在我国，与电子商务、物流相关的法律法规相继出台，构成了我国现行有关物流的规范性法律文件，主要包括与物流相关的法律、与运输相关的行政法规、与物流相关的行政法规、部门规章以及民商法中的《合同法》等。

（一）现行与物流相关的法律

《中华人民共和国海商法》(1992)、《中华人民共和国铁路法》(1990)、《中华人民共和国民用航空法》(1995)、国家标准中物流相关标准等法律均为专门规范物流业务的。

（二）与运输相关的行政法规

运输是传统物流的最重要的组成部分，有关运输的法律法规比较健全，体系也很庞大。既包括有关运输通道、运输工具管理方面的法规，也有涉及货物运输和交接方面的内容。我国现代物流政策法律框架中有关货物运输的部分，法律法规体系最为完整、线条也最为清晰，而且规定也比较详细。

调整公路运输的法律法规有《中华人民共和国公路法》《汽车货物运输规则》《道路货物运输服务业管理办法》《高速公路交通管理办法》《中华人民共和国道路交通管理条例》《城市道路管理条例》《道路零担货物运输管理办法》等。此外，由于2012年以来各地大气污染问题、道路拥堵问题等日趋严重，地方政府也纷纷出台相应的机动车排气污染防治办法，对于公路运输尤其是城市物流配送的影响很大。

我国在铁路运输方面，颁布了《铁路货运事故处理规则》《铁路货物运输杂费管理办法》《铁路货物运输规程》《铁路货物运输管理规则》等。

关于航空运输的国内立法，包括《中华人民共和国民用航空法》《航空货物运输合同实施细则》《国务院关于开办民用航空运输企业审批权限的暂行规定》《民航局关于航空运输服务方面罚款的暂行规定》等规范。

水路运输方面的法律规范有《中华人民共和国海商法》《中华人民共和国水路运输管理条例》《中华人民共和国海上交通安全法》及《中华人民共和国国际海运条例》等。

另外，关于货运代理的法律规范主要有：原国家对外贸易经济合作部颁布的《中华人民共和国国际货物运输代理业管理规定》及其《实施细则》，该规定借鉴了联合国亚太经济和社会理事会（U. N. Economic and Social Commission for Asia and the Pacific — UN ESCAP）和国际货运代理协会联合会（FIATA）有关条款，明确了国际货运代理人的法律地位；在原外经贸部颁布的《外商投资国际货物运输代理企业审批规定》中，对中外合资企业从事国际货物代理业务的条件和报批程序做出了规定。

此外，《危险化学品安全管理条例》《道路危险货物运输管理规定》《放射性物品道路运输管理规定》《机动车维修管理规定》《道路运输从业人员管理规定》《国际道路运输管理规定》等也是我国运输法律法规中必不可少的组成部分。

二、运输法律制度

运输相关法律制度在我国物流法律体系中分散在了《合同法》、相关交通管理办法、国际货运规范中。在此，我们着重讲述《合同法》中关于运输合同的规定。

（一）运输合同概述

运输合同是承运人将旅客或者货物从起运地点运输到约定地点，旅客、托运人或者收货人支付票款或者运输费用的合同。运输合同包括客运合同、货运合同、多式联运合同。货物运输合同具有以下法律特征。

① 货物运输合同的标的是运输服务，而非货物本身，货物只是运输行为的劳动对象。因此货物运输合同属于提供劳务的合同。

② 货物运输合同为双方有偿合同。运输合同签订以后，承运人有义务为托

运人运输货物到指定地点,并有权获得运费;托运人有义务向承运人支付运费,并有权要求承运人完成运输服务。

③ 货物运输合同一般为诺成合同。从货物运输合同来看,多数情况下,不以货物的交付为合同的成立条件,只要合同经双方当事人签字或盖章即告成立。除零担货物、计划外整批货物、集装箱货物和航空货物的运输合同具有实践合同的特性外,多数运输合同属于诺成合同。

④ 货物运输合同可以适用留置的方式担保。

⑤ 货物运输合同大多为要式合同。大部分货物运输合同的主要内容和条款都是国家授权交通部门以法规形式统一规定的,双方当事人无权自行变更。合同、提单等也都是统一印刷的,运输费率由国家统一规定。

(二) 货物运输合同双方当事人的权利与义务

1. 托运人的主要权利和义务

托运人的主要权利有要求承运人按合同约定的时间将货物安全运输到约定的地点;在承运人将货物交付收货人前,托运人可以请求承运人中止运输、返还货物、变更到货地点或将货物交给其他收货人,但由此给承运人造成的损失应予赔偿。

托运人的主要义务包括:如实申报货运基本情况的义务;办理有关手续的义务;包装货物的义务;支付运费和其他有关费用的义务。

2. 承运人的主要权利和义务

承运人的权利主要包括:收取运费及符合规定的其他费用;对逾期提货的,承运人有权收取逾期提货的保管费,对收货人不明或收货人拒绝受领货物的,承运人可以提存货物,不适合提存货物的,可以拍卖货物提存价款;对不支付运费、保管费及其他有关费用的,承运人可以对相应的运输货物享有留置权。

承运人的义务主要包括:按合同约定调配适当的运输工具和设备,接收承运的货物,按期将货物运到指定的地点;从接收货物时起至交付收货人之前,负有安全运输和妥善保管的义务;货物运到指定地点后,应及时通知收货人收货。

3. 收货人的权利与义务

货物运输合同中往往有第三人参加,即以承运人、托运人之外的第三人为收货人的情况。虽然收货人并非签订合同的当事人,但他可以独立享有合同约定的权利并承担相应的义务。

收货人的权利主要是:承运人将货物运到指定地点后,持凭证领取货物的权利;在发现货物短少或灭失时,有请求承运人赔偿的权利。收货人的义务主要是:检验货物的义务;及时提货的义务;支付托运人少交或未交的运费或其他费用的义务。

(三) 多式联运合同

多式联运合同是指多式联运经营人将分区段不同方式的运输联合起来为承运人履行承运义务的运输合同。

随着国际经济一体化的进程,国际贸易和国内贸易加速了商品流通,货主对于运输服务的要求越来越高,多式联运这种既能缩短运输时间又能节省费用的运输方式得到了很多物流企业的大力热捧。我国的《合同法》、《海商法》都对多式联运的相关事项作了规定。

国际货物多式联运有三个较有影响的国际公约,分别是1980年的《联合国国际货物多式联运公约》,1973年的《联运单证统一规则》,1991年的《多式联运单证规则》。

根据《合同法》的规定,多式联运合同的特殊效力体现在:

1. 承运人权利和义务由多式联运经营人享有,多式联运之承运人之间的内部责任划分约定,不得对抗托运人。

2. 支付费用的总括性。托运人将全程不同运送设备的运费一次性支付多式联运经营人,并取得多式联运单据。多式联运单据分可转让和不可转让两种。

3. 对于联合运输过程中的货物灭失或毁损的赔偿责任以及赔偿数额,首先适用法律的特别规定或国际公约的规定;发生损害的运输区段不能确定的,由多式联运经营人负赔偿责任,承运人之间的内部责任依约定或法定分配。

（四）货物运输合同的主要内容

① 托运人和收货人的名称或者姓名及住所;

② 发货站与到货站的详细名称;

③ 货物的名称(运输标的名称);

④ 货物的性质(是否属易碎、易燃、易爆物品……);

⑤ 货物的重量;

⑥ 货物的数量(如车种、车数、件数……);

⑦ 运输形式(零担、速递、联运……);

⑧ 收货地点;

⑨ 违约责任;

⑩ 费用的承担;

⑪ 包装要求;

⑫ 合同纠纷解决方式;

⑬ 双方约定的其他事项等。

相关知识

危险品运输合同范本

托运方: 　　　　　　　　　　　　　　　　　　　（以下简称甲方）

承运方: 　　　　　　　　　　　　　　　　　　　（以下简称乙方）

车号:

本着对企业负责,搞活流通,降低运输成本,经甲、乙双方友好协商,按照平等、互利、协商一致、等价有偿的原则,为明确责任和保障双方合法权益,特签订本运输合同,并共同信守下列条款:

一、货物名称:烟花爆竹(纸箱包装);

二、运输方式:采用公路运输,运输车辆由乙方统一调度;

三、运输范围:由_____运到_____。

四、运输质量及安全要求:

1. 甲方必须按照运输要求办理好每批货物税务手续及公安运输手续;

2. 甲方必须按《爆炸物品运输证》上载明的物品名称和数量装卸货物,不得混装违禁物品和半成品及原材料(黑火药、军工硝、引线等);

3. 乙方负责按甲方指定的路线、时间、地点、数量装货,并将货物安全、及时、数量准确地运送到甲方指定地点及卸货签收;

4. 运输途中必须保持货物完好,如发生货物遗失、货损缺件均由乙方按甲方的出厂价负责赔偿;

5. 乙方运输危险货物时必须按照危货运输规则要求进行运输;

6. 道路上发生的事故,须由乙方负责处理;

7. 乙方安排车辆装货体积必须准确,确保按要求安排货车,货车必须保持车厢整洁、干燥及性能良好。

五、甲方责任

甲方在合同期间内产品运输必须由乙方调派车辆运输,本合同所开运输证不得使用外来无资质车辆运输,如自用其他公司车辆,乙方有权按合同法办理,所出安全责任一切由甲方承担。

六、合同的终止

1. 如因不可抗力(仅指战争,四级以上地震,大雨,大雪)无法履行本合同的,甲、乙双方承担各自的损失,互不追究责任。

2. 乙方由于自身原因导致货物缺失、延迟到达,甲方有权终止本合同并追究乙方的违约责任。

3. 除上述外,甲、乙任何一方终止合同,需提前两个月以书面报告形式告知对方。

4. 凡因执行本合同或与本合同有关的任何争议,双方友好协商解决,协商不成,则提交人民法院管辖,诉讼解决。

七、运费结算时间及方式:

1. 运费价格:根据市场运价当次定价;

2. 凭签收单在签收货物后当次结算运费,以现金支付。

八、运输合同的有效期限:从____年____月____日至____年____月____日止。

九、本合同共两页一式两份,由甲、乙双方各执一份。

甲方: (签章)　　　　　　　　乙方: (签章)

法定代表人:(签字)　　　　　　法定代表人:(签字)

代理人:　　　　　　　　　　　代理人:

地址:　　　　　　　　　　　　地址:

电话:　　　　　　　　　　　　电话:

三、仓储法律制度

(一) 仓储合同概述

仓储合同是保管人储存存货人交付的仓储物,存货人支付仓储费的合同。提供储存保管服务的一方称为保管人,接受储存保管服务并支付报酬的一方称为存货人。交付保管的货物为仓储物,仓储合同属于保管合同的一种特殊类型。

仓储合同是一种特殊的保管合同,它具有保管合同的基本特征,同时仓储合同又具有自己的特殊特征。

1. 仓储的货物所有权不发生转移,只是货物的占有权暂时转移,而货物的所有权或其他权利仍属于存货人所有。

2. 仓储保管的对象必须是动产,不动产不能作为仓储合同的保管对象。这也是仓储合同区别于保管合同的显著特征。

3. 仓储合同的保管人,必须具有依法取得从事仓储保管业务的经营资格。

4. 仓储合同是诺成合同。仓储合同自成立时生效。这是仓储合同区别于保管合同的又一显著特征。

5. 仓储合同中货物的交付与归还以仓单作为凭证。仓单是指保管人收到仓储物后给存货人开付的提取仓储物的凭证。仓单除作为已收取仓储物的凭证和提取仓储物的凭证外,还可以通过背书,转让仓单项下货物的所有权,或者用于出质。仓单的记载事项决定当事人的权利义务,当事人须依仓单上的记载主张权利义务。

(二) 仓储合同双方当事人的权利和义务

1. 保管方的义务与存货方的权利

① 保证货物完好无损;

② 对库场因货物保管而配备的设备,保管方有义务加以维修,保证货物不受损害;

③ 在由保管方负责对货物搬运、看护、技术检验时,保管方应及时委派有关人员;

④ 保管方对自己的保管义务不得转让;

⑤ 保管方不得使用保管的货物,其不对货物享有所有权和使用权;

⑥ 保管方应做好入库的验收和接收工作,并办妥各种入库凭证手续,配合存货方做好货物的入库和交接工作;

⑦ 对危险品和易腐货物,如不按规定操作和妥善保管,造成毁损,则由保管方承担赔偿责任;

⑧ 一旦接受存货方的储存要求,保管方应按时接收货物入场。

2. 存货方的义务与保管方的权利

① 存货方对入库场的货物数量、质量、规格、包装应与合同规定内容相符,并配合保管方做好货物入库场的交接工作;

② 按合同规定的时间提取委托保管的货物;

③ 按合同规定的条件支付仓储保管费;

④ 存货方应向保管方提供必要的货物验收资料；

⑤ 对危险品货物,必须提供有关此类货物的性质、注意事项、预防措施、采取的方法等；

⑥ 由于存货方原因造成退仓、不能入库场,存货方应按合同规定赔偿保管方；

⑦ 由于存货方原因造成不能按期发货,由存货方赔偿逾期损失。

(三) 仓储合同的内容

仓储合同的内容是明确合同当事人上述权利与义务的根据。具体条款包括:

① 保管人、存货人名称及住所；

② 储存仓储物的品名、品种、规格、数量、质量、包装、标记；

③ 仓储物验收内容、标准、方法、时间、资料；

④ 仓储物入库、出库手续,时间,地点,运输方式；

⑤ 仓储物的损耗标准和损耗处理；

⑥ 仓储物的储存时间、保管要求和保管条件；

⑦ 计费项目、标准和结算方式；

⑧ 违约责任条款；

⑨ 变更解除合同、争议解决方式。

四、配送法律制度

我国国家标准《物流术语》(GB/T 18354—2006)中,配送是指在经济合理区域范围内,根据客户要求,对物品进行拣选、加工、包装、分割、组配等作业,并按时送达指定地点的物流活动。配送是物流中一种特殊的、综合的活动形式,是商流与物流紧密结合,包含了商流活动和物流活动,也包含了物流中若干功能要素的一种形式。配送在现代物流体系中完善了运输和整个物流系统,使单位存货成本下降,减少库存,提高经济效益,同时,配送简化了采购等事项,减少了生产风险,为电子商务的发展提供了有力支持。

(一) 配送合同概述

1. 配送合同概念

配送合同是指配送经营人根据用户的需要,为用户配送商品,用户支付配送费的合同。用户可以是销售合同中的卖方,也可以是买方,甚至可以是与买方或卖方签订综合物流服务合同的物流企业;而作为配送服务的提供者,既可能是销售合同中的卖方,也可以是独立于买卖双方的第三方物流企业。

由于配送活动的内容涉及装卸搬运、包装、分拣、保管、流通加工、配货、运输等一系列的服务,是一个综合性的活动,因此配送合同不是单纯的运输合同或仓储合同,而是具有仓储合同、运输合同、买卖合同、加工承揽合同和委托合同的某些特征的集合体。它所适用的法律只能是《合同法》总则的规定,可就相关问题参照《合同法》分则的相似规定。

2. 配送合同的法律特征

(1) 物流配送合同是无名合同。《合同法》及其他相关法律法规未对配送合同的格式给出规范。只要配送合同符合合同生效的要件,即可构成法律约束力。

(2) 配送合同包含买卖合同、运输合同、仓储合同和加工承揽合同的某些特征。配送合同在一定情况下会显示出上述合同的某些特性,但配送合同又不同于上述合同。

↘ (二) 配送合同的内容

配送服务合同的主要条款包括以下几个方面。

1. 合同当事人

合同当事人是合同的责任主体,是所有合同都须明确表达的项目。

2. 配送服务合同的标的

配送服务合同的标的就是将配送物品有计划地在确定时间和确定地点交付收货人。配送服务合同的标的是一种行为,因而配送服务合同是行为合同。

3. 配送方法

配送方法即配送要求,是合同双方协商同意配送所要达到的标准,是合同标的完整细致的表述,根据委托方的需要和配送方的能力协商确定。配送方法有定量配送、定时配送、定时定量配送、即时配送、多点配送等多种方法。需要在合同中明确时间及其间隔、发货地点或送达地点、数量等配送资料。配送方法还包括配送人对配送物处理的行为约定,如配装、分类、装箱等。配送方法变更的方法,如订单调整等。

4. 标的物

被配送的对象,可以为生产资料或生活资料,但必须是动产,有形的财产。配送物的种类品名、包装、单重、尺度体积、性质等决定了配送的操作方法和难易程度均需要在合同中明确。

5. 当事人权利与义务

在合同中明确双方当事人需要履行的行为或者不作为的约定。

6. 违约责任

约定任何一方违反合同约定时需向对方承担的责任。违约责任约定有违约行为需支付的违约金的数量,违约造成对方损失的赔偿责任及赔偿方法,违约方继续履行合同的条件等。

7. 补救措施

补救措施本身是违约责任的一种,但由于配送合同的未履行可能产生极其严重的后果,为避免损失的扩大,合同约定发生一些可能产生严重后果的违约补救方法,如紧急送货、就地采购等措施的采用条件和责任承担等。

8. 配送费和价格调整

配送费是配送经营人订立配送合同的目的。配送人的配送费应该弥补其开展配送业务的成本支出和获取可能得到的收益。合同中需要明确配送费的计费标准和计费方法,或者总费用,以及费用支付的方法。

由于配送合同持续时间长,在合同期间因为构成价格的成本要素价格发生变化,如劳动力价格、保险价格、燃料电力价格、路桥费等,为了使配送方不至于亏损,或者委托方也能分享成本降低的利益,允许对配送价格进行适当调整,在合同中订立价格调整条件和调整幅度的约定。

9. 合同期限和合同延续条款

对于按时间履行的配送合同,必须在合同中明确合同的起止时间,起止时间用明确的日期方式表达。由于大多数情况下配送关系建立后,都会保持很长的时间,这就会出现合同不断延续的情况。为了使延续合同不会发生较大的变化,简化延续合同的合同订立程序,往往在合同中确定延续合同的订立方法和基本条件要求。如提出续约的时间、没有异议时自然续约等约定。

10. 合同解除的条件

配送合同都需要持续较长时间,为了使在履约中一方不因另一方能力的不足或没有履约诚意而招致损害,或者出现合同没有履行必要和履行可能时,又不至于发生违约,在合同中约定解除合同条款,包括解除合同的条件、解除合同的程序等。

11. 不可抗力和免责

不可抗力是指由于自然灾害、当事人不可抗拒的外来力量所造成的危害,如风暴、雨雪、地震、雾、山崩、洪水等自然灾害,还包括政府限制、战争、罢工等社会现象。不可抗力是合同法规定的免责条件,但合同法没有限定不可抗力的具体现象,对于一般认可的不可抗力虽已形成共识,但仅对配送仓储行为影响的特殊不可抗力的具体情况,如道路塞车等,以及需要在合同中陈述的当事人认为必要的免责事项需要在合同中明确。不可抗力条款还包括发生不可抗力的通知、协调方法等约定。

12. 其他约定事项

配送物种类繁多,配送方法多样,当事人在订立合同时需充分考虑到可能发生的事件和合同履行的需要,并达成一致意见,避免发生合同争议。特别是涉及成本、行为的事项,更需事先明确。如以下几个方面。

① 配送容器的使用。合同中约定在配送过程中需要使用的容器或送料厢等的尺度、材料质地;配送容器的提供者,是免费使用还是有偿使用,如何使用,容器损坏后的赔偿标准以及合同期满时的处理方法等。

② 损耗约定。在配送中发生损失的允许耗损程度和耗损的赔偿责任;配送物超过耗损率时对收货人的补救措施等。

③ 退货发生时的处理方法。一般约定由配送人先行接受和安置,然后向委托人汇报和约定委托人进行处理的要求与费用承担。与退货相类似的还可能约定配送废弃物、回收旧货等的处理方法,配送溢货的处理方法。

④ 信息传递方法。约定双方使用的信息传递系统、传递方法、报表格式等。如采用生产企业的信息网络、每天传送存货报表等约定。

13. 争议处理

合同约定发生争议的处理方法,主要是约定仲裁、仲裁机构,或者约定管辖的法院等。

五、货物保险法律制度

(一) 货物保险概念

货物保险又叫货运保险,是以运输途中的货物作为保险标的,保险人对由自然灾害和意外事故造成的货物损失负责赔偿责任的保险。开办这种货运险,是为了使运输中的货物在水路、铁路、公路和联合运输过程中,因遭受保险责任范围内的自然灾害或意外事故所造成的损失能够得到经济补偿,并加强货物运输的安全防损工作,以利于商品的生产和流通。

(二) 运输分类

① 海洋运输货物保险,即经海上用轮船运输于各国港口之间的货物保险;

② 陆上运输货物保险,即经陆路用火车或汽车运输于各国车站之间的货物保险;

③ 航空运输货物保险,即经空中用飞机运输于各国机场之间的货物保险;

④ 邮包保险,即经邮局用邮包递运于各国之间的货物保险;

⑤ 联运保险,即经海、陆、空两种以上不同主要运输工具联合运输于国际各地间的货物保险。

以上各种货物保险,以海洋运输货物保险为主,其他各种货物保险的保险条款都是以它为准,再根据本身的特点加以补充或修订的。货物保险相关法律规范主要包括《合同法》中的"保险合同"部分和《海商法》等。

(三) 货物保险合同的内容

1. 保险人

根据我国《保险法》的规定,保险人又称"承保人",是指与投保人订立保险合同,并承担赔偿或者给付保险金责任的保险公司。

2. 被保险人

被保险人是指其财产或人身受保险合同保障、享有保险金请求权的人。

3. 保险标的

保险标的是作为保险对象的财产及其有关利益或人的生命和身体,它是保险利益的载体。在货物保险合同中,保险标的为物流活动中的物资以及相应的服务责任。

4. 保险金额

保险金额,是指一个保险合同项下保险公司承担赔偿或给付保险金责任的最高限额,即投保人对保险标的的实际投保金额;同时又是保险公司收取保险费的计算基础。

5. 保险费

保险费是指被保险人参加保险时,根据其投保时所订的保险费率,向保险人交付的费用。当保险财产遭受灾害和意外事故造成全部或部分损失,或人身保险中人身发生意外时,保险人均要支付保险金。保险费由保险金额、保险费率和保险期限构成。

6. 保险责任期间

保险责任期间是指保险人对发生的事故损失负赔偿责任的时间段。在实践中,对保险责任期间的确定有两种方法:一是以具体日历中年、月、日区间来确定;二是以某一事件的发生或消灭来确定。保险人为了有效地限制责任,往往将两种方法结合使用。

第三节　我国电子商务物流法律制度的现状及完善

电子商务环境下,现代物流是跨部门、跨地区、跨行业的复合型产业,与物流有关的职能又分属于不同部门,各部门根据各自行业特点和部门利益制定规章,致使物流法律法规分散。因为缺乏统一、协调的行业法律体系,难以对物流行业健康发展形成很好的保护。主要表现为:

第一,物流业没有系统而专门的法律,物流法律体系不完善。目前,我国执行的有关物流方面的法律法规分散于海陆空运输的行业管理部门分别制定的有关文件中(如:原交通部发布的《关于促进运输企业发展综合物流的若干意见》,原外经贸部 2002 年发布的《外商投资国际货物运输代理企业管理办法》,原铁道部颁布的《铁路货物运输管理条例》,中国民航总局颁布的《中国民用航空国际运输规则》),国家现代物流标准只有《物流术语》。因缺乏物流行业统一系统的专门法律规定,导致市场机制不健全,秩序混乱,竞争无序。

第二,直接具有操作性的物流法律法规位次较低,法律效力较弱。我国直接具有操作性的物流法律法规多由中央各部委、地方制定颁布,有条例、办法、规定和通知等多种形式,规范性不强,缺乏对物流主体行为的制约作用,法律效力不强。

第三,物流法律法规分散欠协调。物流立法上涉及交通、铁路、航空、海关、外贸等多个部门,由于各部门协调沟通不够,存在法律法规相互冲突现象,难以整合物流各环节和各功能之间的关系,不利于形成行业优势,阻碍我国物流业的发展。

电子商务的发展离不开现代物流的保驾护航,同样也离不开良好的政策和与之匹配的完善的物流市场法律环境。制定一整套有利于我国现代物流和电子商务公平竞争、和谐发展的法律环境体系,有利于企业在法律环境下平等竞争、有序经营、规范管理,从而推动我国电子商务行业和物流行业发展步入法制化、国际化的轨道。

【活动项目设计】

2008 年 10 月 12 日,某百货公司与某铁路分局签订了一份家电运输合同,合同规定由该铁路分局(承运人)在合同生效后一周内提供 5 节 55 吨闷罐车皮抵达某仓库的专用铁路月台,由托运人负责装车。装车时间不超过 12 小时。承运人在 4 天之内将此 5 节车皮运抵指定车站。由于该批百货价值比较高,承运人要求托运人派员押车。

合同签订后一周,托运人向承运人提交家电(货物)运单,承运人在运单上加盖了车站日期章后,合同即告成立。托运人在某仓库月台等候车皮,经屡次电话催促后,承运人在合同生效后第 9 天将车皮驶到某仓库月台。铁路方面派员监督装车,按时装完车后其中 4 节车皮加了铅封,一节车皮未封,留给托运人的押运人乘坐。因运输困难,某铁路分局花了 4 天时间才将 5 节车皮编组发出,运抵指定地点时已经是第 7 天,比合同规定的时间还晚了 3 天。在卸货时,收货人发现有 3 节车皮的家电外包装被老鼠啃咬,损坏严重,部分录音机的塑料机壳也被咬坏,里面的线路被咬断,基本上报废了。收货人立即电话询问托运人。得知货物装车时完好,是在运输中被老鼠咬坏的,于是要求承运人赔偿相关损失计 15 万元,另外支付逾期到达的违约金,数额为运费总额的 20%。

问题:

1. 收货人向承运人索赔的做法正确吗? 承运人应该负担赔偿责任吗? 为什么?

2. 根据运输合同当事人的权利和义务,运输途中承运人需要承担哪些责任和义务?

>> 思考与练习

1. 简述电子商务和现代物流的关系。

2. 我国现行电子商务物流法律法规有哪些?

3. 运输合同的主要内容有哪些?

4. 多式联运的特殊效力体现在哪些方面?

5. 仓储合同的当事人有哪些权利和义务?

6. 简述保险合同的特征。

07

第七章
电子商务与知识产权
保护

【本章概要】

　　近年来,电子商务井喷式的发展引发了一些非常突出的问题,其中在电子商务环境下如何进行知识产权保护的问题引起广泛关注。在各种电子商务活动中,经常涉及知识产权的转让以及许可使用,如何防止知识产权被盗取、恶意利用以及其他侵权行为的发生,需要完善的知识产权保护法律制度。而新形势下,知识产权保护的法律制度必然要顺应经济发展规律,随着信息技术和商业模式的发展及时作出相应调整。针对电子商务中的域名、著作权、电子商务专利、知识产权的法律保护制度正是本章的主要内容。

【学习目标】

1. 了解知识产权的概念和特征,掌握电子商务中知识产权的主要类型及特点;
2. 掌握域名的概念、特征,掌握域名权的法律保护;
3. 掌握网络著作权的概念、特征,掌握网络著作权的法律保护;
4. 了解电子商务专利的概念以及电子商务专利的法律保护。

【重点与难点】

　　重点:掌握电子商务知识产权的新内涵和类型。
　　难点:电子商务知识产权中域名权、著作权、电子商务专利的法律保护。

【关键术语】

　　知识产权　域名　域名权　网络著作权　电子商务专利

第一节 知识产权与电子商务
知识产权概述

2017年8月,商丘市睢县工商局执法人员接到上海市长宁区市场监督管理局案件线索移送函,称睢县居民韩某在网上销售商标侵权化妆品。

经查,韩某于2017年3月在上海某信息技术有限公司运营的第三方交易平台"×××商城"以个人名义开办了一家名为"×××小屋"的网店,销售化妆品。同年4—5月,韩某共销售"百雀羚"化妆品100套。经"百雀羚"商标持有人上海百凤投资有限公司鉴定,韩某销售的化妆品属侵犯了该公司注册商标专用权的商品。

商丘市睢县工商局认为:当事人上述销售假冒"百雀羚"注册商标专用权化妆品的行为,属于《中华人民共和国商标法》(以下简称《商标法》)第五十七条第一款第(三)项"销售侵犯注册商标专用权商品"所指的侵犯注册商标专用权行为。依照《商标法》第六十条第二款的规定责令当事人停止侵权行为,并处罚款。

2013年年初,中国电子商务研究中心发布了国内首份电子商务法律报告——《2011—2012年度中国电子商务法律报告》,在电子商务企业对电子商务法律类别需求调研中,七成以上的企业表示,对网络不正当竞争和垄断、知识产权问题高度敏感。可见电子商务知识产权保护的法律制度是电子商务法规的重要组成部分,也是电子商务良性发展的必要条件。

一、知识产权的定义和特征

(一)知识产权的定义

世界知识产权组织(简称WIPO)认为,知识产权是关于文学、艺术和科学作品的权利;关于表演家的演出、录音和广播的权利;关于人们在一切领域的发明的权利;关于科学发现的权利;关于工业设计的权利;关于商标、服务商标、厂商名称和标记的权利;关于制止不正当竞争的权利,以及在工业、科学、文学或艺术领域里的一切来自知识活动的权利。

我国学者给出的概括式定义为:知识产权是指权利人对其所创作的智力劳动成果所享有的专有权利。各种智力创造比如发明、文学和艺术作品,以及在商业中使用的标志、名称、图像及外观设计,都可被认为是某一个人或组织所拥有的知识产权。

相关知识

最高人民法院知识产权庭 2018 年全年共新收各类知识产权案件 1 562 件。在新收案件中,按照案件审理程序划分,共有二审案件 24 件,提审案件 176 件,申请再审案件 1 335 件,请示案件 26 件,司法制裁案件 1 件。按照案件所涉客体类型划分,共有专利案件 684 件,商标案件 711 件,著作权案件 50 件,垄断案件 1 件,不正当竞争案件 36 件,植物新品种案件 15 件,知识产权合同案件 35 件,其他案件 30 件(主要涉及知识产权审判管理事务)。按照案件性质划分,共有行政案件 641 件,其中专利行政案件 120 件,商标行政案件 507 件,其他行政案件 14 件;民事案件 913 件;刑事请示案件 7 件;司法制裁案件 1 件。

(二)知识产权的特征

1. 无形性

知识产权的客体是人们智力劳动的成果,不具有实体性,是一种无形资产。知识产权往往依附于有形的、无形的载体(如书籍、光盘和声音等),知识产权可复制、易传播,这给知识产权的保护带来了难度,使得权利人的权益更容易受到侵害。例如:莫言的小说需要以书籍、电子书等形式为人们所感知,而恰恰是这一特点,也使得消费者很难分辨其购买的书籍是否获得了知识产权的授予。

2. 专有性

专有性表现在:第一,独占性,即知识产权为权利人所独占,权利人垄断这种专有权利并受到严格的法律保护,没有法律规定或未经权利人许可,任何人不得使用权利人的知识产品。第二,排他性,即对同一项知识产品,不允许有两个或两个以上同一属性的知识产权并存。

3. 地域性

知识产权的获得与保护具有地域性特征。知识产权是依照一个国家或地区的法律而产生的,只能在该国或该地区内有效。在其他国家或地区的效力取决于该国或地区与知识产权的申请地国家或地区是否缔结了知识产权国际公约。如果两个国家或地区缔结了知识产权国际公约,则该知识产权在国际公约的所有成员国内按照国民待遇原则获得相应的法律保护。现在全世界很多国家和地区都在积极寻求交流与合作,其中知识产权制度方面的国际公约也在逐步出现意见趋于统一的局面。但是目前来看,很多国家由于政治关系、经济发展程度、地域等因素在知识产权等问题上还存在分歧,各种组织在参与各种交流和经济合作时,应对知识产权的地域性提起重视,从而更好地维护组织的权益。

4. 时间性

知识产权的保护是有法定期限的,仅在法定期限内有效。超过了法定期限,知识产权的相关权益将不再受到保护。这时知识产权将进入人类公共领域,促进人类科学技术的进步、文化理念的提升,成为全社会共享的智力财富。但由于知识产权的种类、申请地国家或地区的法律规定不同,知识产权的保护期限也有所不同。

二、电子商务中的知识产权

(一) 电子商务中的知识产权的定义及特征

在知识经济时代,由于计算机网络技术和数字技术的普遍应用,使人们的智能与计算机的高速运行能力汇集和融合起来,创造了新的社会生产力,产生了电子商务这种商业模式,全方位满足了人们的社会交往、购物、学习、消费、医疗等各种需要。电子商务活动中涉及最多的是知识产权问题,且在计算机网络上进行谈判、签署合同、订购商品,乃至最终取得商品的这种商务活动,已经使知识产权保护产生了新的问题。主要包括电子商务中的著作权问题、电子商务中的专利权问题、电子商务中的域名权问题等方面。

电子商务中的知识产权保护无疑已成为电子商务时代的一个严峻课题。一方面,知识产权的权利人非常关心他们的知识产权有没有被侵犯;另一方面,知识产权的受让人、使用人也迫切想要了解他们获得的知识产权是否可靠。因此电子商务中的参与者(企业、团体或个人)均应重点学习和研究电子商务环境下的知识产权保护的问题。

电子商务中的知识产权着重指网络环境下的知识产权,即网络知识产权。网络知识产权就是由数字网络发展引起的或与其相关的各种知识产权。在传统概念中,著作权包括版权和邻接权,工业产权包括专利、发明、实用新型、外观设计、商标、商号等。而网络知识产权除了传统知识产权的内涵外,又包括数据库、计算机软件、多媒体、网络域名、数字化作品以及电子版权等。因此网络环境下,知识产权概念的外延已经扩大了很多。我们在网络上经常接触的电子邮件公共利益,在电子布告栏和新闻论坛上看到的信件,网上新闻资料库,资料传输站上的电脑软件、照片、图片、音乐、动画等,都有可能作为作品受到著作权的保护。

网络信息资源量大、数字化、网络化、更新快等特征决定了网络知识产权具有与传统知识产权完全不同的特点。如传统知识产权具有专有性,而网络知识产权保护的是公开、公共的信息。传统知识产权具有地域性,而网络知识产权是无国界的,具有国际性。

(二) 电子商务环境下企业知识产权的内容

在电子商务环境下,企业的知识产权主要包括商标、域名、著作权、专利权等方面的内容。

1. 商标

商标是区别商品或服务来源的标志,使用在相同或相似种类的商品上,并且必须具有显著性,从而发挥识别商品的功能。随着多媒体与网络通信技术的成熟,电子商务的发展更需要动态商标、带有声音商标的出现。

2. 域名

域名是一种资源标志符,是因特网主机的 IP 地址,由它可以转换成特定主机在因特网中的物理地址。域名具有唯一性、易实现性、可增值性、永久性的特点。域名作为一种在 Internet 上的地址名称,在区分不同的站点用户上起着非常重要的作用。随着域名商业价值的不断增强,法律已经开始将某些知识产权的权利内容赋予域名,以保护权利人利益。

3. 著作权

所谓著作权,也称作者权、版权,是基于特定作品的精神权利以及全面支配该作品并享受其利益的经济权利的合称。在信息时代,计算机软件、数据库、多媒体技术给版权的客体带来了新的内容。目前,世界上已经建立了一个比较全面的版权保护法律体系。将计算机软件纳入版权保护中,给软件提供更加及时和完善的保护。

4. 专利权

专利权指的是一种法律认定的权利。它是指对于公开的发明创造所享有的一定期限内的独占权。电子商务的发展使得很多技术都成为专利的新客体,包括计算机程序、通讯协定、密码技术、电子销售系统等。此外,资料的处理和检索技术、界面的设计等都可以成为申请专利的客体。

相关案例

苹果在华又陷苹果商店下载侵权风波

2013 年 3 月 28 日,北京市第二中级人民法院宣布已受理上海美术电影制片厂(以下简称上海美影厂)起诉美国苹果公司、苹果电子产品商贸(北京)有限公司擅自在其经营的应用商店(App Store)侵犯网络传播权一案。上海美影厂认为两公司未经许可,将自己享有著作权的《葫芦兄弟》等 110 部作品提供给用户下载并牟利,使自己造成巨大经济损失,要求苹果停止侵权并赔偿 330 万元。

上海美影厂起诉称,该制片厂拥有其拍摄的《葫芦兄弟》、《黑猫警长》等多部动画片及木偶剧片的著作权,但其在 2012 年 7 月发现,苹果在其经营的应用商店在线销售并为 iPhone、iPad 用户提供下载该制片厂拍摄的作品。上海美影厂认为,两公司未经许可,将自己享有著作权的涉案作品通过网络向社会公众提供下载并获取经济利益的行为侵害了自己对作品所享有的信息网络传播权,请求判令苹果公司、苹果电子产品商贸(北京)有限公司停止侵权并赔偿各项经济损失共计 330 万元。

(三) 电子商务中知识产权侵权的常见形式

① 未经许可上传他人作品,包括文字作品、图片作品、音乐作品、影视作品等。

② 以商业为目的将他人的网站内容链接到自己的页面下,当作自己网站运营,或者以商业为目的,侵入他人服务器,非法占用和使用他人网络资源。

③ 以商业为目的,劫持他人网络信息,阻塞他人服务器的正常运行。

④ 为竞争用户,抢占网络资源,以不正当竞争的手段干扰、屏蔽或封锁他人的同类软件。

⑤ 恶意软件(又称流氓软件)。恶意软件是构建在使用频率比较高的网站上,以强制安装、难以卸载、强行弹出广告、劫持信息、恶意收集用户信息等损害他人利益为表现形式的软件,其特点是在小流量网站上存放、在大流量网站上搭便车。

⑥ 域名抢注,又称恶意注册和使用域名,是指注册人将他人的注册商标、企业名称、商号等抢先注册为自己域名的行为。

⑦ 网络插件、软件后门、网络游戏软件中的私服、外挂纠纷。

⑧ 搜索引擎中排名顺序纠纷。

第二节　域名权的法律保护

一、域名及域名权的内涵

(一) 域名的概述

1. 域名的定义

域名是指在计算机网络中,因特网协议(IP 协议)专门设计的一种字符型的层次型名字管理机制来标识主机、信箱和用户的命名机制,是与 IP 地址相对应的一种名称。IP 地址通常用四组十进制数表达,不利于记忆。因此,IP 协议专门设立了一种字符型的名字管理机制,用来标识主机、信箱和用户,这就是域名系统。域名系统的命名机制就叫做域名。

以一个常见的域名为例说明,"www. baidu. com"网址由两部分组成,标号"baidu"是这个域名的主体,最后的标号"com"是该域名的后缀,代表这是一个 com 国际域名,是顶级域名。前面的 www. 是网络名,为 www 的域名。

2. 域名的特征

域名起初并没有经济价值,只是互联网上的计算机代号,但发展至今已经超出了最初设计时的意义。这是因为域名具有这样三个特征。

(1) 标识性

域名的使用是全球范围的,没有传统的严格地域性的限制。从时间性的角度看,域名一经获得即可永久使用,并且无须定期续展。

(2) 唯一性

为了保证域名标志作用的发挥,域名必须在全球范围内具有唯一性。

(3) 排他性

在因特网上使用域名必须先申请注册,一旦获得注册,它就必须排斥此后欲申请注册与此相同的域名。

域名的价值是随着注册企业的增多逐步为人们所重视。21 世纪,域名已经成为企业参与国际市场竞争的重要手段,不仅代表着企业在网络上独有的位置,而且也是企业产品、服务范围、形象、信誉等的综合体现,是企业无形资产的一部分。

【法规概要】

《互联网域名管理办法》

为了规范互联网域名服务,保护用户合法权益,保障互联网域名系统安全、可靠运行,推动中文域名和国家顶级域名的发展和应用,促进中国互联网健康发展,根据《中华人民共和国行政许可法》、《国务院对确需保留的行政审批项目设定行政许可的决定》等规定,参照国际上互联网域名管理准则,工业和信息化部制定了《互联网域名管理办法》,于 2017 年 8 月 24 日以工信部令第 43 号公布,自 2017 年 11 月 1 日起施行,共六章五十八条。主要内容如下:第一章,总则;第二章,域名管理;第三章,域名服务;第四章,监督检查;第五章,罚则;第六章,附则。

▶ (二) 域名的类型

目前广泛使用的域名及域名系统为英文域名系统,此系统为树状结构。域名可分为不同级别,包括顶级域名、二级域名等。

1. 顶级域名

顶级域名分为两类:

一是国家顶级域名(national top-level domain names,简称 nTLDs),世界上 200 多个国家都按照 ISO3166 国家代码分配了顶级域名,例如中国是 cn、美国是 us、日本是 jp 等。

二是国际顶级域名(international top-level domain names,简称 iTLDs),例如表示工商企业的.com、表示网络提供商的.net、表示非营利组织的.org 等。因为多数公司上网的目的都是为了赢利,所以大多数域名争议都发生在.com 的顶级域名下。为加强域名管理,解决域名资源的紧张,Internet 协会、Internet 分支机构及世界知识产权组织(WIPO)等国际组织经过广泛协商,在原来三个国际通用顶级域名(com、net、org)的基础上,新增加了 7 个国际通用顶级域名:firm(公司企业)、store(销售公司或企业)、Web(突出 WWW 活动的单位)、arts(突出文化、娱乐活动的单位)、rec(突出消遣、娱乐活动的单位)、info(提供信息服务的单位)、nom(个人),并在世界范围内选择新的注册机构来受理域名注册申请。

2. 二级域名

二级域名是指顶级域名之下的域名,在国际顶级域名下,它是指域名注册人的网上名称,例如 ibm、yahoo、microsoft 等;在国家顶级域名下,它是表示注册企业类别的符号,例如 com、edu、gov、net 等。

中国在国际互联网络信息中心(Inter NIC)正式注册并运行的顶级域名是 CN,这也是中国的一级域名。在顶级域名之下,中国的二级域名又分为类别域名和行政区域名两类。类别域名共 6 个,包括用于科研机构的 ac;用于工商金融企业的 com;用于教育机构的 edu;用于政府部门的 gov;用于互联网络信息中心和运行中心的 net;用于非营利组织的 org。而行政区域名有 34 个,分别对应于中国各省、自治区和直辖市。

3. 三级域名

三级域名由字母(A—Z、a—z、大小写等)、数字(0～9)和连接符(-)组成,各级域名之间用实点(.)连接,三级域名的长度不能超过20个字符。如无特殊原因,建议采用申请人的英文名(或者缩写)或者汉语拼音名(或者缩写)作为三级域名,以保持域名的清晰性和简洁性。

相关知识

世界上第一个注册的域名是在1985年1月注册的。域名最早于1983年由保罗·莫卡派乔斯(Paul Mockapetris)发明;原始的技术规范在882号因特网标准草案(RFC882)中发布。1987年发布的第1034号和1035号草案修正了域名技术规范,并废除了之前的第882号和883号草案。在此之后对因特网标准草案的修改基本上没有涉及域名技术规范部分的改动。在世界各地每处域名注册服务机构每一个域名的注册都是独一无二、不可重复的,所以,在网络上域名是一种相对有限的资源。2014年8月6日,国际顶级中文域名"网址"正式全球开放注册。

》》二、域名权的概述

1. 域名权的定义

域名权是指企业经过向 INTERNET(英特尔)公司申请,经审核批准交纳一定的注册费用后而取得的在因特网唯一网址上发布各种各样的产品信息、广告和从事贸易并接受所需信息的一项权利。根据域名权的定义和内容,企业域名权具有无形资产的特征。

可以说,域名不是简单的标识性符号,而是企业商誉的凝结和知名度的表彰,域名的使用对企业来说具有丰富的内涵,远非简单的"标识"二字可以穷尽。因此,不论学术界还是实务部门,大都倾向于将域名视为企业知识产权客体的一种。而且,从世界范围来看,尽管各国立法尚未把域名作为专有权加以保护,但国际域名协调制度是通过世界知识产权组织来制定的,这足以说明人们已经把域名看做知识产权的一部分。

2. 域名权的取得及价值计量

企业取得域名权有四种方式:自制申请、外购、接受捐赠、接受投资。其中外购又可分为现金购入和非现金购入。

(1)企业自创并申请依法取得域名权。如果申请注册费相对低廉时,一般不对其资本化入账,而是在发生支付时直接计入当期损益;如果取得域名权支付的申请注册费、聘请律师费及其他支出相对较大时,则对发生的支出予以资本化。

(2)外购域名权。以现金购入域名权时,其成本包括实价和有关部门收取的相关费用;以非现金购入域名权时,企业以自有资产换取的域名权成本,应根据换出资本的公允价值加上(减去)另外支付(收到)的金额确定。

(3)企业接受捐赠取得域名权。企业接受捐赠取得的域名权,应根据其公允价值确定其成本,记入"资本公积"。

(4)企业接受投资取得域名权。其他单位作为资本或合作条件投入的域名权,应根据合同、协议约定或评估确认的金额入账。

三、域名注册机构的法律法规

域名注册服务机构,是指依法获得许可、受理域名注册申请并完成域名在顶级域名数据库中注册的机构。按照国家有关法律法规、《互联网域名管理办法》的规定,在我国境内从事域名注册服务机构必须具备规定的条件,并申请且经工业和信息化部或者省、自治区、直辖市通信管理局(统称"电信管理机构")的许可。未经许可擅自设立域名注册服务机构的,电信管理机构应当根据《中华人民共和国行政许可法》第八十一条的规定,采取措施予以制止,并视情节轻重,予以警告或者处1万元以上3万元以下罚款。

1. 具备的条件

《互联网域名管理办法》第十二条规定,申请设立域名注册服务机构的,应当具备以下条件。

第一,在境内设置域名注册服务系统、注册数据库和相应的域名解析系统;

第二,依法设立的法人,该法人及其主要出资者、主要经营管理人员具有良好的信用记录;

第三,具有与从事域名注册服务相适应的场地、资金和专业人员,以及符合电信管理机构要求的信息管理系统;

第四,具有进行真实身份信息核验和用户个人信息保护的能力、提供长期服务的能力及健全的服务退出机制;

第五,具有健全的域名注册服务管理制度和对域名注册代理机构的监督机制;

第六,具有健全的网络与信息安全保障措施,包括管理人员、网络与信息安全管理制度、应急处置预案和相关技术、管理措施等;

第七,法律、行政法规规定的其他条件。

2. 申请许可

(1)申请

申请设立域名注册服务机构的,应当向住所地省、自治区、直辖市通信管理局提交申请材料。申请材料应当包括:第一,申请单位的基本情况及其法定代表人签署的依法诚信经营承诺书;第二,对域名服务实施有效管理的证明材料,包括相关系统及场所、服务能力的证明材料、管理制度、与其他机构签订的协议等;第三,网络与信息安全保障制度及措施;第四,证明申请单位信誉的材料。

（2）受理

申请材料齐全、符合法定形式的，电信管理机构应当向申请单位出具受理申请通知书；申请材料不齐全或者不符合法定形式的，电信管理机构应当场或者在5个工作日内一次性书面告知申请单位需要补正的全部内容；不予受理的，应当出具不予受理通知书并说明理由。

（3）批准许可

电信管理机构应当自受理之日起20个工作日内完成审查，做出予以许可或者不予许可的决定；20个工作日内未能作出决定的，经电信管理机构负责人批准，可以延长10个工作日，并将延长期限的理由告知申请单位。需要组织专家论证的，论证时间不计入审查期限。予以许可的，应当颁发相应的许可文件；不予许可的，应当书面通知申请单位并说明理由。域名注册服务机构的许可有效期为5年。

为未经许可的域名注册管理机构提供域名注册服务，或者通过未经许可的域名注册服务机构开展域名注册服务的，以及未按照许可的域名注册服务项目提供服务的，由电信管理机构依据职权责令限期改正，并视情节轻重，处1万元以上3万元以下罚款，向社会公告。

（4）域名注册服务

域名注册服务机构应当向用户提供安全、方便、稳定的服务。在注册服务前，应当根据工业和信息化部《互联网域名管理办法》的规定制定域名注册实施细则并向社会公开。应当按照电信管理机构许可的域名注册服务项目提供服务，不得为未经电信管理机构许可的域名注册管理机构提供域名注册服务。

（5）变更和终止服务

域名注册服务机构的名称、住所、法定代表人等信息发生变更的，应当自变更之日起20日内向原发证机关办理变更手续。

在许可有效期内，域名注册服务机构拟终止相关服务的，应当提前30日书面通知用户，提出可行的善后处理方案，并向原发证机关提交书面申请。原发证机关收到申请后，应当向社会公示30日。公示期结束60日内，原发证机关应当完成审查并做出决定。

》 四、域名注册和注销的法律法规

按照国家有关法律法规、工业和信息化部《互联网域名管理办法》的规定，自然人、法人和其他组织申请、注册和注销域名，应注意以下几点。

1. 原则

域名注册服务原则上实行"先申请先注册"，相应域名注册实施细则另有规定的，从其规定。域名注册服务机构不得采用欺诈、胁迫等不正当手段要求他人注册域名。

2. 域名注册时不得包含的内容

《互联网域名管理办法》第二十八条规定，任何组织或个人注册、使用的域名中，不得含有下列内容。

第一,反对宪法所确定的基本原则的;

第二,危害国家安全,泄露国家秘密,颠覆国家政权,破坏国家统一的;

第三,损害国家荣誉和利益的;

第四,煽动民族仇恨、民族歧视,破坏民族团结的;

第五,破坏国家宗教政策,宣扬邪教和封建迷信的;

第六,散布谣言,扰乱社会秩序,破坏社会稳定的;

第七,散布淫秽、色情、赌博、暴力、凶杀、恐怖或者教唆犯罪的;

第八,侮辱或者诽谤他人,侵害他人合法权益的;

第九,含有法律、行政法规禁止的其他内容的。

域名注册管理机构、域名注册服务机构不得为含有前款所列内容的域名提供服务。任何组织或者个人违反以上规定注册、使用域名,构成犯罪的,依法追究刑事责任;尚不构成犯罪的,由有关部门依法予以处罚。

3. 提供真实准确完整的信息

域名注册服务机构提供域名注册服务,应当要求域名注册申请者提供域名持有者真实、准确、完整的身份信息等域名注册信息。域名注册管理机构和域名注册服务机构应当对域名注册信息的真实性、完整性进行核验。域名注册申请者提供的域名注册信息不准确、不完整的,域名注册服务机构应当要求其予以补正。申请者不补正或者提供不真实的域名注册信息的,域名注册服务机构不得为其提供域名注册服务。

域名注册服务机构未对域名注册信息的真实性、完整性进行核验的,由电信管理机构依据职权责令限期改正,并视情节轻重,处 1 万元以上 3 万元以下罚款,向社会公告。

4. 信息公开和保护

域名注册服务机构应当公布域名注册服务的内容、时限、费用,保证服务质量,提供域名注册信息的公共查询服务。域名注册服务机构应当依法存储、保护用户个人信息。未经用户同意不得将用户个人信息提供给他人,但法律、行政法规另有规定的除外。

5. 域名注册变更

域名持有者的联系方式等信息发生变更的,应当在变更后 30 日内向域名注册服务机构办理域名注册信息变更手续。域名持有者将域名转让给他人的,受让人应当遵守域名注册的相关要求。域名持有者有权选择、变更域名注册服务机构。变更域名注册服务机构的,原域名注册服务机构应当配合域名持有者转移其域名注册相关信息。无正当理由的,域名注册服务机构不得阻止域名持有者变更域名注册服务机构。电信管理机构依法要求停止解析的域名,不得变更域名注册服务机构。

6. 应急处理

域名注册服务机构应当遵守国家相关法律、法规和标准,落实网络与信息安全保障措施,配置必要的网络通信应急设备,建立健全网络与信息安全监测技术手段和应急制度。域名系统出现网络与信息安全事件时,应当在 24 小时内向电信管理机构报告。因国家安全和处置紧急事件的需要,域名根服务器运行机构、域名注册管理机构和域名注册服务机构应当服从电信管理机构的统一指挥与协调,遵守电信管理机构的管理要求。

7. 域名注销

《互联网域名管理办法》第四十三条规定,已注册的域名有下列情形之一的,域名注册服务机构应当予以注销,并通知域名持有者:第一,域名持有者申请注销域名的;第二,域名持有者提交虚假域名注册信息的;第三,依据人民法院的判决、域名争议解决机构的裁决,应当注销的;第四,法律、行政法规规定予以注销的其他情形。

五、域名纠纷的法律法规

在我国境内发生域名纠纷的解决方法有仲裁和司法两种,既可以向域名争议解决机构申请裁决,也可依法向人民法院提起诉讼。《互联网域名管理办法》第四十二条规定,任何组织或者个人认为他人注册或者使用的域名侵害其合法权益的,可以向域名争议解决机构申请裁决或者依法向人民法院提起诉讼。

根据最高人民法院《关于审理涉及计算机网络域名民事纠纷案件适用法律若干问题的解释》,关于域名的侵权纠纷案件的司法内容主要如下。

1. 管辖

一般在域名的侵权行为地,或被告住所地的中级人民法院管辖。涉及域名的侵权纠纷案件,由侵权行为地或者被告住所地的中级人民法院管辖。对难以确定侵权行为地和被告住所地的,原告发现该域名的计算机终端等设备所在地可以视为侵权行为地。但是,涉外域名纠纷案件包括当事人一方或者双方是外国人、无国籍人、外国企业或组织、国际组织,或者域名注册地在外国的域名纠纷案件。在中华人民共和国领域内发生的涉外域名纠纷案件,依照民事诉讼法第四编的规定确定管辖。

2. 注册、使用域名侵权或不正当竞争

人民法院审理域名纠纷案件,对符合以下各项条件的,应当认定被告注册、使用域名等行为构成侵权或者不正当竞争:第一,原告请求保护的民事权益合法有效;第二,被告域名或其主要部分构成对原告驰名商标的复制、模仿、翻译或音译;或者与原告的注册商标、域名等相同或近似,足以造成相关公众的误认;第三,被告对该域名或其主要部分不享有权益,也无注册、使用该域名的正当理由;第四,被告对该域名的注册、使用具有恶意。

3. 域名的注册、使用具有恶意

被告的行为被证明具有下列情形之一的,人民法院应当认定其具有恶意。

第一,为商业目的将他人驰名商标注册为域名的;

第二,为商业目的注册、使用与原告的注册商标、域名等相同或近似的域名,故意造成与原告提供的产品、服务或者原告网站的混淆,误导网络用户访问其网站或其他在线站点的;

第三,曾要约高价出售、出租或者以其他方式转让该域名获取不正当利

益的;

第四,注册域名后自己并不使用也未准备使用,而有意阻止权利人注册该域名的;

第五,具有其他恶意情形的。

被告举证证明在纠纷发生前其所持有的域名已经获得一定的知名度,且能与原告的注册商标、域名等相区别,或者具有其他情形足以证明其不具有恶意的,人民法院可以不认定被告具有恶意。

4. 法律责任

人民法院认定域名注册、使用等行为构成侵权或者不正当竞争的,可以判令被告停止侵权、注销域名,或者依原告的请求判令由原告注册使用该域名;给权利人造成实际损害的,可以判令被告赔偿损失。

人民法院在审理域名纠纷案件中,对符合使用域名等行为构成侵权或者不正当竞争的规定的情形的,依照有关法律规定构成侵权的,应当适用相应的法律规定;构成无正当竞争的、涉外域名纠纷案件,可以适用《民法典》《反不正当竞争法》的规定。

人民法院认定域名注册、使用等行为构成侵权或者不正当竞争的,可以判令被告停止侵权、注销域名,或者依原告的请求判令由原告注册使用该域名;给权利人造成实际损害的,可以判令被告赔偿损失。

第三节 网络著作权的法律保护

网络环境下大众接触各种文学、艺术、科技等领域成果的途径越来越多,信息传递越来越迅速,随之产生的著作权侵权、维权问题也成了争议热点。著作权首先是一种知识产权,因此具有专有性的特点,与网络资源的共享性存在冲突。因此,在网络经济时代的电子商务环境下,如何保护著作权权利人的合法权益,如何使社会公众更好地利用网络共享资源,已成为大家广泛关注的课题。

》 一、网络著作权概述

20世纪90年代以来,由于国际互联网技术的发展,信息的传播得到快速发展,著作权的保护范围和内容也不断扩大和深化。随着互联网的迅速发展,传统的著作权人希望将其对传统作品的权利自然延伸到网络上,网络上的既得利益者希望网络上的权益能得到传统著作权的扩大保护。网络著作权的纠纷也随之而起,大量出现。

（一）网络著作权的概念与特征

1. 网络著作权

网络著作权也称为版权,是指著作权人对受著作权法保护的作品在网络环境下所享有的著作权权利。基于此,网络著作权包含了两层含义:第一层,相对于传统作品，指传统作品被上传至网络时著作权人所享有的权利，这里特指"信息网络传播权"。我国2001年修改的《著作权法》根据实践中产生的新问题，在第十条关于著作权的具体权利形式中增加了十多项规定，其中第十二项是关于"信息网络传播权"的规定，承认了传统著作权在网络等电子环境下所享有的受保护地位。第二层是指网上数字作品著作权人所享有的权利，如复制权、发表权、署名权、发行权等权利。

《最高人民法院关于审理涉及计算机网络著作权纠纷案件适用法律若干问题的解释》（法释〔2004〕1号）第二条规定："受著作权法保护的作品，包括著作权法第三条规定的各类作品的数字化形式。在网络环境下无法归于著作权法第三条列举的作品范围，但在文学、艺术和科学领域内具有独创性并能以某种有形形式复制的其他智力创作成果，人民法院应当予以保护。"根据这一司法解释，作品的数字化形式和新的数字化作品均受著作权法保护，任何媒体，不论是传统媒体，还是网络媒体，未经著作权人许可，也不符合法定许可的条件，擅自复制、转载、传播他人作品的，均构成侵犯著作权行为，应依法承担法律责任。

2. 网络著作权的特征

（1）法定性

法律对于相关著作权的确定晚于相关的司法实践。这是因为法律往往落后于时代的变化，从网络出现以来，知识产权领域发生了一系列重大变化，其中一个就是知识产权的法定性受到挑战。作品上网后，成为网络上的共有产品，任何人只要一根网线就可以得到该作品，而关于网络上著作权利益调整的法律，却没有及时出现。在法律确认网络著作权的地位之前，司法实践不得不援引大量以往的著作权理论。同时，网络经济与传统经济的商业方法有很多共同点，传统的著作权人可以通过传统手段对抗网络著作权的侵权行为，这就使得网络著作权的法律落后于现实。

（2）地域性

著作权的地域性是指著作权在依某国法律获得保护的那个国家地域内有效。著作权多为自动产生，并非国家授权产生，所以有人认为著作权没有地域性。传统的著作权有一定的地域性，在不同的地域使用作品要分别获得许可，传统的著作权法也没有域外效力。但是网络的出现，打破了这一规律。由于网络本身的跨国性特点，无法判断一件网络作品的著作权应当依据哪个国家的法律，应当在哪个领域内有效，因此网络著作权的地域性几乎不复存在。网络上作品的传播不受地域的限制，电子商务的拓展也使人们可以打破地域进行图书订购，利用版权的地域性对抗"平行进口"等做法受到挑战，著作权的地域性受到动摇。专家认为，网络作品著作权地域性的消失是"计算机网络的全球性与传统知识产权的地域性之间的总冲突"。

（3）专有性

著作权的专有性是指他人未经权利人同意或者法律许可，不得使用和享有该项著作权。由于著作权不排斥他人创作类似或者雷同的作品，所以相对于专利和商标而言，著作权的专有性相对较弱，但是这不等于著作权没有专有性。

作品上网即意味着可能被使用,其著作权的占有权能就几乎为零。作品上网以后,作品在具有了无形性、高效性、方便性和普及性的同时,也大大地削弱了著作权的专有性。在网络环境下,网络使用者关心的是如何获得物美价廉的作品,他们获取的版权信息并不充分,对谁是版权人,作品的使用条件并不是很清楚,他们也不是很关心。真正的版权人却难以了解自己作品的使用情况,更不用说控制作品的不合理使用了。另外数字化的拷贝不仅和原件一样完美,甚至经过特殊处理,比原件更好。这不仅为盗版产品提供了生存的空间,更使版权人的经济权利无法实现。从这方面讲,网络著作权没有了专有性。

(4) 表现性

传统的作品都有自己的表现形式,如书面文字作品、美术作品等,但是随着"网络超文本结构"的出现,文字作品、科学作品、美术作品、影视作品像集成电路一样被集中到一起,难分彼此,最终作品可能涵盖若干的作品类型,拿传统作品的分类来套用已经力不从心,如 MTV、Flash 作品等。还有学者建议增设新的作品类型。不管结果如何,总的来说网络著作权的表现形式已颠覆了传统的区分著作权类型的意义。

▶ (二) 网络著作权的类型与内容

1. 网络著作权的类型

网络著作权的权利对象有很多,我国 2002 年颁布的《著作权法实施条例》第二条将网络著作权的权利对象表述为:著作权法所称作品是指文学、艺术和科学领域内具有独创性并能以某种有形形式复制的智力成果。

智力成果在网络上表现的形式都是二进制数字编码,包括文学作品、美术作品、摄影作品、音乐作品等,这些传统著作权客体的存储和传播,在网络环境下变得更为方便、快捷,同时也给这些权利的保护带来了困难。此外,由于信息技术的发展,著作权类型又有了新的拓展,如计算机软件、多媒体、数据库和网络文学著作权等。2001 年 10 月 27 日,全国人大常委会通过了修改后的著作权法,将作品网络传播纳入其修改的主要范围,弥补了网络著作权的空白,为网络作品的保护提供了法律依据。

2. 网络著作权的内容

(1) 发表权,即决定作品是否公之于众的权利;

(2) 署名权,即表明作者身份,在作品上署名的权利;

(3) 修改权,即修改或者授权他人修改作品的权利;

(4) 保护作品完整权,即保护作品不受歪曲、篡改的权利;

(5) 复制权,即以印刷、复印、拓印、录音、录像、翻录、翻拍等方式将作品制作一份或者多份的权利;

(6) 发行权,即以出售或者赠与方式向公众提供作品的原件或者复制件的权利;

(7) 出租权,即有偿许可他人临时使用电影作品和以类似摄制电影的方法创

作的作品、计算机软件的权利,计算机软件不是出租的主要标的的除外;

(8) 展览权,即公开陈列美术作品、摄影作品的原件或者复制件的权利;

(9) 表演权,即公开表演作品,以及用各种手段公开播送作品的表演的权利;

(10) 放映权,即通过放映机、幻灯机等技术设备公开再现美术、摄影、电影和以类似摄制电影的方法创作的作品等的权利;

(11) 广播权,即以无线方式公开广播或者传播作品,以有线传播或者转播的方式向公众传播广播的作品,以及通过扩音器或者其他传送符号、声音、图像的类似工具向公众传播广播作品的权利;

(12) 信息网络传播权,即以有线或者无线方式向公众提供作品,使公众可以在其个人选定的时间和地点获得作品的权利;

(13) 摄制权,即以摄制电影或者以类似摄制电影的方法将作品固定在载体上的权利;

(14) 改编权,即改变作品,创作出具有独创性的新作品的权利;

(15) 翻译权,即将作品从一种语言文字转换成另一种语言文字的权利;

(16) 汇编权,即将作品或者作品的片段通过选择或者编排,汇集成新作品的权利;

(17) 应当由著作权人享有的其他权利。

▶ (三) 网络著作权侵权的类型

1. 网络服务者侵权

网络服务者分为网络服务提供者(ISP)和网络内容提供者(ICP)。网络服务提供者,又称网络联线服务者,是指提供通路以使使用者与因特网联线的从业者。网络内容提供者,是指领有网络信息服务许可证和营业执照的网络服务经营者,主要从事网络信息的提供服务,这类服务内容范围广泛,包括国内外政治、经济、交通、旅游、文化、教育、生活、娱乐及气候变化等。这是网络著作权侵权的主要形式,因为其掌握了资源发布的平台和强大的信息技术优势,形成了明显的信息不对称,因此网络服务者的侵权是最为广泛的形式。

2. 网站管理者侵权

网站管理者一般负责某个网站信息的撰写、编辑和发布,并对这个网站的内容、秩序进行管理。网站管理者对其管理的网页或网站的内容整体享有著作权。当其出于私利或是网站利益时,对其编辑或整理的作品进行强行署名、盗用剽窃或是违规使用,都构成了网络著作权的侵权行为,它主要是发生在 BBS 以及一些专题性质的网站中。

3. 网络使用者侵权

网络使用者就是互联网的终端用户,网络使用者侵权目前从技术上来说只能是自然人使用并侵权,但从法律角度看,承担侵权责任时被告还有可能是法人、其他单位或组织等。互联网的使用者是一个庞大的群体,根据世界金融服务商摩根士丹利的一份研究报告显示,2013 年全球移动互联网用户规模接近 24

亿。也就是说每时每刻都有大量的网络用户在网上冲浪。网络用户的一些个人行为势必会侵犯网络著作权。如故意规避或破坏著作权人在其作品上采取的技术防范措施;出于营利目的将 MP3 或网上电影下载并制作成盗版光盘等等。

值得一提的是,近年来迅速流行的 P2P 技术成为这一问题的争论焦点。P2P 软件是基于互联网环境的一种新的应用技术软件,通过应用这种软件所形成的网络让信息的存储、流通、分散等都摆脱了传统的 GS 或者 B/S 模式,这种"非中心化"让终端用户获得了积极参与网络活动的动力。因此,P2P 软件使网络信息分散化,同时,相同特性的 P2P 设备可以构成存在于互联网这张大网中的子网,使信息以一种新的方式再次集中。可以说它是网络"共享"精神的产物和传播者。在 P2P 网络上,最有争议的是终端用户通过 P2P 网络平台对等交换版权作品。

相关知识

例如,某甲通过点对点下载软件,从某乙硬盘上下载了版权作品,供自己欣赏,其行为是否属于合理使用呢?从我国《著作权法》来看,该行为似乎属于"为个人学习、研究或者欣赏,使用他人已经发表的作品"的合理使用行为,当前的司法实践的确也是这么认定的。一般认为甲的行为是合理使用而免责,但乙的行为侵犯了版权人的网络传播权。结合当前网络运行的实际情况,匿名在线上传、上传至公共网络上存储或者将版权作品上传至国外服务器,都可能导致版权人很难实现对受损权益的法律救济。对此,有必要对互联网环境下的"合理使用"行为进行必要的界定。

二、网络著作权的法律保护

(一) 电子商务中的著作权保护问题

目前,我国对于网络著作权的保护主要集中在对计算机软件、多媒体、数据库、网络作品等的保护,没有一个完善的法律保护制度。与传统的著作权法相比,电子商务环境下,著作权法的主体和客体都有了一些新的变化,因此,著作权法修改完善的方向也必然向电子商务环境中适用的著作权法发展。

1. 计算机软件

我国 1990 年颁布的《著作权法》规定,计算机软件是受法律保护的作品形式之一。2002 年,我国颁布了《计算机软件保护条例》,对软件实施著作权法律保护作了具体规定。

(1) 保护对象

计算机软件,无论是系统软件还是应用软件均受法律保护。一项软件包括计算机程序及其相关文档。计算机程序指代码化指令序列,或者可被自动转换成代码化指令序列的符号化指令序列或者符号化语句序列。无论是程序的目标代码还是源代码均受法规保护。计算机文档则是指用自然语言或者形式化语言所编写的文字资料和图表,用来描述程序的内容、组成、设计、功能规格、开发情况、测试结果及使用方法,如程序设计说明书、流程图、用户手册等。软件受保护的必要条件是:必须由开发者独立开发,并已固定在某种有形物体(如磁带、胶片等)上。著作权法规所保护的是作品中构思的表现,至于作品中的构思本身则不是该法规的保护对象,对软件的著作权保护不能扩大到开发软件所用的思想、概念、发现、原理、算法、处理过程和运行方法等。

(2) 权利内容

软件著作权人的权利通常包含下列内容:①发表权,即决定软件是否公之于众的权利。②开发者身份权,即表明开发者身份的权利以及在软件上署名的权利。③使用权,即在不损害社会公共利益的前提下,以复制、展示、发行、修改、翻译、注释等方式使用软件的权利。其中的"翻译"是对软件文档所用的自然语言的语种间的翻译。④使用许可权和获得报酬权,即许可他人以上述方式使用其软件的权利和由此获得报酬的权利。⑤转让权,即向他人转让上述使用权和使用许可权的权利。

(3) 对软件著作权的限制

我国对软件著作权的限制主要是:①自然人的软件著作权,保护期为自然人终生及其死亡后 50 年,截止于自然人死亡后第 50 年的 12 月 31 日;软件是合作开发的,截止于最后死亡的自然人死亡后第 50 年的 12 月 31 日。法人或者其他组织的软件著作权,保护期为 50 年,截止于软件首次发表后第 50 年的 12 月 31 日,但软件自开发完成之日起 50 年内未发表的,不再受《计算机软件保护条例》保护。对软件的开发者身份权的保护不受时间限制。②在保护期内,因课堂教学、科学研究、国家机关执行公务等非商业性目的的需要对软件进行少量复制,可以不经软件著作权人同意,不向其支付报酬。③在保护期内,国务院有关主管部门和省、自治区、直辖市人民政府对本系统内或者所管辖的全民所有制单位的、由上级单位或者政府部门下达任务开发的,对于国家利益和公共利益具有重大意义的软件,有权决定指定的单位使用,并由使用单位按照国家有关规定支付使用费。④合法持有软件复制品的单位、公民,在未经该软件著作权人同意的情况下,可以:根据使用的需要把该软件装入计算机内;为了存档而制作备份复制品;为了把该软件用于实际的计算机应用环境或者改进其功能性能而进行必要的修改。

(4) 软件著作权的归属

软件著作权的享有者即软件著作权人可以有两类,即原始的著作权人和后继的著作权人。原始著作权人是软件开发完成时的权利享有者,后继著作权人是从原始著作权人处依法继承或受让软件著作权的单位或公民。

(5) 软件著作权保护的方式

为促进我国软件产业发展,增强我国信息产业的创新能力和竞争能力,国家著作权行政管理部门鼓励软件登记,并对登记的软件予以重点保护。计算机软件著作权登记证书是软件著作权有效或登记申请文件所述事实的初步证明。

我国借鉴国际先进管理经验,实行计算机软件著作权登记制度。

① 软件著作权登记申请人通过登记、通过登记机构的定期公告,可以向社会宣传自己的产品。

② 在发生软件著作权争议时,软件著作权登记证书是主张软件权利的有力武器,同时是向人民法院提起诉讼,请求司法保护的前提。

③ 在进行软件版权贸易时,软件著作权登记证书作为权利证明,有利于交易的顺利完成。同时,国家权威部门的认证将使软件作品的价值倍增。

④ 合法地在我国境内经营或者销售该软件产品,并可以出版发行。

⑤ 申请人可享受产业政策所规定的有关鼓励政策。

相关知识

汉王状告某教育局侵权案

2005 年 12 月,北京汉王科技公司诉江苏省常州市武进区教育局侵犯计算机软件著作权一案在北京市海淀区人民法院一审宣判。法院认定后者侵犯了前者的计算机软件著作权,判其赔偿前者 50 万元。

2003 年,汉王研制出"多字体大字符集汉字、表格识别方法与系统软件V4.5"(简称汉王文本王),并进行了软件著作权登记。此后,汉王公司将此软件与硬件相结合,研制出"汉王文本王 5300"、"汉王文本王 5800"等产品并上市销售。

据介绍,2005 年 6 月,汉王法务部工作人员登录了 www.wjedu.cn 网站,该网站首页上显示该网权利信息为"常州市武进区教育局主办、武进区教育局电教中心技术维护",并在该网站上发现有"今日下载 top10"、"本周下载top10"等栏目,其中"汉王文本王"等软件赫然在下载之列。据此,汉王公司向海淀区法院起诉武进区教育局侵犯了汉王公司的著作权,请求法院判令被告立即停止在其网站传播该公司软件,并赔偿损失 240 万元,损失赔偿应计算到侵权行为结束为止。法院经审理作出上述一审判决。

2. 多媒体

多媒体是指使用数字技术对声音、文字、图形、图像、动画与视频等的综合处理,通过人机交互方式,将多种信息以声、文、图的方式传递给受众的信息传播载体。

(1)多媒体制作过程涉及的著作权保护问题

多媒体的制作需要多方面的素材,包括图片、声音、文字、视频等,这些素材多为他人的智力劳动结晶,受著作权法律保护。同时,很多学者认为,著作权法中完善对多媒体的著作权保护的法律制度,可能在一定程度上会限制多媒体技术的发展。

对于多媒体出现给现有著作权制度所带来的最紧迫的问题,一些国家是通过建立民间的著作权管理集体,统一代表著作权人同多媒体著作者洽谈著作权使用许可事宜的方式来解决,如我国的中国音乐著作权协会等。

(2) 多媒体作品的类型归属

对于多媒体作品的归属,理论界没有一个统一的定论。有人主张将其归属于某一类著作权,进入著作权保护体系,但又不能确定多媒体归属哪一作品类别。是归于计算机程序,还是归于视听作品,或者单独列为一类?很多学者认为不能仓促地去界定,数字技术的日新月异可能会为多媒体带来新的发展方向。

3. 数据库

数据库(Database)是按照数据结构来组织、存储和管理数据的仓库。电子商务活动离不开数据库的支持,数据库的法律保护问题正随着电子商务和信息技术的高速发展变得日趋重要。

《世界知识产权组织版权条约》规定:"数据或其他资料汇编,不论用任何形式,只要由于其内容的选择或编排构成智力创作,其本身即受保护。"也就是说,凡受著作权法保护的数据库,只要在组成材料的选择或编排上具有独创性,就可受到著作权法的保护。

我国著作权法第十四条规定:"汇编若干作品、作品的片段或者不构成作品的数据或者其他材料,对其内容的选择或者编排体现独创性的作品,为汇编作品,其著作权由汇编人享有,但行使著作权时,不得侵犯原作品的著作权。"由于数据库是按照特定的顺序或方法排列,并具有相互联系的数据信息的集合体,离开组成数据库的信息材料,就无法形成数据库,因此数据库的权利人制作数据库时要经信息材料的著作权人同意。

(1) 数据库著作权保护不延及数据库的内容。著作权法对数据库保护的是对其内容的选择或者编排体现独创性的表达,而不是它所选择或编排的内容。因此,数据库著作权保护不延及数据库的内容。

(2) 数据库著作权保护不延及操作数据库的计算机程序。数据库和操作数据库的计算机程序是两个独立的著作权保护对象。对数据库中信息的具体安排、检索都由数据库应用程序进行,提供创造性的安排、检索功能的程序本身具有独立的著作权。

(3) 数据库的著作权保护范围已扩大到包括以非著作权材料为内容的所有的数据库。我国著作权法第十四条明确将数据库的著作权保护范围扩大到包括以"不构成作品的数据或者其他材料"为内容的所有的数据库。

4. 网络作品

随着互联网对人们工作、生活等领域的渗透,网络上出现了越来越多的原创作品,通过互联网、移动通信网等各种有线和无线方式传播,例如网络歌曲、网络文学、网络视听作品等。这些作品具有原创性,是创作人的智力劳动成果,应受著作权相关法律的保护。

我国《刑法》第二百一十七条规定:以营利为目的,有下列侵犯著作权情形之一,违法所得数额较大或者有其他严重情节的,处三年以下有期徒刑或者拘役,

并处或者单处罚金;违法所得数额巨大或者有其他特别严重情节的,处三年以上七年以下有期徒刑,并处罚金:

(1)未经著作权人许可,复制发行其文字作品、音乐、电影、电视、录像作品、计算机软件及其他作品的;

(2)出版他人享有专有出版权的图书的;

(3)未经录音录像制作者许可,复制发行其制作的录音录像的;

(4)制作、出售假冒他人署名的美术作品的。

2011年1月,最高人民法院、最高人民检察院及公安部联合发布的《关于办理侵犯知识产权刑事案件适用法律若干问题的意见》(以下简称《意见》)的规定中,关于侵犯著作权犯罪案件如何"以营利为目的"作出了认定。

除销售外,具有下列情形之一的,可以认定为"以营利为目的":

(1)以在他人作品中刊登收费广告、捆绑第三方作品等方式直接或者间接收取费用的;

(2)通过信息网络传播他人作品,或者利用他人上传的侵权作品,在网站或者网页上提供刊登收费广告服务,直接或者间接收取费用的;

(3)以会员制方式通过信息网络传播他人作品,收取会员注册费或者其他费用的;

(4)其他利用他人作品牟利的情形。

相关知识

网络文学作品有没有版权? 发表、转载这些作品要不要支付稿酬? 这些都是目前我国著作权法尚未明文规定的内容。上海一家文学网站"榕树下"以侵犯著作权为由将中国社会出版社告上法庭,将网络文学著作权保护问题摆到了明处。

网友揭发出版社"侵权"

"榕树下"是一家坚持"原创"特色的中文文学网站。2000年5月初,不断有网友向"榕树下"反映,一些以前在网站读过的文章被收录了一套"网络人生系列丛书"(全套共6本)。经过核实,网站发现丛书收录了多篇发表在"榕树下"的原创作品,其中涉及"榕树下"网站已获得作者书面授权的作品9篇,作者是"榕树下"营运总监、主营、兼职编辑、撰稿人共4人;另外还有"榕树下"未获作者授权的作品7篇,涉及作者5人,而他们对自己作品"出书入集"一事一无所知。

网络文学也有著作权

发现这一情况后,网站便开始与出版社方面联系。"榕树下"市场部负责人任军在接受记者采访时说:"我们先后几次与出版社接触,但沟通情况并不理想,问题的焦点在于双方对网络文学作品究竟有没有版权、受不受著作权法保护的认识分歧较大。"任军表示,目前传统媒体对网上作品的侵权行为并未引起足够的重视。像中国社会出版社出版的这套丛书,未经网站及作者授权便多处采用了"榕树下"首发的稿件,有的仅署名"佚名"。

　　"榕树下"认为,网站发表的都是网友原创的文章,同样具有著作权,出版社的做法是对原作者权利的侵犯,也是对网站编辑工作的不尊重,在交涉无法取得结果的情况下,网站决定委托律师将出版社告上法庭,索赔 10 001 元,其中 10 000 元用于支付原作者稿酬,网站自己只索赔 1 元。北京市第二中级人民法院已正式受理了此案。

资料来源:《北京青年报》

第四节　网络工业产权的法律保护

　　工业产权,是指人们依法对应用于商品生产和流通中的创造发明和显著标记等智力成果,在一定地区和期限内享有的专有权。按照《保护工业产权巴黎公约》的规定,工业产权包括发明、实用新型、外观设计、商标、服务标记、厂商名称、货源标记、原产地名称以及制止不正当竞争的权利。我国工业产权主要是指商标专用权和专利权。这里的电子商务环境下商标专用权的法律保护请参见域名权的法律保护。

》 一、传统意义上的专利权

　　专利权简称"专利",是发明创造人或其权利受让人对特定的发明创造在一定期限内依法享有的独占实施权,是知识产权的一种。因此专利权也同样具有排他性、时间性、地域性。我国于 1984 年公布《专利法》,1985 年公布该法的实施细则,对有关事项作了具体规定。

　　《专利法》第二条所指的发明创造是指发明、实用新型和外观设计。其中,发明是指对产品、方法或者其改进所提出的新的技术方案。实用新型是指对产品的形状、构造或者其结合所提出的适于实用的新的技术方案。外观设计是指对产品的形状、图案或者其结合以及色彩与形状、图案的结合所作出的富有美感并适于工业应用的新设计。

　　《专利法》第十一条规定:发明和实用新型专利权被授予后,除本法另有规定的以外,任何单位或者个人未经专利权人许可,都不得实施其专利,即不得为生产经营目的制造、使用、许诺销售、销售、进口其专利产品,或者使用其专利方法以及使用、许诺销售、销售、进口依照该专利方法直接获得的产品。外观设计专利权被授予后,任何单位或者个人未经专利权人许可,都不得实施其专利,即不得为生产经营目的制造、许诺销售、销售、进口其外观设计专利产品。

　　专利是人类智慧的结晶,代表着人类生产力技术的更新与进步,并且专利的产生是建立在前人生产技术和理念的基础之上的,因此,专利一经产生,获得的不是终身的权利,是有时间性的。《专利法》第四十一条规定,发明专利权的期限为二十年,实用新型专利权和外观设计专利权的期限为十年,均自申请日起计算。专利到期之日,专利权人有义务向公众公开其技术、方法和模式等,为人类科学技术的发展贡献力量。

二、电子商务专利权

随着网络知识经济时代的到来,原有的电脑公司以及一些传统的商业企业纷纷转向了商机无限的互联网,同时也产生了许多新兴的互联网公司。这些公司的高速成长不再仅仅是依靠硬件和软件系统,而在于其不断创新的商业方法。因此,这些公司希望其商业方法能受到《专利法》的保护,以免被其他公司模仿。2009 年以来,B2B 网站 eBay 卷入一些重大专利纠纷,如 Actus 诉 eBay、Amazon、花旗集团、苹果等 15 家公司专利侵权案;计算机澄明公司诉 eBay、波音公司、爱普生美国公司等 44 家企业专利侵权案;PartsRiver 公司诉 eBay、雅虎、微软等 5 家公司专利侵权案等。这些侵权案例使得电子商务专利立法的完善迫在眉睫。

电子商务中可获得专利权的客体为:

(一)电子商务技术。电子商务技术的种类很多,主要包括:计算机基础技术、通信基础技术、数据处理基础技术以及经营系统、基础结构技术等。这些技术领域的专利都是通过一定的载体来获取专利权的,其特性可参见传统专利权的特点,权利的保护亦可参见传统专利权保护的依据。

(二)商业方法系统。商业方法就是从事商业经营的方法,包括提供商品及服务的方法、市场营销方法、交易方法和产品的利用方法等,商业方法被授予专利权之后我们就称之为商业方法专利。商业方法专利的应用主要分布在客户端和网络服务器端的应用层。商业方法目前在一些国家的法律体系中有相应立法给予保护,但一直是国际上争议的热点课题。

三、电子商务商业方法的法律保护

现阶段,我国专利保护最权威最系统的法律为《专利法》,其中关于商业方法专利的保护没有给出明确规定。但是多数商业方法被认为是《专利法》和《审查指南》(2006 版、2010 版)第二十五条所排除的"智力活动的规则和方法",不具有可专利性。但是在我国与商业方法专利有关的专利分类大多集中于 IPC 分类号 G06F17/60、H04L9/00L 和 G06F17/30 等分类中。迄今为止美国花旗银行、JP 摩根大通银行、美国城市集团发展中心有限公司在我国提出了大量的涉及商业方法的专利申请。

【活动项目设计】

反不正当竞争法案例之"宝洁"域名纠纷案

案例背景:原告杜邦公司因与被告北京国网信息有限责任公司(以下简称国网公司)发生网络域名商标侵权及不正当竞争纠纷,向北京市第一中级人民法院提起诉讼。

原告诉称:我公司是有 200 年历史的企业,目前是世界 500 家最大企业之一,与中国早有贸易往来。我公司注册使用的椭圆字体"DU PONT"商标,虽未经行政程序认定为驰名商标,但由于我公司的优质产品和高质量服务,早已使该商标在事实上成为驰名商标,应获得全方位的、在不同商品和服务上的跨类保护,其中包括在计算机网络域名方面的保护。被告作为一家信息公司和域名服务商,明知使用他人企业名称或商标名称注册域名是不正当的,仍擅自使用我公司的商标名称注册域名,而且在我公司一再要求下还执意将该域名据为己有。我公司的客户是凭 dupont 之名确认我公司和我公司的产品。在互联网上,他们也会试图通过"dupont.com"与我公司取得联络。但当中国客户输入"dupont.com.cn"之后,只能看到空白页面。被告的行为不仅使我公司不能将"dupont.com.cn"注册成域名,还造成客户的混淆、误认,损害我公司的商誉和与客户的关系。根据《保护工业产权巴黎公约》、《中华人民共和国民法通则》、《中华人民共和国商标法》以及《中华人民共和国反不正当竞争法》的规定,被告的行为已构成商标侵权和不正当竞争。请求判令被告:一、立即撤销其在中国互联网络信息中心注册的"dupont.com.cn"域名,以停止对我公司"DU PONT"商标专用权的侵犯和不正当竞争行为;二、公开在报纸上向我公司赔礼道歉;三、负担我公司为本案诉讼支出的调查取证费 2 700 元。

问题:

1. 国网公司注册名为"dupont"的域名是否构成对杜邦公司的侵权?

2. 杜邦公司以何理由和证据来争取自己的权利?

3. 电子商务中,企业如何保护自己的商标权和域名权?

》 思考与练习

1. 什么是网络知识产权?

2. 网络知识产权有哪些特点?

3. 什么叫域名权? 域名权的法律保护有哪些依据?

4. 简述我国域名保护的原则。

5. 简述我国网络作品著作权的保护内容。

6. 什么叫电子商务专利? 电子商务中专利权客体有哪些?

08

第八章
电子商务诉讼及
纠纷解决

【本章概要】

在电子商务环境下,网络空间的全球性和不确定性,使网络行为与传统管辖之间的关系变得模糊和不确定,给传统的司法管辖权理论带来了极大的冲击和挑战。电子商务纠纷解决程序法上的主要问题,包括诉讼管辖、法律适用、电子证据、在线争议解决方式等。电子商务纠纷除了可以在原有法律救济体制内寻求解决外,业内人士还积极寻找适合电子商务或网络特点的新形式的纠纷解决方式——在线纠纷解决机制。

【学习目标】

1. 了解电子商务纠纷管辖权的确定;
2. 掌握电子纠纷法律适用的原则;
3. 理解在线争议解决方式。

【重点与难点】

重点:掌握电子商务纠纷管辖权的确定。
难点:掌握在线争议解决方式。

【关键术语】

级别管辖　冲突规范　在线争议　在线仲裁

案例导读　远程购物投诉持续多发

2018年1月29日中国消费者协会发布的《2017年全国消协组织受理投诉情况分析》报告显示,远程购物投诉持续多发。

（1）投诉的主要问题

报告显示,随着我国电子商务的迅猛发展,移动商务的普及和推广,以网络购物、电视购物、广播购物等为代表的远程购物由于其独有的便捷性和直观性,已经被广大消费者认同和接受,但同时也成为消费者投诉的多发领域。2017年全国消协组织受理销售服务类投诉69397件,同比增长78.25%。其中远程购物投诉尤为突出,占销售类服务投诉的59.31%,远程购物中的网络购物占销售服务类投诉的41.90%,比上年同期增加33.97%。在远程购物中,消费者投诉的对象主要涉及电商平台、以微商为代表的个人网络商家和电视购物等。电商平台被投诉的问题主要包括:一是商品服务、质量不合格和假冒产品问题;二是消费者个人信息泄露;三是网上支付安全难保障。

（2）案例一

贵州省大方县消费者刘先生在某团购网站看到当地某摄影楼写真照拍摄价格为398元,当即被价格所吸引并全款预订,内容包括室内、室外写真各两套。拍摄当天,经营者只给消费者拍摄了室内写真,以天气为由拒绝拍摄室外写真,消费者提出的延期拍摄的建议也遭到拒绝。于是刘先生到大方县消费者协会投诉。最终在消费者协会的调解下,经营者按当时活动所承诺内容为消费者补拍了写真。

（3）案例二

2016年9月南京市消费者王先生向江苏省消费者权益保护委员会（以下简称"江苏省消保委"）投诉,称自己于2015年8月通过某购物网站购买了某品牌折叠山地自行车一辆,价格600元。2016年6月10日,王先生在其所在小区骑车时,因车辆折叠部分链接栓脱落而摔倒,造成左手手腕粉碎性骨折,前后花费了数万元医疗费用。王先生与网店联系,要求赔偿,但网店客服一直拖延未决,后杳无音信。自行车厂家在天津,购物网站在浙江,客服人员在广州,消费者却在南京。一件网购引发的人身伤害案件牵涉到一个品牌、两家企业、三个地方,消费者在四处联系求助无果的情况下,只得向江苏省消保委投诉。

江苏省消保委接到投诉后,几经周折联系到自行车生产厂家,要求厂家积极主动处理好消费者的投诉并赔偿相关损失,厂家一开始同意退货并支付王先生医保报销范围以外的医疗费用,后来厂家又提出先进行检测再确认赔偿。江苏省消保委联系了相关检测机构,要求厂商派人员到南京共同确认其产品和检测方案,但是厂商却再也无法联系上。2017年"3·15"期间,江苏省消保委通过新闻媒体公开曝光了此事,同时再次通过购物网站等渠道要求厂商妥善解决消费者的诉求,但依然没有任何进展。江苏省消保委派出公益律师支持消费者诉讼,通过司法途径解决此投诉,最终法院判消费者胜诉。

第一节　网络环境下民事诉讼的管辖

一、传统的民事诉讼司法管辖概述

民事诉讼管辖涉及法院之间受理第一审民事案件的分工和权限。诉讼管辖是一国民事诉讼法的重要内容。不同的国家对诉讼管辖的规定因历史传统和法律渊源的不同而不同。一般来讲，传统的民事诉讼管辖根据案件是否包含涉外因素，可分为一国国内民事诉讼管辖和涉外民事诉讼管辖。上述两种管辖在适用范围和管辖权原则上都存在很大差别。下面以我国为例介绍传统司法管辖权的有关规定。

（一）国内民事诉讼管辖

我国国内民事诉讼管辖分为级别管辖和地域管辖两类。所谓级别管辖，是指各级法院之间受理第一审民事案件的分工和权限；所谓地域管辖，是指同级法院之间受理第一审民事案件的分工和权限。

1. 级别管辖

在级别管辖（Hierarchical Jurisdiction）上，《民事诉讼法》第十八条至第二十一条规定："基层人民法院管辖第一审民事案件，但本法另有规定的除外。""中级人民法院管辖下列第一审民事案件：重大涉外案件；在本辖区有重大影响的案件；最高人民法院确定由中级人民法院管辖的案件。""高级人民法院管辖在本辖区有重大影响的第一审民事案件。最高人民法院管辖下列第一审民事案件：在全国有重大影响的案件，认为应当由本院审理的案件。"

2. 地域管辖

在地域管辖（Regional Jurisdiction）上，分为一般地域管辖、特殊地域管辖、专属管辖和协议管辖四类。

（1）一般地域管辖

一般地域管辖（General Geographical Jurisdiction），是指以当事人的住所地与法院的隶属关系来确定地域管辖。根据《民事诉讼法》的规定，对公民提起的民事诉讼，由被告住所地人民法院管辖；被告住所地与经常居住地不一致的，由经常居住地人民法院管辖。对法人或者其他组织提起的民事诉讼，由被告住所地人民法院管辖。同一诉讼的几个被告住所地、经常居住地在两个以上人民法院辖区的，各辖区人民法院都有管辖权。另外，一般地域管辖还规定了以原告所在地管辖为例外的情况，如对不在中华人民共和国领域内居住的人提起的有关身份关系的诉讼；对下落不明或者宣告失踪的人提起的有关身份关系的诉讼；对被劳动教养的人提起的诉讼；对被监禁的人提起的诉讼。

（2）特殊地域管辖

特殊地域管辖（Special Geographical Jurisdiction）又称特别管辖，是指以诉讼标的所在地，法律事实所在地，以及被告住所地为标准确定的管辖。例如，因保险合同纠纷提起的诉讼，由被告住所地或者保险标的物所在地人民法院管辖等。

（3）专属管辖

专属管辖（Exclusive Jurisdiction）是指法律特别规定某些类型的案件只能由特定的法院行使管辖权的一种诉讼管辖。它是一种排他性的管辖，因为它不仅排除了一般地域管辖和特殊地域管辖的适用，而且还排除了当事人以协议的方式选择其他法院管辖的可能性。它与一般地域管辖和特殊地域管辖的关系是，凡法律规定为专属管辖的诉讼一律适用专属管辖。在我国，专属管辖只适用于以下三种情况：①因不动产纠纷提起的诉讼，由不动产所在地人民法院管辖；②因港口作业中发生的纠纷提起的诉讼，由港口所在地人民法院管辖；③因继承遗产纠纷提起的诉讼，由被继承人死亡时住所地或主要遗产所在地人民法院管辖。

（4）协议管辖

协议管辖（Conventional Jurisdiction）是指双方当事人在民事纠纷发生之前或之后，以书面形式约定管辖法院。《民事诉讼法》第二十五条规定："合同的双方当事人可以在书面合同中协议选择被告住所地、合同履行地、合同签订地、原告住所地、标的物所在地人民法院管辖，但不得违反本法对级别管辖和专属管辖的规定。"协议管辖在我国仅适用于合同纠纷中的第一审案件。协议管辖可以明示或者默示作出，对于默示协议管辖，可以从下列行为推断：①被告人的出庭；②被告人提出答辩；③被告人通过律师出庭辩护；④被告人提起反诉。

▶ （二）国际民事诉讼管辖

管辖权是国家的一项基本权利，国际民事案件管辖权的确认，一般依据如下原则：

1. 原告就被告原则

原告就被告原则又称普通地域管辖原则，是指以被告的住所地作为连接因素而行使管辖权的原则，是行使国际案件管辖权的首要原则。原告就被告原则之所以成为行使国际民事案件管辖权的首要原则，在于它便于受案法院对被告行使"实际控制"——传票送达、判决生效、执行。因此，对涉外民事诉讼，应首先向被告所在地提出。

2. 最密切联系原则

根据《民事诉讼法》的规定，合同的履行地、保险合同的保险标的物所在地、票据纠纷中的票据兑付地、运输合同的运输始发地或目的地、侵权行为地、交通事故损害赔偿案件中的事故发生地等，均可认为与案件具有"最密切联系"而被认定具有管辖权。这些条款虽然是作为国内特别管辖条款规定的，但也可以作为法院对涉外民事案件行使管辖权的依据。在均能对案件实施有权管辖的情况下，最密切联系原则可以对原告就被告原则作出极有益的补充。

3. 意思自治原则

在涉外民商事合同关系中，各国法律均允许当事人用书面协议选择由有联系的国家或地区法院管辖。这项原则源于契约自由的权利。

4. 专属管辖优先原则

某些国家的法律,在本国的属地管辖权范围内,排他性地规定一些涉外民事案件的管辖权属于国内法院。这些案件,主要有在国内的涉外企业法人与国内企业法人的权利纠纷、在国内的港口作业、国内的地下矿产资源开发等。这些案件,国内一般不允许当事人选择他国管辖,也不承认外国法院判决的有效性。如果当事双方欲使纠纷得到有效的司法救济,只能选择国内法院。在这些范围以内,国内法院的专属管辖权优先于其他任何原则。我国《民事诉讼法》第二百四十六条规定:"因在中华人民共和国履行中外合资经营企业合同、中外合作经营企业合同、中外合作勘探开发自然资源合同发生纠纷提起的诉讼,由中华人民共和国人民法院管辖。"

相关案例

2000 年 4 月,法国的互联网用户在网上发现美国雅虎(Yahoo!)公司驻欧洲分支网站拍卖纳粹物品,其中包括拍卖臭名昭著的希特勒自传《我的奋斗》等纳粹书籍、印有党卫军徽章的 T 恤衫、征兵广告及希特勒的水彩画等宣扬种族主义和纳粹主义的物品,而法国雅虎公司为法国的用户提供了链接。此事在法国引起了轩然大波。多个反纳粹组织和反种族歧视组织联合起来,以美国雅虎公司为第一被告、法国雅虎公司为第二被告,向法国巴黎大审法院提起诉讼。在诉讼中,美国雅虎公司认为:(1)以英文为主要文字的雅虎网站所涉及的案件应当由美国法院管辖,而美国宪法有言论自由的规定,拍卖涉嫌纳粹物品不在美国法律禁止之列;(2)拍卖网站只能通过美国雅虎进入,而美国雅虎网站的服务器在美国;(3)雅虎公司并非拍卖活动的主办人,拍卖网站也不属于雅虎公司。因此,法国法院对此案无管辖权。

在案件审理过程中,法国巴黎法院认为:虽然法国雅虎公司提供的链接必须经过美国雅虎公司中转才能进入涉案的拍卖网站,但基于网络的互联性,法国用户可以很便捷地从雅虎法国门户网站转到其他语言的门户网站中,也可以便捷地进入其他第三方网站,因此法国法院对此案拥有管辖权。最后,巴黎法院判雅虎公司必须在 90 天内采取措施有效阻止法国网民进入有关拍卖纳粹物品的网站;并要求法国雅虎公司必须通知其用户,在浏览或检索到的网页内容违反法国法律有关规定时立即中断访问,否则会面临起诉的风险。判决过后,雅虎公司宣布禁止在其网站上出售纳粹纪念品。但它同时也宣布作出此项决定并非因为执行法国法院的判决,而是大部分雅虎使用者认为在其网站上拍卖纳粹物品容易引起暴力与仇恨。2001 年 1 月,雅虎公司向美国联邦法院提起诉讼,请求该法院阻止法国法院判决的执行。在 5 月又向加利福尼亚州法院提起诉讼,要求法院判决法国法院的判决无效,理由是雅虎公司的注册地在美国,法国法院对此案没有管辖权。显然,案件引起的司法管辖权冲突仍未平息……

二、电子商务纠纷管辖权的确定

（一）电子商务对传统管辖权的挑战

在电子商务环境下，当事人可能相距遥远，甚至在不同的国家或地区，接收或传送当事人之间信息的计算机服务器、终端等则可能又在另一个国家，甚至协助当事人完成一次沟通联系的还有处于其他国家的服务器等设备。正是网络空间的全球性和不确定性，使网络行为与传统管辖之间的关系变得模糊和不确定。网络空间的虚拟性使其不可能像物理空间那样划分成明确的管辖区域。同样，信息在互联网上发送、接收和传递等一系列网络行为具有很强的不确定性，在这一过程中可能经过许多国家的管辖区域，这就可能造成全球很多国家对该网络活动主张管辖权。管辖是以某种相对稳定的联系作为基础的，一旦网络法律行为与这些传统的管辖基础失去了联系，如何将物理空间的管辖权规则适用于网络空间就成为一道难题。由于互联网的国际性特点，对网络利用所发生的任何争议都可能涉及不同国家的主权与居民。

从目前电子商务管辖的实践来看，各国有扩大自己管辖权的趋势，这就使得电子商务交易纠纷一旦发生，哪些国家法院会主张行使管辖权将难以做出预测。传统案件的管辖总是以某种相对稳定的联系作为基础，如住所、国籍、财产、行为等，它们和某管辖区域存在着物理空间上的关联。而在电子商务案件中，被告与法院地的地域联系可能降到最低，被告可能既不是法院地国家的国民，也无财产可供扣押，甚至可能从未在法院地出现过，当然也很难同意接受法院地的司法管辖。

在网络环境中，又很难认定侵权行为地、合同签订地等地理因素，仅仅通过网络的虚拟存在显然不构成法院行使管辖权的基础。传统法院的管辖区域是确定的，而网络空间是无边界的，因此某法院对哪一部分网络空间享有管辖权很难判断。互联网在产生之初，就被设定为非中心化、自我维系的一系列计算机及计算机网络之间的大量链接，在这个打破地理空间界限、无国界、无主权的虚拟世界中，每台计算机都是平等的。正是网络空间的这种全球性和管理的非中心化等特点，给传统的司法管辖权理论带来了极大的冲击和挑战。

（二）关于网络案件新的管辖理论

由于传统确立管辖权的原则都要求具有一个相对稳定的、明确的关联因素，如当事人的住所、国籍、财产、行为、意志等，但在网络空间中这些因素都变得模糊和不确定。为了解决传统管辖权基础在网络环境下面临的窘境，各国都在探寻互联网环境下的新管辖模式。目前，关于电子商务案件管辖的法律问题存在着以下几种新理论。

1. 新主权理论

新主权理论认为，网络的非中心化倾向表现在每个网络用户只服从他的网络服务提供商（ISP）的规则，ISP之间以技术手段、协议方式来协调和统一各自的规则。网络成员的冲突由ISP以仲裁者的身份来解决，并由ISP来执行裁决。该理论还认为，在网络空间中正在形成一个新的全球性的市民社会（Global Civil

Society),这一社会具有自己的组织形式、价值标准和行为规则,能够完全脱离物理空间中的政府而拥有自治的权力。这种理论的持有者担心传统的国家权力介入会损害网络空间的新颖性和独立性,会阻碍电子商务的发展。但新主权理论倡导者过于强调网络空间的自由和独立性,混淆了行业自律与法律救济。事实上,完善的法律可以最大限度地保护网络的发展。

2. 管辖权相对论

管辖权相对论认为,网络空间完全可以成为新的独立的管辖区域,使用者和ISP可以通过自律管理来避免和解决网络空间中的各种纠纷,包括电子商务中的纠纷。管辖权相对论有三个基本点:第一,网络空间应作为一个新的管辖区域而存在,就像公海、国际海底区域和南极洲一样,应在此领域内建立不同于传统规则的新的管辖原则;第二,任何国家都可以管辖并将其法律适用于网络空间内的任何人和任何活动,其程度和方式与该人或该活动进入该主权国家可以控制的网络空间的程度和方式相适应;第三,网络空间内争端的当事人可以通过网络联系在相关的法院"出庭",法院的判决也可以通过网络手段来加以执行。

3. 网址作为新的管辖基础论

此理论认为,网址存在于网络空间中,它在网络中的位置是可以确定的,且在一定时间内也具有相对的稳定性。网址受制于其ISP所在的管辖区域,是比较充分的关联因素,因此网址应当成为新的管辖基础。但对于此观点,许多人也提出了异议。

第二节　电子商务纠纷的法律适用

》一、传统的国际民事法律冲突及解决

↪（一）法律适用的含义

尽管法律全球化一度成为继经济全球化之后的一大热门话题,但是,法律毕竟是由主权国家依其主权意志制定的。而各国情况的不完全相同也就产生了相互冲突的法律。国际私法上所讲的法律冲突,就是国际民事法律冲突,即对同一民事关系因所涉各国民事法律规定不同而发生的法律适用上的冲突。可见,国际私法中的法律冲突就是法律适用上的冲突。因此法律适用问题是指在国际民商事冲突解决过程中采用一定的方法确定适用哪一个国家的民商事法律作为该纠纷的裁判依据。法律适用与管辖权是既有区别又有联系的两个概念。管辖权是指应该由哪一国法院审理涉外民事案件,法律适用则是指应该适用哪一国法律来审理涉外民事案件。取得管辖权的法院并不一定就适用本国的国内法来审理案件,它会根据本国的法律规定来确定应该适用的法律。

↪（二）法律适用的主要方法和规则

传统国际民事法律冲突的解决方法主要是冲突法解决方法。这种方法就是通过制定国内或国际的冲突规范来确定各种不同性质的涉外民事法律关系应适

用何国法律,从而解决民事法律冲突。民事法律冲突实质上是民事法律适用上的冲突,而冲突规范恰恰指定某种涉外民事法律关系应适用何种法律的规范。因此,它是解决民事法律冲突的有效方法。

1. 准据法与连接点

这种被选择适用于审理涉外民事案件的法律在国际私法上叫做准据法,而用以确定准据法的法律规定叫做冲突规范。例如,我国《民法通则》第一百四十四条规定:"不动产的所有权,适用不动产所在地法律。"这就是一条冲突规范,不动产所在地法就是该冲突规范所确定的准据法。各国冲突规范的规定并不完全一致,因此不同管辖法院对准据法可能会有不同的选择,尤其是当冲突规范指向"法院他法"时,管辖地法院的国内实体法就成为审理案件的准据法了。

按照冲突法的冲突规范去选择准据法,往往需要借助一个或多个连接点去固定这特定的法律。所谓连接点或连接因素,也有人称之为连接根据,就是指冲突规范就范围中所指法律关系或法律问题指定应适用何地法律所依据的一种事实因素。一般来说,由于客观情况复杂多变,任何一个博学多闻的立法者或法官,都不可能熟悉所有国家的民商法的内容和具体的规定。因此,在一般场合下,他们在解决法律选择的问题时,只能首先从原则上规定用什么地方的法律来调整这一或那一法律关系最为合适。因此,他必须从法律关系的构成要素中选择其中之一作为选择准据法的媒介。这些被指定为媒介的要素,就是连接点。在冲突规范中,连接点的意义表现在两个方面。

第一,从形式上看,连接点是一种把冲突规范中"范围"所指的法律关系与一定地域的法律联系起来的纽带或媒介。因此,每一条冲突规范必须至少有一个连接点,没有这个连接点便不能把一定的法律关系和应适用的法律连接起来。

第二,从实质上看这种纽带或媒介又反映了该法律关系与一定地域的法律之间存在着内在的实质的联系或隶属关系。它表明某种法律关系应受一定国家法律的约束,应受一定主权者的立法管辖,如果违反这种约束或管辖,该法律关系就不能成立。以连接点的状态来看,可以将之分为动态连接点和静态连接点。动态连接点是可变的,如国籍、住所、所在地、法人的管理中心地等。像现在人员流动性不断增强,国籍、所在地都可能在变化中,这就加大了选择法律的难度,也为当事人规避法律提供了可能。而静态连接点是固定不变的,主要为不动产所在地以及涉及过去的行为或事件的连接点,如婚姻举行地、合同缔结地、法人登记地、侵权行为发生地等。相对而言,静态连接点是不变的,可以比较稳定地据此确定涉外民商事纠纷应适用的法律。

2. 传统法律适用的主要规则

准据法和连接点是解决法律适用问题的最主要工具,冲突规范中的本国(国籍)、物之所在地、法院地、住所、合同缔结地、债务履行地、侵权行为地、婚姻举行地、立遗嘱地都属于连接点。在传统的国际私法中,连接点主要有以下三类。

(1) 属地性连接点

这类连接点与一定的地理位置有关,如居所、住所、物之所在地、法院地、行为地等。

（2）属人性连接点

主要是指国籍。

（3）主观性连接点

主要是当事人的意思自治，即由当事人的合意决定。

一般的冲突规范中都有具体的连接点指向准据法。但是，也有一种特殊的法律选择方法并不规定具体的连接点，而是灵活地使用了"最密切联系原则"。例如，我国《民法通则》第一百四十五条第二款就规定，"涉外合同当事人没有选择的，适用与合同有最密切联系的国家的法律"。此时，就需要法官根据具体案情，在众多连接点之间进行衡量，找出与合同有最密切联系的国家，这种法律选择方法赋予法官很大的自由裁量权。

》 二、现代电子商务给法律适用带来的挑战

在电子商务中，传统的地缘上或政治上的国界不复存在。只要用户将其计算机连接到一个 Web 站点，就表明已经与互联网连接，可以非常轻松地跨越"国界"——只要在键盘上敲击几下就行了。发一份电子邮件给邻居与发一份电子邮件给美国的友人并无两样，访问一个在美国的站点与访问一个在英国的站点一样容易。如果无意中点了连接到国外网站的工具栏，用户一不小心就"出国"了。人们只能从站点的最后两个英文缩写判断国别，如中国是 cn，法国是 fr，日本是 jp，但这种识别的意义并不大。

因此，电子商务的基础是不以国界为界线的网络世界，"跨国"交易非常容易。从事网上交易的人、法律关系的主体处于不同国家的控制之下；许多网上活动的标的、法律关系的客体位于不同的国家；网上活动的日益频繁，极大地影响到各个国家的利益。美国等发达国家已经审理了一些互联网案件，也有报道表明我国法院也审理了一些涉及电子商务的案件。但由于各国的科技水平不同、对网络活动的态度不同、法律传统不同，频繁的跨国网上交易已经产生了大量的法律冲突，对传统冲突法提出了严重挑战，其主要表现为以下两点。

↘ （一）对准据法的挑战

传统冲突法认为准据法是经冲突规范指引用来确定涉外民事关系当事人的权利与义务的特定国家的法律。但在互联网中，准据法的内涵和外延都会产生相当大的变化。由于互联网是 20 世纪 80 年代后期才发展到应用阶段的，是最新的科技成果，许多国家尚未来得及对之加以法律调整，即使在像电子贸易这样急迫的领域也只有澳大利亚等少数国家通过了有关立法，而且这些立法往往仅就电子贸易的证据效力做出规定，未涉及其他方面。而许多国家出于保护科技发展的考虑，不愿过早下结论，因此有关互联网的立法许多国家都是空白。所以尽管我们适用了冲突规范，确定了应适用哪一国法作为准据法，最后却发现这一切都是徒劳的，因为该国根本就无相应的立法。

在很多情况下，适用冲突规范甚至根本找不出准据法。由此看来，冲突法似乎很难完成其任务，很难最终解决当事人之间的法律纠纷。但好在互联网是网

络的网络,用户只有进入一个服务供应商的网络才能上网,而该服务供应商只有将其网络连接到局域网,由局域网再连接到全球网上,才能真正开展网上活动。这种连接网络的行为一般都伴有协议,该协议类似附和合同。服务供应商在屏幕上列出一些条件,在下方用一滚动条写着如同意则单击"下一步"按钮,也就是用户在开始网上活动之前就已经存在某种约定。因此互联网是一个高度自主的以合意为基础的网络,它的使用者必须遵守一套共同的规则。这些规则成为处理当事人之间争议,确定当事人权利义务的准则。它并非法律,而且其适用亦非依据冲突规范的指引,但具有直接适用的性质。

我们或许可以套用"现代商人法"称之为"现代互联网法",因为两者确实有许多共同之处,如两者都是全球文明进步的需要;远比一般的法律冲突复杂,适用传统的冲突法将导致法律成本过高;具有很强的专业性,不能套用一般的法律概念等。所有这些都需要我们认真思考电子商务共同规则的地位和作用,以及它和冲突法之间的关系。但无论如何,这都意味着传统冲突法中准据法的重大突破。

↘ （二）对连接点的挑战

互联网是一个虚拟的世界,地理因素在互联网中并无太大的意义,有些时候要在网上确定一个地点即使并非不可能,至少也是非常困难的,如在网上缔结合同就难于确定合同缔结地位于何方。如果网上交易不涉及现实的交付,如一方将另一方提供的图像、数据汇编成软件而共享权利的交易,其合同履行地亦很难确定。因此,基于地缘因素选择的连接点很难套用到互联网上。人们可能会转而借助国籍这种体现国家与当事人之间的法律关系的连接因素,但事实证明在互联网中这种关系是相当偶然的。因为互联网是一种面向任何国家任何人开放的一种独立的自主的网络,任何国家都难以有效地对网上活动进行监管。随便到任何一台联网的计算机上都能够从事所有的网上活动,因此国家与当事人之间的联系是相当脆弱的。正如随着人员跨国流动的日益频繁,国籍作为连接点的作用大不如前一样,互联网中以国籍为连接因素也逐渐意义不大。

同时,网络交易新方式的出现使一些传统的连接因素的意义发生了变化。传统的连接因素总是与一定的地域相联系,如拍卖应适用拍卖地法。但在互联网中有一些自发的拍卖场所,它独立于任何国家和地区之外,只虚拟地存在于互联网中,如果适用拍卖地法实际上就等于无法可依。因此,就总体而言,由于互联网是一个虚拟的世界,许多客观的连接因素难以有效地运用于互联网中,人们将不得不转而借助于主观的连接因素,让当事人的主观选择发挥更大的作用。而互联网本身的构造也为主观连接因素的运用埋下了伏笔。

我们知道,互联网是由无数个局域网连接起来的"网络的网络"。较小的网络如果要加入较大的网络,就必须接受其预先设定的条件。同时,用户在网上随时都可以看到"如果您同意,请按这里"的提示栏,而单击提示栏的行为就构成一种合意,表明完全接受其要约。而在其要约中,可能就包含了法律选择条款。由于互联网是一个高度自治的网络空间,用户自主的选择是开展网上活动的前提,因此,主观连接因素,特别是当事人意思自治日益显示出其重要性。

》 三、电子商务纠纷的法律适用

↘ (一)网上民事侵权纠纷的法律适用

在含有涉外因素的侵权案件中,一个行为是否构成侵权,是否应负赔偿责任,在应负赔偿责任时其责任范围如何确定等问题,通常要由侵权行为准据法来确定。国际侵权行为准据法的确定,主要有以下几种结果。①适用侵权行为地法;②选择适用侵权行为地或当事人共同属人法;③适用法院地法;④重叠适用侵权行为地法与法院地法(或者行为人的属人法);⑤重叠适用侵权行为地法、法院地法和当事人共同属人法;⑥侵权行为自体法。对于侵权行为准据法,不能机械地在侵权行为地法与法院地法之间进行选择,而应采用最密切联系原则这个灵活、开放的连接点来指引,即侵权行为应适用与案件或当事人有最密切联系的国家或地区的法律。其中重叠适用侵权行为地法与法院地法(或者行为人的属人法)是目前国际上较为普遍采用的做法。

在传统的侵权行为的法律适用上,以侵权行为地法作为侵权案件的支配或参考法律会造成网上侵权案件适用的盲点,因为导致侵权责任的行为往往包含诸多要素,这些要素通常发生在不同的场所。在国际法律关系中,侵权行为地的确定则显得更加困难,其原因在于不但行为(数据发送)和损害结果(数据错误所致)分处不同的国家,而且行为地和结果地在物理空间中没有固定的位置或场所。因此,对于网络侵权行为,如果按照传统的"侵权行为适用侵权行为地法"的法律适用原则,那么就只能在行为地与损害地之间做出主观选择。而实际上在网络空间中,不但行为地与损害地很难确定,而且两者往往跟当事人或案件本身并无太大的联系。

侵权行为自体法理论的缺陷也是显而易见的,因为其最终适用的准据法很难为当事人所预见,缺乏必要的确定性。当事人在这种情况下几乎不可能对他们应享有的权利或承担的义务做出估计。对侵权案件准据法的确定,也有采用重叠适用行为地法和法院地法的,由于该规则在很大程度上限制了受害人就其损害获得赔偿的可能性,如果应用于网络侵权行为同样会导致不公平、不合理的结果,因而很少有人对其持赞成态度。

对于网络侵权行为的准据法,目前国际上没有通行做法。大部分学者认为,对于网上民事侵权行为的法律适用,可以考虑采用当事人意思自治原则,允许当事人在他们的交换协议中合意选择支配他们之间可能会产生侵权责任的法律。此外,当事人如能在交换协议中通过排除条款或赔偿条款就侵权责任的构成、范围等做出具体规定,也不失为一种好的解决方法。不过,无论是合意选择条款,还是排除条款或赔偿条款,它们的法律效力取决于应予以适用的准据法或法院地法的规定。比如,如果当事人在交换协议中规定欺诈行为可免责,那么此种协议在许多国家看来显然是违法的,法院所在国也会以违背公共秩序而拒绝承认其法律效力。而在缺乏当事人合意选择的情形下,则可以适用"侵权自体法"理论。

打折"福袋"遭遇退货难

小赵被一网商的"反季促销,300元惊喜福袋"吸引,抱着捡漏心理,小赵一次性购买三个"福袋",但收到福袋后他发现福袋中的衣服均已缩水,想要退换却被对方以"打折商品概不退换"为由拒绝。2017年10月9日,小赵决定通过新闻渠道为自己讨个公道。

小赵是该网店的忠实粉丝,几乎每个季度都会在这家网店买一批衣服,对商家的质量很有把握。当日,他看到对方挂出"福袋"活动十分惊喜。"每个福袋300元,里面有店老板随意放置的三件衣服,我看了老板挂出的福袋,每件衣服单价都超过百元,买了自己穿送朋友都可以。"小赵在向店老板报了自己身高、体重后,一口气买了三个福袋。

10月6日,小赵购买的福袋被送到,可小赵挨个上身试过后,才发现这些衣服的号码都"缩水"了。于是,小赵和店老板沟通,想换下衣服的尺码,但对方却表示这些属于打折商品,不退不换,而且这一条在网店宣传页上明确标注着,小赵购买前已经默认了。"以前店家推荐的尺码一直是对的,只有这次全部缩水,还不给换,这明显是在欺骗消费者。"小赵已经将店家投诉。

对此,山东众成清泰(德州)律师事务所律师黄鹏表示,"打折商品概不退换"本身就属于霸王条约,是对消费者退货权的侵害。小赵可以将这些商品退回,至于投诉迟迟没有得到解决,属于平台管理问题。

资料来源:《中国改革报》

(二) 电子合同纠纷的法律适用

尽管网络技术对合同纠纷法律的选择带来障碍,不过,这并不是一个不能解决的问题。尤其是合同本身所一贯坚持的"意思自治"原则,使电子合同产生纠纷所应选择的法律也有其可遵循的思路。也就是说,在电子商务环境下,应充分考虑虚拟空间对时空判定的困难,而对电子商务合同的法律适用强调依照"意思自治"原则来处理,尊重当事人对合同准据法的选择。实际上,意思自治原则与最密切联系原则也能适用于电子合同,只不过具体的适用过程中应有所差异,只能承认明示选择,若允许默示选择则难以认定默示选择的标准。

1. 当事人意思自治原则的运用

目前,有关当事人所签订的示范交换协议大都包含有法律选择条款,这反映出各法律体系在这一领域均承认合同法律适用中的当事人意思自治原则。几乎所有的交换协议——无论是各个国家拟定的交换协议,还是国际组织拟定的交换协议——都包含有法律选择条款,规定当事人可以选择适用于交换协议的法律。而且,一般而言,当事人可以选择任何法律制度作为其交换协议的准据法,即使被选择的法律与该交换协议完全没有联系。不过,当事人所作的选择并非毫无限制,有些交换协议就规定不得违背国内法中的一些强制性规则。

2. 最密切联系原则与特征性履行方法的运用

尽管当事人"意思自治"原则是合同法律适用中的普遍原则,但在一些具体的合同中,贸易伙伴很可能根本没有想到选择法律或者考虑到了却未达成协议,而且贸易伙伴之间有时所做的法律选择可能被法院判定无效。在这些情况下,法律适用的解决方式不可能笼统地采用一个待认定的客观连接点,应采用最密切联系原则。在合同纠纷的法律适用方面,最密切联系原则是指,合同应适用的法律是合同在经济意义或其他社会意义上集中地定位于某一国家的法律。它仍然采用连接因素作为媒介来确定合同的准据法。不过,起决定作用的不再是固定的连接点,而是弹性的联系概念。

一个合同之所以适用某国法律不是因为该国是合同的缔结地或履行地,而是因为该法与合同存在着联系。这样提高了法律适用的灵活性,因为许多传统的客观连接点难以有效地适用于电子合同。由于最密切联系原则是一项抽象原则,本身没有指明合同应适用的准据法,在具体运用过程中必然面临一个重要问题,即如何判定哪一个国家的法律与合同存在最密切的联系,由此学者提出特征履行学说。特征履行学说又称特征债务说,它要求法院根据何方的履行最能体现合同的特性而确定合同应适用的法律。近年来,有关电子合同的法律适用问题已经开始引起人们的关注,个别学者还提出了一些新的解决办法,但都仍有待进一步论证。

第三节 在线争议解决机制

》 一、在线争议解决机制的概念

鉴于电子商务纠纷急需一种有效、公平、快捷、低成本的纠纷解决机制,人们很自然地会想到用非诉讼方式保护自己的权益,解决纠纷。于是,替代性争议解决方法(ADR)被引入网络,产生了在线 ADR 即 ODR 这一非诉讼纠纷解决新途径。

在线争议解决机制是建立在替代性争议解决方式的基础上的。替代性争议解决方法起源于美国,在我国通常翻译为替代性争议解决方式或可选择性争议解决方式。在线争议解决机制是指利用互联网进行全部或主要程序的各种争议解决方式的总称,主要包括在线仲裁(Online Arbitration)、在线调解(Online Mediation)和在线和解(Online Negotiation)等方式。仅利用网络技术实现文件管理功能,程序的其他部分仍用传统离线方式进行的,不属于 ODR 范畴。

》 二、在线争议解决机制的特征

网络空间具有全球性、虚拟性、管理的非中心化和高度的自治性等特点,网络空间争议的解决也具有不同于离线争议的特殊要求,效率、成本和便利性成为网络空间争议解决方式的首要价值因素。ODR 将网络资源充分引入争议解决方法中来,网络资源具有下列三种新的因素:利用全球任何地方的人力资源、计算机处理程序以及实现信息交流传播的电子速率传输,使 ODR 可以在任何国家、聘用任何国籍的仲裁员或者调解员、通过任何语言来解决争议,具有快速、费用低廉、便利等网络空间争议解决所需要的各类重要价值因素。ODR 的目标是追求和谐、共赢，具有灵活性、协商性、低成本等优势。其通过网络，为当事人提供便捷的争议解决途径，节省了纠纷解决的成本，给当事人以最大限度的自主权，体现出"虚拟世界"自主、自愿、自律、诚实信用和符合实际的基本理念，极大地支持了电子商务的发展。

》 三、在线争议解决方式的主要形式

ODR 并不是某种单一的争议解决方式，最常用的是在线仲裁、在线和解、在线调解等形式。

（一）在线仲裁

1. 在线仲裁的概念

在线仲裁（Online Arbitration）是指仲裁协议的订立、仲裁申请的提交与受理、仲裁庭的审理以及仲裁裁决的作出等仲裁程序的主要环节都在互联网上进行，充分利用现代 Internet 技术解决网上争议的国际商事仲裁新方式。从在线仲裁的概念上可以看出，在线仲裁能快捷、经济地解决争议，尤其是能给当事人提供极大的便利，适应了网络环境的要求。

2. 在线仲裁的基本程序

在线仲裁的方法与程序因仲裁机构的不同而略有差异。但其基本程序大都包含如下步骤。

（1）提交在线仲裁申请书

首先应当由仲裁申请人以适当的格式向在线仲裁机构提出申请，要求在线仲裁，仲裁机构随之发放固定格式的仲裁申请书，由申请方进行填写与提交。仲裁机构一般以收到仲裁申请的日期为仲裁开始日期，在收到仲裁申请书并经审查后的固定期间内，仲裁机构应通知申请人所涉争议是否属于裁判庭的管辖范围。随后传送仲裁申请确认通知，同时向被申请人传送申请人的仲裁申请书及相关通知。在被申请人答辩前，有的在线仲裁机构会邀请双方进行网上调解，但调解不是必经程序。

（2）由在线仲裁机构组成仲裁庭

在线仲裁机构受理申请后，调阅案件的卷宗，并在仲裁程序正式开始后，双方当事人应在限期内共同指定仲裁员组成仲裁庭。对于仲裁员的选定，如果当事人未能达成一致，或没有明示约定，仲裁员将由中心指定。仲裁庭由 1 人或 3 人组成，但仲裁员必须经申请人与被申请人确认。

（3）由申请人与被申请人提交相关证据

在线仲裁要求当事人双方通过电子形式提交有利于自己的证据及证人证言。其他的书面材料和物证可以通过电脑扫描转换成电子文本提交，同时允许以线下方式传送。

（4）在线审理

在线庭审时，仲裁庭可决定举行在线听证会，利用多媒体技术通过网上电话

会议或语音视频系统开庭审理案件。网上开庭审理需要案件各方参与人具备相应的技术设备。在线审理可以不受时间和地点的限制，事实上的审理地点不影响裁决地的确定。

（5）在线裁决

在线审理后仲裁庭依据多数仲裁员的意见作出裁决，裁决需附有仲裁员的电子签名，经加密邮件传递给双方当事人，并存入案件的专用网址，保存在仲裁机构的电子档案数据库中。裁决的结果，除非当事人一方反对，否则应公布，并要求双方当事人共同遵守。

（二）在线和解

1. 在线和解的定义和特征

和解是争议当事人在没有第三方介入的情况下协商谈判解决其争议，而在线和解则是争议当事人通过网络平台，在没有第三方介入的情况下协商谈判解决其争议的和解方式。在线和解具有如下特征：借助于互联网络平台；只有双方当事人自己参加；和解没强制力；和解协议不具有强制执行力。

2. 在线和解程序

中国在线争议解决中心（China ODR）是我国第一个专门的争议解决机构。China ODR 进行在线和解的流程如下：在争议涉及金钱赔偿事项时，如果当事人就是否应该赔偿已无异议，而仅就具体的赔偿金额有异议时，当事人可以选择使用 China ODR 在线协商方式解决其争议。China ODR 提供的在线协商平台为全自动的运作程序。具体包括如下几点。

（1）申请人在 China ODR 上提交电子表格，阐述案情并提出第一次要价，China ODR 通过电子邮件（或者其他方式）通知对方当事人（被申请人）且邀请被申请人对申请人的第一次要价作出回应，被申请人选择愿意通过 China ODR 的在线协商方式解决并作出第一次出价。

（2）申请人的要价低于被申请人的出价，则依据申请人的要价解决争议，争议获得解决。

（3）申请人的要价高于或等于被申请人的出价，且高出部分小于出价的20％时，则依据要价和出价的平均价解决争议。

（4）申请人的要价高于被申请人的出价，且高出部分大于出价的 20％时，争议未获得解决，进行下一轮协商（双方做出第二次要价和出价），直至争议解决为止。

（5）在线协商的期限为 15 日，自申请人提交电子表格之日起计算。在整个争议解决过程中，当事人双方的要价和出价都是完全保密的，只有在出现"符合争议解决条件"的情况下，当事人双方才能看见对方的要价或出价。China ODR 对双方当事人的通知都是通过电子邮件形式进行的。如果在 15 日内双方未能成功解决该争议，则在线协商程序终止，双方可以选择重新进行在线协商或者通过 China ODR 在线仲裁或在线调解或其他方式解决。

中国消费者协会投诉和解监督平台

"中国消费者协会投诉和解监督平台"是中国消费者协会建立的网络维权站点。旨在疏通《中华人民共和国消费者权益保护法》所规定的"与经营者协商和解"的途径。当发生消费者权益争议时,消费者可以通过该平台直接向经营者提出诉求。

平台通过减少消费争议处理环节,提高消费争议和解率,降低消费者维权成本,提升消费品质,营造安全放心的消费环境。同时,平台兼有听取、征求、分析消费者对商品和服务质量的意见和建议的责任,发挥社会监督作用。

(三) 在线调解

1. 在线调解的概念

在线调解是指从程序的发起至争议解决协议达成全部在线进行。在线调解包括在线调解中心、仲裁申请人和被申请人三方。

2. 在线调解与离线调解的区别

在线调解与离线调解在程序上并没有重大区别,不同的是通信方式。在线调解使用经过加密的电子邮件,或经过加密的聊天室。在某些情况下,还可以使用可视会议。通过使用密码,调解员可以和一方当事人单独在一间"房间"里谈话,而另一方当事人在另一间"房间"等候。美国马萨诸塞州大学信息技术和争议解决中心曾经开发了一个名为"第三方"的系列软件,这个软件可以加强双方当事人和调解员在线上进行互动式的交流。在线调解的双方当事人都需要有一台可以接入互联网的计算机。调解的系统和文件都存储在特定的服务器上,只有经过授权的使用者才可以进入。这一系统一般都是由调解员或调解组织提供的。

在程序上,在线调解的第一步是通过在线调解员或在线调解组织的网页提交争议;第二步由调解员或调解组织来完成,他们会与另一方当事人联系,看该当事人是否愿意参加在线调解。如果对方当事人愿意参加,双方当事人可以选定或由调解组织指定调解员。

参加调解的双方当事人必须被告知调解规则,一般情况下,当事人只需点击相关网页上的链接即可阅读规则。调解员会进行自我介绍,并且会向当事人说明调解的程序。有时候,双方还会签订调解协议,表明双方愿意通过调解解决争议。然后,调解正式开始。如果调解成功,一般会有一份和解协议。在某些国家(如美国),这种和解协议是否具有法律约束力由当事人决定;而在另一些国家(如荷兰),这种和解协议一经签订就自动具有法律效力。

3. 在线调解程序

China ODR 进行在线调解的程序如下。

(1) 在 China ODR 网站上单击"提交案件"链接,并填写电子表格的相关内容,提交调解申请书,其中应写明并提供申请人和被申请人的名称(姓名)、地址、邮政编码、电话、传真、E-mail 等;调解所依据的调解协议(如果有);纠纷情况、证据材料和调解请求;其他应当写明的事项。

(2) China ODR 将通过电子邮件的形式或者其他形式通知对方当事人,所有的交流文件在 China ODR 网站设有密码的"案件档案"页面中保存。如果对方当事人是 China ODR 的会员,则进入下一步;如果对方当事人虽不是 China ODR 的会员,但同意通过 China ODR 进行调解,则进入下一步;如果对方当事人不是 China ODR 的会员,且不同意通过 China ODR 进行调解,则在线调解程序终结。

(3) 当事人可以共同约定由调解员名单中的 1 名调解员单独调解案件,如果当事人对独任调解员的人选在 3 天之内不能达成一致时,则由 China ODR 为其指定。

(4) China ODR 调解员的作用主要是帮助当事人积极解决争议,调解员可利用 China ODR 提供的平台,采用其认为适当的方式(包括但不限于聊天室、电子邮件或 BBS 或视频会议,案情复杂且必要时也包括离线的一些辅助方式)进行调解。

(5) 调解中心使用的工作语言和文字为中文和英文。当事人另有约定的,经 China ODR 同意的,从其约定。

(6) 双方当事人同意在以后任何诉讼或仲裁程序中不得提供下列各项作为证据:任何一方当事人就涉及可能和解解决争议所表示的见解或提出的建议;调解员提出的任何建议;一方当事人曾表示愿意接受调解员提出的和解建议的事实。

(7) 调解员自一方当事人了解到的情况,自行决定是否透露给他方当事人;但当事人对调解员提供的情况要求保密的,调解员应尊重当事人的要求。

(8) 当事人应本着善意、合作的原则真诚地同调解员合作,解决其争议时应按照调解员的要求提交材料和证据,按时回复电子邮件或出席视频调解会议等。

(9) 如果调解员认为确有必要,在征得当事人同意后,也可以聘请有关行业的专家参与协助调解工作,所需费用由当事人承担。

(10) 出现以下情形,调解程序终止。调解成功者自调解书作出之日起或当事人之间的和解协议达成之日起终止;调解员认为调解已无成功的可能而以书面声明终止调解程序者,自声明之日起终止;各方或任何一方当事人向调解员书面声明终止程序者,自声明之日起终止。

相关知识

浙江法院电子商务网上法庭

"浙江法院电子商务网上法庭"是浙江法院为了更好地为"中国(杭州)跨境电子商务综合试验区"建设提供司法保障,以"互联网 + 司法"思维,积极应对互联网经济的发展,及时化解电子商务领域纠纷,便利当事人诉讼而特别设立的网络法庭。

网上法庭以网络服务平台为依托,把诉讼的每一个环节都搬到网络,起诉、立案、举证、开庭、裁判都可在线上完成,使电子商务纠纷可以更加快捷地得到处理,提高审判效率,节约司法资源。

根据《浙江省高级人民法院关于同意杭州市中级人民法院等四家法院专设电子商务网上法庭的批复》(浙高法〔2015〕50号),同意专设杭州市中级人民法院电子商务网上法庭、杭州市西湖区人民法院电子商务网上法庭、杭州市滨江区人民法院电子商务网上法庭,以及杭州市余杭区人民法院电子商务网上法庭。

目前入驻法院有:杭州市中级人民法院、杭州市西湖区人民法院、杭州市余杭区人民法院、杭州市滨江区人民法院、丽水市遂昌县人民法院、马鞍山市雨山区人民法院……入驻法院正在不断增加。

"浙江法院电子商务网上法庭"尚处于探索试点阶段,目前网上法庭暂定仅受理五类纠纷:电子商务交易纠纷、电子商务著作权侵权纠纷、电子商务小额贷款诉讼、合同纠纷、商标侵权纠纷。

同时,向网上法庭提起诉讼的纠纷必须属于相关试点法院管辖范围,即具备地域管辖或协议管辖依据,且不违反级别管辖和专属管辖的规定。

【活动项目设计】

共享单车押金难退,群体投诉频发

1. 退还押金难

共享单车快速发展,截至2017年7月,全国共有共享单车运营企业近70家,累计投放车辆超过1600万辆,注册人数超过1.3亿人次,累计服务超过15亿人次。但随着共享单车市场竞争的加剧,悟堂单车、3Vbike、叮叮单车等先后退出运营,引发了消费者对自己押金安全的担忧,纷纷提出退还押金,出现了退款难等问题。

被投诉方主要是酷骑单车、小鸣单车、小蓝单车等被媒体报道倒闭的共享单车经营者。消费者反映向商家申请退还押金,时隔一个星期甚至一个月仍未收到押金。

2. 投诉特点

一是投诉量大,共享单车的注册用户多,仅酷骑单车一家涉及的消费者就达上百万。二是个案金额小,共享单车主要是押金问题,从99元到299元不等,仅就个案来说,单个消费者受损金额小,但因受众群体大,涉及总额非常大。三是有组织,共享单车事件社会影响大,社会上有律师、维权人士组织消费者进行集体维权。

案例一:江先生在2017年5月因使用小鸣单车交了199元押金,用完之后就申请退还押金。商家承诺7个工作日押金即可退还,结果过了一个月还未退回,商家的客服电话也一直打不通,微信公众号也未回复消费者的咨询。与江先生一样的众多消费者,投诉至深圳市消费者协会,深圳市消费者协会最高峰时期每日接收 400 多件同类投诉,基本都是反映商家迟迟不退押金的问题。

案例二:2017 年 8 月起,酷骑(北京)科技有限公司(以下简称"酷骑公司")因押金、预付资金退还出现严重问题,其先后关闭网上、线下网点等退款通道,虽然留了电话,但一直打不通,导致消费者大面积投诉,引发社会广泛关注。自 2017 年 11 月 23 日起,中国消费者协会不断收到酷骑单车消费者来信,要求退还押金、预付费,控告酷骑公司涉嫌集资诈骗等。截止到 2018 年 1 月 3 日,中国消费者协会共收到消费者关于共享单车的信件 2 383 封。经中国消费者协会调查,北京酷骑单车总部已人去楼空。2017 年 12 月 12 日,中国消费者协会向酷骑公司发出公开信;要求酷骑公司相关责任人主动配合有关部门调查取证,依法承担企业及个人应负法律责任,主动回应消费者关切和公众质疑,并向消费者公开道歉。中国消费者协会对酷骑公司无视消费者权益的恶劣行径表示强烈愤慨,于 2017 年 12 月 1 日向有关公安机关提交刑事举报书,举报酷骑公司及其主要负责人涉嫌刑事犯罪,申请公安机关立案侦查。

根据以上案例资料,依据《电子商务法》、《消费者权益保护法》和相关法规,请你结合自己的实际情况及体验回答:

① 你认为共享单车押金难退主要原因是什么? 从消费者权益保护出发应当采取什么措施?

② 你注册使用过共享单车吗? 是哪家的? 交押金和使用情况怎么样? 你认为我国共享单车当如何管理(包括法律法规、行政、自律等)?

》 思考与练习

1. 试述电子商务纠纷管辖权的确定。
2. 试述电子商务纠纷的法律适用。
3. 简述在线争议解决机制的概念和特征。
4. 简述在线争议的解决方式。

09

第九章
电子证据的法律问题

【本章概要】

    本章融合《民事诉讼法》及《刑事诉讼法》,着力解决电子商务环境中的电子证据问题,主要包括电子证据的概述、电子证据的收集、电子证据的审查、证据规则及电子证据的保全等内容。通过教学使学生掌握电子商务环境下电子证据的概念、法律地位、收集、审查、保全等有关法律程序的法律知识。

【学习目标】

    1. 理解电子证据的概念、法律地位和分类;

    2. 理解电子证据保全原则,掌握电子证据保全的措施;

    3. 理解电子证据的审查原则,掌握电子证据的审查方法。

【重点与难点】

    重点:掌握电子证据保全的措施。

    难点:电子证据审查的原则与方法。

【关键术语】

    电子证据　图形证据　网络勘察　庭审质证　对比印证

第一节　电子证据概述

电子信息的存在与取得方式的飞跃使证据学研究乃至证据立法面临诸多考验。在证据信息化的大趋势下,以计算机及其网络为依托的电子证据在证明案件事实的过程中起着越来越重要的作用。

一、电子证据的概念、特征

(一) 电子证据的概念

电子证据,也被称为计算机证据或网上证据,是以数字的形式保存在计算机存储器或外部存储介质中、能够证明案件真实情况的数据或信息的电磁记录物。

从电子证据的概念不难看出,首先,电子证据的产生、存储和传输离不开计算机与网络技术的支持。其次,经过计算工具和信息处理设备的加工,信息经历了数字化的过程,转换为二进制的机器语言,实现了证据电子化。"电磁记录物"等用语,实际上说明了电子证据的独特存在形式。再次,电子证据是能够证明一定案件事实的证据,这是其作为诉讼证据的必要条件,因此,电子证据只是诸多电子数据中的一部分。

(二) 电子证据的本质

电子证据本质上是民事诉讼法证据中视听资料的一种,即以声音、图像及其他视听信息来证明案件待证事实的录像带、录音带、计算机软件等信息材料。

1. 我国刑事、民事、行政诉讼法均将电子证据纳入视听资料。例如,《最高人民法院关于民事诉讼证据的若干规定》(2001 年)第二十二条规定:"调查人员调查收集计算机数据或者录音、录像等视听资料的,应当要求被调查人提供有关资料的原始载体。"

2. 电子证据可以借助一定的工具和手段加以转化后被人们所感知,并进行读取。

3. 电子证据与视听资料都是以电磁等形式而非文字符号形式存储在非纸质媒介上的。

4. 正本和副本均没有太大区别。

(三) 电子证据的特征

1. 高科技性

电子证据无论产生、存储、提取、传输、识别都必须依赖高科技设备,即电子证据的存在以计算机技术、存储技术、通信技术、网络技术等为基础,电子证据的生成、存储、传递、接收、重演等是通过各种电子介质来完成的。电子证据的收集、判断、保存需要专业的技术知识,电子证据处理中遇到的具体问题如怎样确定访问路径、账号和密码,如何恢复被破坏的数据,如何破解加密的文件,如何反编辑设置有破坏性程序的执行指令等都有较强的高科技性。电子证据问题本身是由于技术发展引起的,随着计算机和通信技术的不断发展,其对科学技术的依赖也越来越强,并不断更新变化。

2. 复合性

数据信息通过磁性载体反映到数据显示设备上可呈现多种形式,也可输出到外部连接设备与传统的信息载体相结合形成有形的可视信息。随着网络技术尤其是多媒体技术的出现,电子证据不再限于单一的文字、图像或声音等方式,而是综合了文本、图形、图像、动画、音频、视频等各种多媒体信息,这种以多媒体形式存在的电子证据,几乎涵盖了所有传统证据的类型。

3. 易损性

由于电子资料是以电磁或光信号等物理形式存在于各种存储介质上,这一特点决定了电子证据可被轻易改变或删除。电子证据的易损性主要表现在两个方面:一是数据本身有易受损性。操作人员的误操作或供电系统、通信网络故障等环境和技术方面的原因都会造成数据的不完整性,甚至搜集电子证据的过程中,也可能会对原始数据造成严重的修改和删除并且难以恢复。二是因为电子数据存储在磁性介质上,而磁性介质上存储的数据内容易被删除、修改、复制,并且不易留下发现痕迹。即使被发现,鉴定也较为困难。

4. 准确性

在没有外界蓄意修改或故障影响的情况下,电子证据能准确地存储并反映有关案件的情况,具有较强的证明力。如果不考虑外界因素,电子证据无疑是所有证据中最具有证明力的一种,首先它存储方便,可长期无损保存及随时无损反复出现。其次,它不会因周围环境的改变而改变自身属性,不易损毁和出现笔误,也不易被误传、误导、误记或带有主观性。最后,它一经形成便始终保持最初、最原始的状态,能够客观真实地反映事物本来面貌,能较为准确地反映案件的真实情况。

5. 隐蔽性

电子证据的信息量大、内容丰富,且与传统的纸质信息相比,电子证据赖以存在的信息符号不易被直接识别。它以一系列电磁、光电信号形式存在于光盘、磁盘等介质上,如要阅读必须借助于适当的工具。而且作为证据的电子数据往往与正常的电子数据混杂在一起,要从海量的电子数据中甄别出与案件有关联的、反映案件事实的电子证据并非易事。

6. 分散性与连续性

电子证据的分散性和连续性是指证明案件真实情况的电子证据可能分别存储于不同或相同地域的不同网站或相同网站上的一台或多台服务器上。同时,由于网络行为与网络数据传输的连续性,分散的电子证据往往具有时空上的连续性,并能相互印证,形成证明事实的直接证据。

》二、电子证据的法律地位

目前在电子证据研究过程中,争论最为激烈的问题之一是电子证据的法律地位问题,即电子证据应归于现有证据种类中的哪一类,电子证据是否要作为一种单独的证据种类而存在。我国学者先后提出了"视听资料说"、"书证说"、"物证说"、"鉴定结论说"、"混合证据说"和"独立证据说"等观点。

(一) 视听资料说

电子证据属于视听资料的一种,在早期几乎为通说,且至今仍为大多数学者所接受,这与视听资料的历史成因有一定的关系。在我国第一部诉讼法,即 1979 年颁布的《中华人民共和国刑事诉讼法》中,没有将视听资料作为一种独立的证据。后来为了解决录音、录像等新型证据材料的归类问题,在 1982 年的《中华人民共和国民事诉讼法(试行)》中首次规定了视听资料这一新的证据种类,并把录音、录像、计算机存储资料等划归其中。这也就是为什么目前仍有许多学者支持将电子证据视为视听资料一种的主要原因。

另外,有学者还总结了几点理由予以支持,例如,电子证据如同视听资料皆可显示为"可读形式",因而也是"可视"的;视听资料与电子证据在存在形式上有相似之处;存储的视听资料及电子证据均需借助一定的工具或以一定的手段转化为其他形式后才能被人们直接感知;两者的正本与副本均没有区别等。针对视听资料说,也有学者予以反对。其理由大致如下:将电子证据中文字的"可视"和视听资料中的"可视"混合在一起没有充分的理由;将电子证据视为视听资料不利于电子证据在诉讼中充分发挥证据的作用,因为视听资料是间接证据等。

有学者认为上述观点存在片面与不足。依照前者在电子商务活动中,当事人通过 E-mail、电子数据交换方式而签订的电子合同属于连续的声像来发挥证明作用的视听资料,显然有些牵强;对于后者,简单依据《民事诉讼法》第六十九条就断定"视听资料系间接证据,故主张电子证据系视听资料将面临重大法律障碍",显然过于轻率。也有学者认为,将电子证据归入视听资料的范畴,无疑是削足适履,并不符合联合国国际贸易法委员会通过的《示范法》的精神;倘若按此主张立法,我国在司法实践中将会碰到许多与各国不相吻合、不相适用的法律问题。

(二) 书证说

书证,指以文字、图画、符号等表达的思想内容来证明案件事实的资料。其与电子证据的相同之处就在于两者都以表达的思想内容来证明案件的事实情况。基于这一相同点,有学者提出了"电子证据系书证"的观点,该观点在国外的立法实践论证和国内众多学者的推波助澜下,其声势已盖过"视听资料说",并似乎已被多数学者接受。支持者提出了大致如下理由:普通的书证与电子证据的记录方式不同、记载内容的介质也不同,却具有相同的功能,即均能记录完全的内容;电子证据通常也是以其代表的内容来说明案件中的某一问题,且必须输出、打印到纸上(当然也可显示在屏幕上),才能被人们看见、利用,因而具有书证的特点;《民法典》第四百六十九条规定:"当事人订立合同,可以采用书面形式、口头形式或者其他形式。书面形式是合同书、信件、电报、电传、传真等可以有形地表现所载内容的形式。以电子数据交换、电子邮件等方式能够有形地表现所载内容,并可以随时调取查用的数据电文,视为书面形式",据此也可以推断出电子证据系书证的一种;各国立法上尝试的功能等同法亦在填平传统书面形式与电子证据之间的鸿沟。

针对书证说,有学者提出了反对意见。外国法律文件的规定,不能成为在我国进行简单类比、类推的当然理由;书面形式并不等同于书证,某一事物若属于书面形式则不一定得出其就是书证的结论;主张电子证据应归为书证很难解决法律对书证"原件"的要求问题;功能等同法并不能解决电子证据的定性问题;"书证说"难以圆满回答计算机声像资料、网络电子聊天资料的证明机制问题。

(三) 物证说

在我国,主张电子证据系物证的学者不多。有学者指出,物证有狭义物证与广义物证之分。狭义物证是以其存放的地点、外部特征及物证特性等起证明作用的物品和物质痕迹。广义的物证指一切实物证据。电子证据属于广义物证的范围。也有人指出,电子证据在不需要鉴定的情况下属于书证,但有时也可能需要鉴别其真伪,故也可能成为物证。

(四) 鉴定结论说

将电子证据归为鉴定结论,是极少数学者的看法。它主要是从转换的角度得出的结论。例如,有的学者认为:"如果法院或诉讼当事人对电子数据的可信性有怀疑,可以由法院指定专家进行鉴定,辨明其真伪,然后由法院确定其能否作为认定事实的根据。"

对此,反对者认为,根据我国法律的规定,鉴定是具有专门知识或专门技能的人,接受委托或聘请,对案件中某些专门性问题进行分析、判断的一种诉讼活动,其得出的结论意见即鉴定结论。鉴定的目的是为了解决案件中某些关系是否存在、某些事实或现象的真伪、某些事实的有无、某些事实的程度及某些事实的因果等,而这些需要鉴定的关系、事实或现象等通常已是可采用的证据,只是还需要以鉴定的方式判断其是否可采信。在电子证据被许可采用之前,是不存在对可信度进行判断的问题的。换言之,只有在电子证据已被采用的前提下,才需要专家就其真伪进行分析判断,才需要法院依据专家的鉴定结论确定其是否能作为认定事实的根据。因此,鉴定结论说有其不妥之处。

(五) 混合证据说

混合证据说认为电子证据是若干传统证据的组合,而非独立的一种新型证据,也非传统证据中的一种。有学者将电子证据分为四类,即书证、视听资料、勘验检查笔录和鉴定结论证据。另有学者认为:"在我国一时还难以通过证据立法对证据的'七分法'进行修正的情况下,将其分别归为电子物证、电子书证、电子视听资料、电子证人证言、电子当事人陈述、关于电子证据的鉴定结论及电子勘验检查笔录无疑是最合理的选择。"

➤ （六）独立证据说

鉴于电子证据种类划分的复杂性和其本身的特殊性，并参考国外的电子证据立法，有学者提出，将电子证据作为一种独立的证据种类，以适应电子证据在司法中日趋增长的新形势。

从有利于电子商务法律环境的角度出发，有学者提出："电子证据显然有其自身区别于其他证据的显著特征，其外在表现形式亦是多媒体的，几乎涵盖了所有的传统证据类型，将其归为哪一类传统证据都不合适。而所有电子证据均是以数据电讯为交易手段的，以商事交易的现实需要来说，完全有理由将其作为一种新类型证据来对待，确立起电子证据自身统一的收集、审查、判断规则，为电子商务关系的法律调整提供一个完整的法律平台。"

但是，反对者也提出了自己的观点，有学者认为："电子证据同七种传统的证据相比，并未创造一种全新的证明机制，如果说有所不同则仅是外在形式的不同。'独立证据说'虽然在一定程度上是为了强调电子证据的重要性，但难免有过于轻率之嫌。"现在，有越来越多的学者支持在立法上把电子证据作为一种独立的证据类型来对待，这在 2011 年《中华人民共和国民事诉讼法修正案（草案）》中得到了立法支持。《中华人民共和国民事诉讼法修正案（草案）》在第六十三条证据类型中首次将"电子证据"作为独立的证据类型予以明确。支持独立证据说的学者的理由如下。

第一，将电子证据作为一种独立的证据类型符合现行证据分类方法。我国现行证据分类方法主要是根据各种证据的不同特性。电子证据虽然与其他现有证据有共通之处，但更多地表现出不同之处，如电子证据的高科技性、隐蔽性、复合性等，并且由于上述特点才是电子证据的本质特征，而所有这些特征都无法被现行证据类型所涵盖。

第二，电子证据作为独立证据种类具有现实的需要性。将电子证据作为独立的证据种类，有利于建立一套适合电子证据自身特点的证据统一收集、审查、判断规则，以满足此类司法实践的需要。例如，在电子证据的审查、判断中，法官就需要依法指派或聘请具有专门计算机方面知识的人士对电子证据真实性进行鉴定，依据鉴定结论作出判断，而在其他证据的审查、判断中，专家鉴定证据并不是必须的。

第三，将电子证据作为一种独立的证据类型能较好地解决与现行证据制度的冲突。无论是将证据归入视听资料，还是书证，都会产生诸如"原件与复制件"、"直接证据与间接证据"、"无纸化与有纸化"等方面的冲突。而将电子证据作为独立的一种证据，就能很好地化解上述问题，并且这种方法在立法技术上也相应简便，仅需在中国现行证据类型清单中加列"电子证据"一项，再辅之以一些电子证据专门认证规则，就能达到很好的效果。

第四，将电子证据作为一种独立的证据类型符合我国入世后法律的国际接轨的客观要求。联合国国际贸易法委员会的《示范法》虽然仅是法律草案，没有国际法的效力，但因该机构在世界范围内的权威性，《示范法》实际上已成为各国电子商务立法的示范文本，其规定在很多国家实际上已被国内法转化为有法律约束力的法律条文。"经济全球化"的客观要求是法律的全球化,这一点在电子商务活动中表现得更加明显。因此,参照《示范法》的规定来制定我国的电子证据法律制度,实际上是为了与国际惯例接轨的需要。

三、电子证据的分类

(一)以电子证据存储的系统为标准进行分类

1. 存储在计算机系统中的电子证据。指存储于计算机系统之中,即数据是人为输入或者计算机系统自动生成的,采用电磁技术或者光存储等现代计算机存储技术存储于计算机的存储介质上,并且能够通过计算机真实、形象地再现其记录内容的一类电子证据。

2. 存储在类似计算机系统中的电子证据。电子数据除了可以记录在计算机系统中,还可以存储在其他类似计算机的系统之中。例如,数码照相机所照的照片在转储入计算机之前,就是以数字的形式存储在照相机的存储卡之中的;手机短信也是存储在计算机系统之外的。在民事诉讼的很多案件中,这些证据对于事实的认定起到了关键的作用,但仔细追究起来,它们又很难被归入传统的七种证据形式之中,并且这种数据除了存储方式与上述第一类电子证据有差别外,其他特征几无二致。因此,此类证据也应归入电子证据之列。

(二)以电子证据表现形式不同为标准进行分类

1. 文本证据。指通过计算机文件处理系统形成的文件来证明案件事实的证据。文本证据由文字、标点、表格、各种符号或其他编码文本组成。在民事诉讼中,不同类型的文字处理软件生成的文件不能兼容(如 Word 和 WPS),使用不同代码规则形成的文件也不能直接读取。所有这些软件、系统、代码连同文本内容一起,构成了文本证据的基本要素。

2. 图形证据。指由计算机专门的软件系统辅助设计或辅助制造的图形数据来证明案件事实的证据。通过图形,人们可以直观地了解非连续性数据间的关系,使复杂的信息变得生动明晰。

3. 数据库证据。指由计算机内的数据库来证明案件事实的证据。数据库是由若干原始数据记录所组成的文件。数据库系统的功能是输入和存储数据、查询记录及按照指令输出结果,它具有很高的信息价值。

4. 程序文件证据。指由计算机内的程序文件来证明案件事实的证据。计算机是进行人机交流的工具,软件就是由若干个程序文件组成的。在民事诉讼中,许多案件事实是靠程序文件来证明的。

5. 多媒体证据。指通过集合了文本、影像、图片、声音、图画等多种形式的复合媒体文件,来证明案件事实的证据。多媒体通常经过扫描识别、视频捕捉、音频录入等综合编辑而成。在民事诉讼中比较形象、直观,使人一目了然。

(三)以电子证据形成过程中所处的环境为标准进行分类

1. 数据电文证据。指数据电文正文本身即记载法律关系发生、变更与灭失

▶ **225**

的数据，如电子邮件、电子数据交换的正文。

2. 附属信息证据。指对数据电文生成、存储、传递、修改、增删而引起的记录，如电子系统的日志记录、电子文件的属性信息等，其作用主要在于证明电子数据的真实性，即证明某份电子数据是由哪一个计算机系统在何时生成的、由哪一个计算机系统在何时存储在何种介质上、由哪一个计算机系统或 IP 地址在何时发送的，以及后来又经过哪一个计算机系统或 IP 地址发出的指令而进行过修改或增删等。

3. 系统环境证据。指数据电文运行所处的硬件和软件环境，即某一电子数据在生成、存储、传递、修改、增删的过程中所依靠的电子设备环境，尤其是硬件或软件的名称和版本。

这三种证据在民事诉讼中所起的证明作用是不同的。数据电文证据主要用于证明法律关系或待证事实，它是主要证据；附属信息证据主要用于证明数据电文证据的真实可靠，它和用于证明传统证据保管环节的证据一样，必须构成一个完整的证明锁链，表明每项数据电文证据自形成直到获取、最后到被提交法庭，每一个环节都是有据可查的，也构成一个证据保管链条；系统环境证据则主要用于在庭审或鉴定时显示数据电文的证据，以确保该数据电文证据以其原始面目展现在人们的面前。

▶ （四）以电子证据运行系统环境为标准进行分类

1. 封闭系统中的电子证据。所谓"封闭系统"，可以概括为由独立的某一台计算机组成的计算机系统不向外界开放，用户相对固定，即使多台计算机同时介入数据交换过程，借助监测手段也可以迅速跟踪查明电子证据的来源。典型的"封闭系统"有银行内部管理系统，银行系统的员工一般都固定自己的终端计算机来进行内部网络数据交换。这时，判定哪一台计算机实施了违规操作非常简便，难的便是确认"人"的问题，即通过传统查证方法查找"行为人"。

2. 开放系统中的电子证据。"开放系统"可概括为由多台计算机组成的区域网、城域网和校园网络系统，其特点是证据来源不确定。

3. 双系统中的电子证据。"双系统"则是"封闭系统"与"开放系统"的合称，并不是说某个计算机系统有时是封闭系统，有时又变成了开放系统。如果某种电子证据不仅经常在"封闭系统"中出现，也经常在"开放系统"中出现，那么可将这种电子证据称为"双系统中的电子证据"。常见的有电子数据交换证据与电子签名等。传统的电子数据交换是在一个封闭的计算机系统进行的，故传统电子数据交换主要属于封闭系统中的电子证据；而现代的电子数据交换则多是在因特网上进行的，故现代电子数据交换基本属于开放系统中的电子证据，俗称开放电子数据交换。电子签名现在主要用于对因特网上的商务文件进行审核确认的目的，同时也有用于封闭计算机网络，甚至单一计算机的，如对数码照片通过电子签名方式进行确认以防止伪造等。将这些电子证据单列为"双系统中的电子证据"进行研究，有利于进行个体比较，寻找差异与共性。

（五）以电子证据形成的方式为标准进行分类

1. 电子设备生成证据。指 ATM 机或类似 ATM 机生成的证据。这一种电子数据的最大特点是，它是完全基于计算机等设备的内部命令运行的，没有掺杂人的任何意志。例如，平时人们凭信用卡在 ATM 机上取款时，ATM 对所输入密码是否正确、取款的时间与数额等的记录即属此类。如果把相关的计算机等设备比喻成证人，那么该证据就是基于该证人本身的知情而得出的，因此它根本不发生英美法系所说的传闻问题。

2. 电子设备存储证据。指纯粹由计算机等设备录制人类的信息而得来的证据，如对他人的电话交谈进行秘密录音得来的证据，又如由人将有关合同条文输入计算机形成的证据等。这一过程中，如果把相关的计算机等设备也比喻成证人，那么此证据就是由该证人"道听途说"而来，故它必须通过英美法系的传闻证据规则的检验。当然，这种"道听途说"相比真正证人的"道听途说"而言，要可靠一些，不会掺杂行为人的主观好恶。对此类证据证明力大小的判断，除了要考虑计算机等设备的准确性外，还要考虑录入时是否发生了影响录入准确性的因素等。

3. 电子设备混成证据，即计算机存储兼生成证据。指由计算机等设备录制人类的信息后，再根据内部指令自动运行而得来的证据。例如，财务人员将收支各项明细输入计算机后，计算机再自动计算收支总额，最后得出当天、当次的收支明细表及账面余额等即属此类证据。由于这类证据兼有上述两种证据的性质，因此对其可采性和证明力的认定均要复杂得多。

第二节　电子证据的收集与保全

一、电子证据的收集

（一）收集电子证据面临的困难

收集证据是诉讼的首要环节。只有收集到确实、充分的证据，才能使自己居于有利的诉讼地位。在我国，实际上司法机关对电子证据的调查取证面临以下困难。

1. 法官缺乏计算机知识和技能是调查取证的现实难点

现阶段中，只有少数人员能解释程序设计语言指令、读懂计算机存储的信息。因此，可能出现不具备计算机知识的审判人员收集不到证据，甚至收集之后也会因各种防不胜防的原因而破坏这些重要的证据。

2. 技术上的难题

技术取证与反取证总是相伴而生的，有的当事人比较精通计算机，他们会对收集电子证据工作设置一定的障碍，采取一定的技术手段将数据加密或隐藏，或将非法数据转化为合法的形式，无形中加大了证据收集的难度。

3. 当事人的权益问题

计算机系统中不可避免地储存了诸如商业秘密、个人隐私之类的内容，法官在调查取证的同时，必然要深入了解有关计算机系统的内部资料，这样当事人为了维护自己的利益，就会有意对司法机关的调查取证工作加以阻碍。

4. 计算机国际互联网给调查取证带来巨大的困难

计算机技术的发展,使人们的信息交流跨越时空,加快了交流的速度,加大了信息量。尤其是在目前网络化情况下,收集和提取计算机中的电子证据更加困难。

(二) 收集电子证据要考虑的问题

在目前的侦查实践中,对计算机电子证据的取证过程需要考虑的问题主要包括以下三个方面。

1. 计算机电子证据的收集主体

鉴于电子证据易于删改和隐蔽性强的特点,对其进行收集必须由国家司法机关认可的专业技术人员进行,而非任何人员(包括一般办案人员)都可进行。这里的专业技术人员是指专业技术部门中能胜任具体案件办理、具有相关电子知识和电子技术的人员。

2. 电子证据收集的取证权力

根据《刑事诉讼法》的规定,侦查部门有权检查、复制和调取与案件有关的一切资料,从而为传统的侦查取证提供了有力的法律支持。但对于计算机取证过程中所采用的一些取证方式和实施的一些取证行为是否符合法律规定,是否需要有相应的授权和许可,还应该尽快明确。

3. 电子证据的证明力

一般来讲,与案件事实存在直接、内在联系的证据,其证明效力较强;反之,则较弱。由于计算机证据容易被伪造、篡改,并且被伪造、篡改后不留痕迹,再加上计算机证据由于人为的原因或环境和技术条件的影响容易出错,故习惯将计算机证据归入间接证据。从目前的侦查取证来看,计算机取证也是处在辅助取证的地位,主要的作用是获取与案件相关的线索,起辅助证明作用。

(三) 收集电子证据应遵循的原则

1. 及时性原则

及时性原则就是在获取相关电子证据的同时,应当采用相应的技术手段对其进行保全。此原则与收集传统证据的原则相同。一旦错过时机,证据可能就不复存在。

2. 合法性原则

合法性原则包含两项内容。一是保证证据的连续性。即在证据被正式提交给法庭时,必须能够说明在证据从最初的获取状态到在法庭上出现状态之间的任何变化,当然最好是没有任何变化。二是专业人士见证。取证工作应在计算机专业人士的见证下进行,专业见证人起到传统见证人见证的作用。

3. 全面性原则

既收集存于计算机软、硬件上的电子证据,也收集其他相关外围设备中的电子证据;既收集文本,也收集图形、图像、动画、音频、视频等媒体信息;既收集对犯罪嫌疑人不利的证据,也收集对其有利的证据。

4. 专家取证原则

专家取证原则要求收集电子证据人员必须掌握计算机与网络的知识和技能,遇到高难度的取证问题时,应聘请计算机网络专家协助。

（四）电子证据收集的方法

电子证据的收集,即电子证据的取证,是指电子证据在未经伪饰、修改、破坏等情形下进行的取证。主要方法如下。

1. 网络勘查

网络勘查指调查人员对由许多计算机构成的数字化网络进行勘验、检查,提取痕迹物证的专门方法。它不仅仅限于刑事案件中具有侦查措施性质的现场勘查,而且在民事案件中亦有广阔前景。例如,陈某诉成都电脑商情报社"戏说MAYA"侵权案中,北京市海淀区人民法院在庭审时就使用了所谓的"网络(现场)勘查"方法,即对网络中存在的网页现场浏览、上传与删除,并获得了成功。

2. 强制网络服务商提供电子证据

随着互联网的普及以及电子签名、电子认证事业的发展,网络服务提供商的地位和作用日益突出。在电子商务纠纷和网络犯罪中,有许多重要的数据信息由网络服务提供商所控制,而这些数据信息往往对纠纷的解决和案件的侦破起着关键作用。

3. 电子证据的搜查、扣押

这是国家侦查机关拥有的专门刑事调查措施。在刑事案件中,公安机关、检察机关依照法律赋予的权力,深入案发现场,对涉及犯罪的计算机设备、外部存储设备及其中储存的电子数据进行搜查和扣押,以获取犯罪行为的电子证据。

4. 电子证据的网络监控、截听

电子证据的网络监控和截听,主要是针对通过计算机网络实时传输的与犯罪有关的电子邮件、电子公告、电子聊天及处于交换过程中的数据电文进行监控和截获的一种方式。出于对人权和个人隐私的保护,一般由各国专门设置并赋予相应权限的网络警察实施。

二、电子证据的保全

（一）电子证据保全的概念及意义

证据保全,是指在证据可能灭失或以后难以取得的情况下,法院根据申请人的申请或依职权,对证据加以固定和保护的制度。

电子证据的保全是证据保全中的一种,指对于可能灭失或者以后难以提取的电子证据,人民法院、公证机关及其他有义务保全的机关或组织根据当事人的申请或者主动依职权或义务采取一定的措施先行加以固定和保护的行为。诉讼是以证据为基础展开的。依据有关证据,当事人和法院才能够了解或查明案件真相,明确争议的原因,正确、合理地解决纠纷。然而,从纠纷的发生到开庭审理必然有一段时间间隔,在这段时间内,某些证据由于自然原因或人为原因,可能会灭失或者到开庭时难以取得。为了防止这类情况的出现给当事人的举证和法院的审理带来困难,保障当事人的合法权益,《民事诉讼法》规定了证据保全制度。在出现证据可能灭失或以后难以取得的情况下,法院通过对证据的固定和保护,可以避免在开庭审理时,由于证据的灭失或难以取得给案件审理带来的困难,以维护当事人的合法权益。

(二)电子证据保全的原则

1. 合法性原则

电子证据的合法性要求包括证据方法的合法性和证据程序的合法性。法律应当对电子证据的证据方法和程序做出必要的规定。由于电子证据的特殊性,即很容易暴露个人的隐私等,因此在电子证据的保全过程中,合法性显得尤为重要。与此同时,合法性原则也保证技术的充分应用且受到一定的限制。

2. 效率成本原则

诉讼的目的在于解决纠纷,在能够解决纠纷的基础上,要尽量减少诉讼成本,提高效率。由于电子证据具有特殊的属性,因此在保全电子证据的过程中,效率和成本都是十分重要的问题。要注意成本和效率的有机结合,防止得不偿失。尤其是时间效率,电子证据具有较强的时间性,及时保全是电子证据自身的内在要求。另外,及时性原则也是举证时限的要求,逾期不举证则应承担举证不能的法律后果。

3. 完整性原则

完整性是反映电子证据证明力的一个特殊指标。完整性包括电子证据本身的完整性和电子证据所依赖的计算机系统的完整性。电子证据本身的完整性,指数据的内容保持完整并且未被改动。电子证据所依赖的计算机系统的完整性,主要表现为:第一,记录该数据的系统必须处于正常的运行状态;第二,在正常运行状态下,系统对相关过程必须有完整的记录;第三,该数据记录必须是在相关活动的当时或即后制作的。计算机系统的完整性实际上同电子证据的完整性密切相关,前者是为了保证后者而设置的一项标准。

4. 最小破坏原则

一般情况下,保全电子证据需要较高的专业技术,在保全过程中很容易破坏原来的数据和系统。最小破坏原则要求在保全电子证据的过程中,不能对原来的设备及系统进行任何改动和破坏,以保证电子证据的原始性,并能够使保全的证据与原始资料相互印证。

(三)电子证据保全的措施

1. 法院保全

法院保全指由法院进行的保全,是狭义的保全,以申请人难以取得证据或证据可能灭失为前提。法院保全措施,一般是法院根据申请人的申请而采取的。但在法院认为必要时,也可以由法院依职权主动采取证据保全措施。申请采取证据保全措施的人,一般是当事人,但在某些情况下,也可以是利害关系人。

法院保全措施不仅可以在起诉时或法院受理诉讼后、开庭审理前采取,也可以在起诉前采取。在前一种情况下,法院既可以根据申请人的申请采取,也可以在认为必要时,依职权主动采取。在后一种情况下,申请人既可以向有管辖权的法院提出,也可以向被保全证据所在地的公证机关提出。但此时,无论是法院,还是公证机关,都只能根据申请人的申请采取保全措施,不能依职权主动采取证据保全措施。

向法院提出证据保全申请,应提交书面申请状,该申请状应载明以下内容。

(1)当事人及其基本情况。

(2)申请保全证据的具体内容、范围、所在地点。

(3)请求保全的证据能够证明的对象。

(4)申请的理由,包括证据可能灭失或者以后难以取得,且当事人及其诉讼代理人因客观原因不能自行收集的具体说明。

保全证据的范围,应当限于申请人申请的范围。申请人申请诉前保全证据可能涉及被申请人财产损失的,法院可以责令申请人提供相应的担保。法院收到申请后,如果认为符合采取证据保全措施条件的,应裁定采取证据保全措施;如果认为不符合条件的,应裁定驳回。对于在起诉前,申请人申请证据保全的,申请人在法院采取保全证据措施后15日内不起诉的,法院应当裁定解除保全的措施。

2. 证据保全公证

证据保全公证,是指公证机关对于与申请人权益有关的日后可能灭失或难以取得的证据依法进行收存和固定以保持证据的真实性和证明力的活动。我国《民事诉讼法》第六十五条第二款、第六十七条及《最高人民法院关于民事诉讼证据的若干规定》第九条第六款、第七十七条作出了相应的规定。由此可见,经过公证所取得的证据可以被法院直接作为认定案件事实的根据,具有较高的法律效力。相对于法院保全而言,公证保全具有更大的优越性。公证保全可以使电子证据的合法性、真实性、关联性和完整性得到保障,使电子证据具有预决的证据能力和证明力。

向公证机关提出保全申请,应当提交公证申请表。该公证申请表应当包括以下内容。

(1)申请证据保全的目的和理由。

(2)申请证据保全的种类、名称、地点和现存状况。

(3)证据保全的方式。

(4)其他应当说明的内容。

3. 网络公证保全

网络公证,指由特定的网络公证机构,利用计算机和互联网技术,对互联网上的电子身份、电子交易行为、数据文件等提供增强的认证和证明及证据保全等公证行为。也有人称这种公证机构和系统为“公正的第三方”。在这种公证方法中,公证人员不和申请人见面,而是借助网络平台,从网上接受并审查当事人的委托。

我国已经出台了一整套适合我国网络公证的办证方案,此方案包括三个部分:

(1) 以 CA 公证审核的审核程序为基础解决身份确认,包括资格、信用等。

(2) 网上证据(电子合同、交易记录、电子文件、审核记录等)备份。

(3) Escrow(第三方托管)网上提存服务。

其中,网络公证的数据保全服务,是网络公证的核心项目。

4. 电子档案管理

电子文件具有很多档案学的特征,如信息的高科技性、信息量大及信息种类多元化、信息与载体的可分离性、信息对系统的依赖性等。对于同一来源、同一全宗内的电子文件,是一个不可分散的有机整体;同时,不同来源、不同全宗的文件不能混淆。电子档案管理有利于维护电子文件的完整性,并且操作简单,程序简单,可以保证证据的完整性和真实性。

第三节　电子证据的审查

电子证据的认定实际上是对电子证据的证明力大小进行认定或者审查。证据的证明力即证据的证明价值,指由法官对证据的可信性和关联性加以审查所产生的对案件事实的证明效力。证据的证明力反映了某项证据与案件主要事实之间的关系,同时也反映了某项证据对待证事实产生证明作用的效果。

相关知识

2012 年修正的《刑事诉讼法》第四十八条规定,证据必须经过查证属实,才能作为定案的根据。审查判断证据,指对于已收集到的各种证据材料,进行分析研究、审查判断、鉴别真伪,以确定各个证据有无证明力和证明力大小,对于整个案件作出合乎实际的结论。电子证据极容易被篡改、伪造,且难以被识破,难以恢复,因此对电子证据更应加强审查认定。

一、电子证据的审查内容与方法

(一)电子证据相关性的审查

所谓证据的相关性审查,主要指对电子证据与案件事实之间有无内在联系方面的审查。一个电子证据必须与案件的某一事实有某种联系,能够证明案件的真实情况,才能起到证据作用,否则就没有证据价值,也不能被称为证据。审查电子证据的相关性应考虑以下两个方面。

1. 审查电子证据与案件事实有无客观联系

法官判断电子证据与案件事实是否具有相关性,主要考虑以下三个问题:

(1) 电子证据是否能够证明案件某一方面的问题。

(2) 该问题是否为案件事实争议的问题。

(3) 该电子证据对争议问题的解决是否有实际或实质性的意义。

2. 审查电子证据与案件事实联系的方式、性质、联系的紧密程度和确定程度

证据的证明力决定于证据同案件事实的客观内在联系及联系的紧密程度。电子证据与案件联系一般表现为以下两种状况：

（1）作为电子证据的事实与案件中待证明事实部分或全部相合，这种证据的证明力较大。

（2）证据虽与待证明事实不重合，即不是案件的组成部分，但与案件待证明事实有直接或间接的联系，能够为待证明事实提供证明情况，这种证据的证明力相对较小。

◥（二）电子证据客观性的审查

电子证据客观性审查的主要目的是对证据的真实性，即是否符合案件的实际情况进行审查，以确定该证据是否被篡改过，是否具有证据价值。联合国国际贸易法委员会《电子商务示范法》第九条第二款规定："对于数据电文为形式的信息，应给予应有的证据力。在评估一项数据电文的证据力时，应考虑到生成、存储或传递该数据电文办法的可靠性，考虑到保持信息完整性办法的可靠性，考虑到保持该信息的一致性方法的可靠性，以及任何其他相关因素。"基于这一原则，应从以下三个方面对电子证据的客观性进行审查。

1. 审查电子证据的来源

（1）明确电子证据是在有关事实的行为发生时留下的，还是以后专为诉讼目的而形成的。电子证据所反映的内容是否真实可靠，有无伪造和删改的可能。

（2）查明电子证据的提供者。一般而言，如果电子证据是当事人自行收集的，应慎重审查其真实性。如果电子证据的收集方是有较高信用的第三方，如承担支付结算业务的银行、电子数据交换中心、合法的电子商务认证中心或公证机构等，就应当赋予较强的证明力。

2. 审查电子证据的收集、传送和保存的方法

（1）查明电子证据生成的软件、硬件设备是否稳定、可靠，网络状况是否稳定，是否感染病毒。

（2）查明传递、接送电子数据的技术手段或方法是否科学、可靠，传递电子数据"中间人"（如网络运营商）是否公正、独立。

（3）查明电子证据是如何存储的，存储方法是否科学，存储介质是否可靠，存储时是否加密等。这些客观因素对电子证据的生成、传送和保存有重要作用，任何差错都可能使电子信息面目全非，从而大大削弱电子证据的证明力。

3. 审查电子证据的内容

充分利用先进的计算机数据分析技术与软件，判断电子证据是否真实、可靠，有无剪裁、拼凑、伪造、篡改等。对于前后不一致、自相矛盾或不合情理的电子证据应该谨慎对待，不可轻信。

◥（三）电子证据合法性的审查

所谓证据的合法性，又称有效性和法律性，指审判机关可采用的证据必须是

符合法律规定的根据或材料。任何证据的取得都必须遵循合法原则,凡是违反法定程序收集的证据,在诉讼过程中都不能作为认定事实的依据。电子证据的取得也是如此。总结中外诉讼法的有关规定,应从两个方面审查证据是否合法。

1. 审查取得电子证据的主体是否合法

我国《刑事诉讼法》第五十条规定:"审判人员、检察人员、侦察人员必须依照法定程序,收集能够证实犯罪嫌疑人、被告人有罪或者无罪、犯罪情节轻重的各种证据。"当然在法律的许可范围内,被害人、自诉人、犯罪嫌疑人、被告人、证人、辩护人、律师都可以向法院提供证据。不同主体收集的证据,其真实可靠性往往不同,法定主体获得的电子证据,其证明力要大得多。

2. 审查电子证据的收集、提取、保存是否符合法定程序和方式

我国《刑事诉讼法》对于收集证据的程序、方法做了具体的规定,取得证据必须遵循法定程序,这样才能保证证据的合法性与司法行为的有效性。违背法定程序和要求所取得的证据是无效的,不能作为证据使用。将合法性视为电子证据审查的必要条件,能更好地从程序上、法律上避免主观性。

对电子证据收集、提取、保存的合法性审查内容主要如下:司法机关在提取电子证据的过程中是否遵守了法律的有关规定;司法机关以秘密方式提取电子证据时是否经过授权,是否符合法定的秘密取证程序;提取电子证据的方法是否科学、可靠;证据提取者在决定对电子数据进行重组、取舍时,所依据的标准是什么,所采用的方法是否科学、可靠等。

在电子证据的合法性审查中会遇到一些因欠缺证据合法性要件而不具备法律效力的证据,被称为"瑕疵证据"。对于"瑕疵证据"的处理要慎重,如有可能,应该首先考虑通过嫌疑人认可、补充侦察等方式重新获得法律效力。如果条件不允许,则应权衡利弊,综合判断,将采用该证据得来的不利后果与其具有的证明价值进行比较,从而实现最佳取舍。只有通过规范与电子证据收集、勘验检查、检验鉴定和审查判断的法定程序,以及提高执法者的法律、计算机水平,来保证电子证据收集、提取、保存的合法性,才能尽量减少"瑕疵证据"的产生,提高诉讼效率。

↘ (四) 电子证据的审查方法

鉴于电子证据容易被篡改,为准确界定案件事实,通常对电子证据可以采取以下审查方法。

1. 庭审质证

《最高人民法院关于执行〈中华人民共和国刑事诉讼法〉若干问题的解释》第五十八条规定:"证据必须经过当庭出示、辨认、质证等法庭调查程序查证属实,否则不能作为定案的根据。"因此,法庭质证是审查证据必须遵守的法定诉讼程序,也是审查证据的重要方法,对电子证据也是如此。除了法律规定,涉及国家秘密、商业秘密等原因外,在法庭审理阶段,应当尽可能地将相关的电子证据在法庭上借助多媒体设备出示、播音或播放,认真听取提供人对证据情况的介绍,并征询控辩双方的意见,从而作出正确的判断。不宜当庭出示的上述电子证据也应当在庭审中释明原因。

2. 技术检查

比起普通证据,电子证据往往具有一定的技术性。因而,对其审查判断就必须由具有一定网络知识的人员进行检查,主要是运用科学技术知识及先进的科技设备对获得的电子证据和形成过程进行检查验证,如检验电子介质的分辨率、记录载体与运行设备的性能、电子数据生成的日期与原始提取记录是否吻合等。

3. 科学鉴定

电子数据是以电磁或光子信号等物理形式存在于各种存储介质中,因而容易被改动或删除,而这单凭普通人的感官感觉无法辨明真伪,必须由专门人员进行鉴定。因为电子证据能够反映出案件发生全过程或部分动态过程,作案人无论有多么高明的伪造手段,终究不能面面俱到,往往难逃利用科技设备所做的鉴定。例如,鉴定某一时段(刻)互联网上某网页的真伪,可以利用网络截屏来鉴别;鉴别录像资料中的画面有无利用录像编辑机重新编辑,就可以通过高能分辨仪予以鉴核;看录音磁带是原始生成还是剪辑合成,可以利用音素分辨仪进行鉴定等。

4. 对比印证

任何证据的真实性,都不是靠自己证明自己,而是要依赖于其他证据进行佐证。对于运用电子方式获取的录音、录像、网页截屏、电子数据等资料进行审查,检验其是否科学,同样也应当同其他证据进行对照。经过对照能够相互印证,并能排除合理怀疑的证据才能作为证据使用。否则若存在矛盾,则需要找出矛盾之所在,再对全案证据进行认真梳理审核后方能作出最后评断。

5. 模拟验证

电子证据具有一定的脆弱性,往往稍纵即逝。在司法实践中,对电子证据也很难固定,而有些电子证据却对定案起着决定性作用。鉴于此,可以通过模拟场景和掌握的案发时的条件进行检测,促使电子证据"再现",从而有效地认定案件事实。

二、证据规则

(一) 证据采纳规则

证据采纳规则包括以下五个方面。

1. 非法证据排除规则

非法证据即违反法律规定收集或提取的证据。如何对待非法证据,世界各国在立法上或司法实践中有不同的做法。我国现行的《刑事诉讼法》仅对取证方法作出了禁止性规定而没有就非法证据排除问题作出明确规定,换言之,只是列举了一些非法证据而没有规定是否排除。虽然最高人民法院和最高人民检察院的有关司法解释就非法证据排除问题作出了补充规定,但是仍然不够具体明确。

2. 传闻证据排除规则

传闻证据排除规则是英美法系国家的重要证据规则,并且在一些大陆法系国家中也有类似的规定。目前,我国的法律还没有就传闻证据规则作出具体的规定,只是在学理上有所阐述。根据传闻证据规则,证人在法庭以外所作出的陈述一般都不能在诉讼中采纳为证据,可以采纳的情况属于传闻证据排除规则的例外。设立传闻证据排除规则的理由主要在于:第一,传闻证据有误传或失实的风险,可能影响司法的实体公正;第二,采纳传闻证据实际上剥夺了对方当事人的质证权,会影响司法的程序公正。在目前我国证人出庭率极低的状况下,设立传闻证据排除规则具有重大的现实意义。

3. 意见证据排除规则

意见证据排除规则的基本要求是,证人只能向司法机关陈述其知晓或了解的案件事实情况,不能对案件事实进行推测、分析和评价,不能提供个人对案件情况的意见。换言之,带有意见性质的证人证言一般不能采纳为诉讼中的证据。确立意见证据排除规则的理由主要有两个:其一,普通证人没有提出结论性意见的专门知识,其意见往往带有主观片面性,可能干扰或影响法官或陪审员对案件事实的正确判断;其二,对于案件中一般事实问题的认定不需要专门知识,法官或陪审员完全有能力自己作出判断,无须证人提供意见。然而,在有些情况下,意见证言是不易排除或不宜排除的,因此,意见证据排除规则也有例外。

4. 品格证据规则

所谓品格证据,指能够证明一个人的品行、性格、行为习惯等特征的证据。品格证据既包括良好品格的证据,也包括不良品格的证据。诉讼活动中使用的品格证据一般涉及以下内容:第一,关于某人在工作单位或社会上名声的证据;第二,关于某人特定的行为方式或社会交往方式的证据;第三,关于某人以前有劣迹或前科的证据。

5. 有限采纳规则

证据的"有限采纳规则"又称为证据的"部分可采性规则",是英美法系国家证据法中关于证据可采性的一个重要规则。按照这个规则,某些言词或实物证据只能为某个限定的目的而被采纳为证据。例如,某证人先前的矛盾性陈述可以用来对该证人进行质疑,但是不能用来认定案件事实;某证据可以采用,但是只能针对一方当事人而不能针对另一方当事人。在英美法系国家的司法实践中,"有限采纳"的证据多用于对证人的质疑,包括证明某证人身上存在感觉缺陷,证明某证人的精神状态有问题,证明某证人以前曾经作出过与其法庭证言相矛盾的陈述等。

(二) 证据采信规则

证据采信主要包括以下规则。

1. 补强证据规则

补强证据规则指法律明确规定某些种类的证据对案件事实的证明力不足,不能单独作为证明案件事实的根据,必须还有其他证据佐证,因此又称为佐证规则。

2. 证明力优先规则

应该遵循的优先采信规则。根据有关的司法证明理论和司法实践经验,证明力优先规则可以包括以下内容:第一,原生证据的证明力大于派生证据的证明力;第二,直接证据的证明力大于间接证据的证明力;第三,经过公证的书证的证明力大于其他书证的证明力;第四,按照有关程序保存在国家机关档案中的书证的证明力大于其他书证的证明力;第五,物证及其鉴定结论的证明力大于其他言词证据的证明力;第六,与案件当事人没有亲友关系和利害关系的证人证言的证明力大于有上述关系的证人证言的证明力。司法人员在具体案件中比较两个证据的证明力时,必须注意证明对象和证据内容的一致性。

3. 心证公开规则

法官在决定是否采信证据时必须享有一定的自由裁量权,即所谓的"自由心证"。所谓心证公开,即法官认证的结论和理由应当向当事人乃至社会公开。心证公开可以有两种表现方式:其一是在法庭审判中的公开,即通过法官的当庭认证等活动表现出来的心证公开;其二是在判决文书中的公开,即通过法官在判决文书中说明采信证据的理由所表现出来的心证公开。由于对证据的真实性和证明力的评断与认定往往在庭审之后进行,因此判决文书中的公开实际上是心证公开的主要方式。

【活动项目设计】

2006年11月,浙江某服饰有限公司(以下简称"甲公司")接到美国加利福尼亚州某服饰有限公司(以下简称"乙公司")的一封电子邮件,要求订购价值200美元的饰品。甲公司很快回复表示同意,并要求对方先支付50%的货款,其余的50%货款待货到后一周内付清。乙公司表示同意,很快汇来100美元,甲公司按时发货。货到后,乙公司很快汇出余款。后来又做了几笔货款金额为几千美元的生意,乙公司付款也比较及时,双方逐渐建立了互相信任的关系。到了2007年上半年,乙公司订货量加大,由每笔几千美元上升到几万美元。2007年3月,乙公司要求订购价值2.6万美元的货物,并要求货到付款。甲公司认为乙公司信誉较好,其网站做得也很好,还能进入该网站与客户实时聊天,就同意了货到付款的条件。货物是根据乙公司的要求,直接发给了乙公司的客户,到了付款截止日期,乙公司并不支付货款,推诿货还未卖出,后又以资金紧张为借口,拖延付款时间。

甲公司认为2.6万美元数目不大,就等了一段时间,还经常进入乙公司的网站与其联系,包括催收货款。结果,乙公司不久后关闭了自己的网站,甲公司无法进入该网站与其沟通,电话、传真也无人接听。通过查找,甲公司发现乙公司又新建了网站,继续通过网络从我国多个厂家进口货物,并且经营的货物品种很多,还在不断地欺诈我国其他出口企业。甲公司想通过法律手段追讨货款,但他们苦于没有证据,步履维艰。

根据案例讨论以下问题:

(1) 本案中电子邮件和公司网站上所载的数据电文信息具有哪种证明力?

(2) 试分析电子邮件证据的法律性质。

1. 电子证据包括哪些种类?

2. 了解我国学术界对电子证据的归类观点,给出你认为合适的归类并说明理由。

3. 电子证据的收集原则有哪些?

4. 电子证据审查的主要内容有哪些?

5. 如何进行电子证据合法性的审查?

10

第十章
电子商务税收和跨境
电子商务的法律法规

【本章概要】

　　随着电子商务的体量越来越大,随之而来的就是税收问题,电子商务该不该缴税被推上了风口浪尖,我国根据电子商务具体国情提出了税收的具体做法。跨境电子商务的法律法规包括跨境电子商务主体、跨境电子商务通关、跨境电子商务税收等内容。

【学习目标】

1. 掌握电子商务税收的定义和电子商务对税收的影响;
2. 掌握我国电子商务税收的政策选择和做法;
3. 掌握跨境电子商务的优势和特点;
4. 掌握杭州跨境电子商务综合试验区的"六大体系"和"两个平台";
5. 掌握跨境电子商务税收的法律法规,了解跨境电子商务通关的法律法规。

【重点与难点】

　　重点:我国电子商务税收的政策选择和做法;杭州跨境电子商务综合试验区的"六大体系"和"两个平台"。

　　难点:跨境电子商务税收的法律法规。

【关键术语】

　　税收　跨境电子商务　重复征税　据情征税

第一节　电子商务税收概述

》一、电子商务税收的概念

1. 税收的定义

税收,是指国家为了实现其职能,凭借政治权力,依据法律规定,集中一部分国民收入形成财政收入的一种分配。税收是个古老的概念,自从国家产生之后就随之而产生。税收是国家取得财政收入的一种主要且重要的方式,税收的主要职能包括为国家取得财政收入,调节社会经济,促进社会经济发展,维护国家权益等。通常认为税收具有强制性、无偿性和固定性 3 个基本特征。税收法定,是税收最为基本的原则,所以,税法是国家法律体系的重要组成部分。

2. 电子商务税收的定义

电子商务税收,是指在现代信息时代,国家为了实现其职能,凭借政治权力,依据法律规定,对利用现代信息手段所进行的商务活动、所创造的国民收入,集中一部分形成财政收入的一种分配。电子商务税收是随着电子商务的产生和发展而产生的。电子商务的相关税收问题,近年来备受关注。

相关案例

电子商务税收问题

1. 电子商务是否缴税

大型电商缴税还算规范,个人开的网店不缴税或少缴税比较普遍,与实体店相比,一年少缴税逾 500 亿元。

全国人大代表、步步高集团董事长王填提交了关于推进电商公平纳税征管办法的议案。他对记者直言:电商近年来飞速发展,其中固然有技术进步的推动,但更多与逃避税收、低价倾销等带来的不正当竞争优势有关。京东集团代表也表示,在电商平台上,存在部分企业法人以自然人名义开网店避税的现象,造成实体店与网店税收不公平。电子商务的运营模式中的 B2B 模式,交易量较大,无论是销售方还是采购方,一般需要开发票入账,所以是正常缴税的。一般的网购主要指 B2C 和 C2C 两种模式,对电商纳税的争议也主要集中在此。那么,这两种电商的缴税情况如何?

2017 年初,中央财经大学税收筹划与法律研究中心发布的电商税收研究报告显示,大型电商缴税较为规范,天猫、京东商城、苏宁易购等 10 余家电子商务第三方平台的 B2C 电商均已进行税务登记并实施正常纳税。相比之下,C2C 电商即个人开的网店不缴税或少缴税的情况比较普遍,在 2012 年至 2016 年期间,少缴的税收额呈现逐年增长趋势。报告的分析样本主要来自某大型电商平台 B2C 与 C2C 模式网店,各 210 家,涵盖电器、服装、食品、图书、酒水、家具和化妆品等7个行业。该课题组按照所在行业平均税负,测算了全国C2C电商少缴的两个主要税种即增值税、个人所得税的数额。与实体店相比,C2C电商2015年少缴税在436.6亿～614.33亿元;2016年少缴税在531.53亿～747.92亿元。

课题组组长、中央财经大学税收筹划与法律研究中心主任蔡昌介绍,数据计算是比较保守和谨慎的,包括小微电商享受税收减免的情况,已经考虑在内了。调查结果具有广泛的代表性,可以较真实地反映出电商纳税问题的现状。由于部分电商平台监管不严,存在刷单、夸大交易数据等现象,这部分数据无法进行鉴别,也可能一定程度上影响税收额度的测算值。

2. 电子商务该不该缴税

中国社科院财经战略研究院税收研究室主任张斌表示,"电商该不该缴税"是一个伪命题,电子商务一直适用现行税法,并没有所谓的免税待遇。我国现行税法并没有针对电子商务交易的特殊规定,电商只是交易方式的改变,无论在网上销售货物还是提供劳务,均与线下传统交易适用相同的税法。蔡昌认为,从公平角度看,税收不应由于商业模式不同而有所差异,对电商征税,既不需要专门出台法律法规,也不需要为电商单独设立一个税种,现有税收体系里的财产税、行为税、增值税、所得税等,都可以适用于所有的电商。只有对电商实现征税监管,才能有效规范市场行为,形成有序竞争、有效市场。

2016年11月,国务院办公厅发出《关于推动实体零售创新转型的意见》,明确提出营造线上线下企业公平竞争的税收环境。事实上,我国的电商企业,特别是有长远发展规划的电商企业,并没有一味追求税收方面的特殊政策,而是在积极履行纳税义务:阿里巴巴集团披露的财务数据显示,该集团及蚂蚁金服2016年合计缴税238亿元。百草味,原本只是杭州下沙高校周边的一家零食店铺,2011年布局淘宝平台后,营收规模不断扩大,2015年百草味纳税额跃升至4 400万元。不仅是百草味,总部位于北京通州的裂帛、济南高新区的韩都衣舍、广州海珠的茵曼等,都是在淘宝网诞生的互联网品牌,并成为当地的纳税主力。

马云曾说,"好的电商企业肯定不是靠税收优势生存的,阿里从一开始就建立了严格的纳税制度,不希望税收问题成为企业发展的隐患。目前集团平均每个工作日缴税1亿元,全年带动平台缴税至少2 000亿元。"

3. 电子商务怎么缴税

可通过电商平台实行"代扣代缴",大部分小微电商符合免税条件,网店依然会有价格优势。既然对电商征税不存在制度障碍,为何会出现电商少缴税的现象?电商与实体店的税负不公平,主要是基于现实中的两个因素,即登记制度的缺失和保护新兴产业的考量。

我国目前对企业的税收管理是以税务登记为基础的,2014年工商总局出台的《网络交易管理办法》规定,从事网络商品交易的自然人,应当向第三方交易平台提交其姓名、地址等真实身份信息，具备登记注册条件的，依法办理工商登记。现实中，自然人卖家只需要向平台登记，不需要工商登记，而工商登记是税务登记的前提条件。

蔡昌认为，电子商务活动的数字化和虚拟性是税收征管的一个难题。此外，社会上不少人认为网购不开发票、不需要缴税，也给税务机关"以票控税"带来困难。但这些问题都是可以解决的，在大数据环境下，网络交易会在资金支付和快递物流两个环节留痕，税务部门要获得电商的经营数据，在一定程度上比实体店还要简单。

相关数据显示，目前淘宝平台上96%的商家，都符合国家关于小微企业增值税免税条件。电商与实体店公平征税，对这些小网店几乎没有影响，消费者还是能淘到价廉物美的商品的。另外，电商本身还有场地、人工、物流方面的成本优势，大多数网店依然有价格竞争力。

》 二、电子商务对税收的影响

1. 对税收原则的影响

税收原则是指一国或国际上通行的制定税收政策和税收制度的基本准则。公认的两大基本原则是税收公平原则和税收效率原则，电子商务的产生和迅猛发展，对这两个税收基本原则产生了挑战。

（1）对公平原则的影响

就税收的公平原则而言，纳税者税收条件相同，应负担相同的税收，而不论其经济性质、经营地点和经营方式是否相同。但是，尽管电子商务发展迅猛，成交量大增，目前大多数国家对电子商务却不征税。形成了传统交易、有形的经营销售征税，而在互联网基础上的现代交易、无形经营销售却不征税的状况。这显然是有悖于税收公平原则的。

（2）对效率原则的影响

就税收的效率原则而言，税收政策应对社会经济的运行、发展，发挥最有效的调节，同时，税收的征管要讲究效率，不增加纳税者的额外负担，征收的税款与国家的税收收入之间的差额最小节省征管的费用支出，纳税者相关的纳税费用支出也最小。但是，电子商务对这两方面均有挑战。

如果，目前大多数国家对电子商务不征税，长期发展，税收政策将会对社会经济产生扭曲的调节，不利于正常运行和长远发展。电子商务征税，由于其经营销售地点的不确定性、结算方式的特殊性、税收信息取得难度大、费用高，加大了税收征管的复杂性，势必增加税收征管的费用。

2. 对常设机构确定的影响

常设机构是税收的一个基本问题，其定义决定着生产、经营的所得来源地以及征税的相关事项。所以，常设机构的定义是税收的基础性内容。通常而言，常设机构是指生产经营者进行生产经营的固定场所。以常设机构来确定生产经营所得的来源地，并按照规定征税。但是，电子商务可以通过不同的设在服务器上的网址,来进行经营销售,而经营者并不在此服务器所在地(国家或地区),这时确定常设机构并非易事。传统意义上的常设机构定义受到了电子商务的挑战。关于代理商问题,涉及电子商务对常设机构的确定,也是电子商务税收面临的问题之一。

3. 对税收管辖权的影响

税收管辖权,是指国家或地区间税收管理和税收收入归属的权限问题,涉及国家或地区间的主权和税收分配关系,既有主权,又关系到经济利益的划分。关于税收管辖权,有收入来源地管辖权、居民管辖权和两者结合的管辖权3种。电子商务对税收管辖权提出了新的挑战。对税收的收入来源地管辖权而言,由于网上交易,其服务器地点的设立不一定在其收入实现地或结算地,而网上销售无形商品或提供服务却不受地域和时间的限制,收入来源地的确定绝非易事。所以,电子商务的发展使收入来源地税收管辖权受到挑战。就税收的居民管辖权而言,由于网络的发展,如前所述在常设机构确定问题难以做出准确的判断,所以,法人的居民身份不容易划定,而自然人由于网络的发展,在世界任何一个互联网的终端都能实现与其他人或机构的交易、服务或工作,以及收入或工作报酬的支付,因此,自然人的居民身份也难以准确划定。

4. 对税收征管的影响

在电子商务中,是以因特网作为交易基础而进行的,其交易和结算是基于互联网的。与有形的现实的劳务、商品、特许权交易不同,在征税时,电子商务之中区分开劳务的收入、商品的收入、特许权收入,分别按照规定的税种、税率、计算征收办法征税,是非常困难的。例如,通过互联网销售计算机软件产品,直接从网上的下载来完成,销售过程经过几秒钟或几分钟结束,款项由网上银行或其他电子支付办法交付。这样的一笔交易,按照现行的税收办法,将涉及以下新问题。

(1) 交易的性质难以确定

在确定交易是销售货物还是提供劳务,是转让无形资产还是提供(销售)特许权时,涉及按照销售货物收入、劳务报酬,还是按照转让无形资产收入、提供特许权收入,确定相应的实行的税收法规等问题。

(2) 纳税人的地点、身份难以确定

通过互联网销售计算机软件产品,销售者的地点、身份确定,只能根据其网站和服务器及电子信箱来确认,而网站的进一步确认需要根据 IP 地址,单独以 IP 地址来确定销售者的地点,是不充分、不科学的;服务器和电子信箱是可以免费或租用的,销售者的身份大多数情况下是虚假的,也没有人进行真实性的审核,特别是在免费的情况下。

(3) 销售收入难以确定

通过互联网销售计算机软件产品,不仅交易是无形的,通过下载在很短的时间内可以完成,而且结算方式电子化、复杂化,很难控制。在现实的实物交易中,收入的实现要真实地记录在纸介质上,会计记录"有账可查",不容易被人为地修改、删除,但是,在电子商务中,交易的记录是在磁介质上的,而且多样化的交易结算方式,原始记录的更改、删除非常容易,尽管纳税者也可以输出一份记录在纸介质上,但其真实性将大大降低。

(4) 税收信息难以掌握

通过互联网销售计算机软件产品,其销售的地点、数量、金额、环节,纳税者的身份、销售者的收入,销售的性质,销售实现的具体时间等诸多信息,税务征管机关难以控制。税收信息的掌握不能及时、准确、有效,将必然造成税收征管的漏洞。电子商务的迅猛发展,将使传统的税收征管模式受到严峻的挑战。

5. 对国际重复征税和避税的影响

由于在电子商务税收中,常设机构的认定、税收管辖权的运用等问题,如前所述存在诸多困难,不易划分清楚。所以,各主权国家或地区在对电子商务征税时,国际的重复征税和避税在所难免。在电子商务活动中,应该缴纳税收者可以通过研究各国或地区对电子商务的征税办法,采取在不同的地点设立或租用服务器,网站和电子信箱分设各地,以虚假的身份或虚拟的地址进行网上交易等手段,从而逃避纳税。例如,可在免税或低税国家,租用服务器或设立网站,销售或经营电子产品等,而不在居民或公司的居住地或生产场所所在地,以达到逃避税的目的。有时,一国政府为了防止国际避税,保障自己的税收利益,打击国际逃税,实行较为严厉甚至是税收管辖权的交叉运用,又会造成国际重复征税。

6. 对国家间税收利益的影响

世界各地经济发展水平不同,计算机的人均拥有量差别很大,普及程度不同,使世界各地电子商务的发展差别很大。发达国家电子商务较为发达,而发展中国家较落后,但是,发展中国家电子商务发展迅猛。各国或地区对电子商务征税与否,以及税收法规不同,使国家间税收利益发生冲突。这就需要国际组织通过国际协议来协调,国家间通过税收谈判来协商,不应存在免税区、重税区,通过国际税务合作,以解决国际税务冲突,协调国家间税收利益关系。

》三、世界组织和其他国家电子商务税收的观点和做法

1. 美国坚持对电子商务不征税

美国目前是世界上电子商务最发达的国家。但是,美国坚持对电子商务免税的政策。美国 1996 年 11 月颁布的《全球电子商务的税收政策框架》对电子商务的主要特征和技术性问题做了详尽的探讨,提出了对电子商务不开征新税、实行税收中性原则,认为对电子商务征税将会对经济行为产生扭曲作用。1997 年 7 月 1 日,美国发布了《全球互联网贸易框架》的报告,建议美国官员同世界贸易组织合作,在一年内建立互联网自由贸易区,强烈要求不要对国际互联网贸易征收新税。1998 年 10 月 21 日颁布的《互联网免税法案》,对电子商务实行免税的政策。2000 年 5 月 10 日,美国参议院通过了电子商务咨询委员会提出的将电子商务免税期延长 5 年的方案。

2. 欧盟坚持对电子商务征税

欧盟坚持对电子商务征收间接税,不开征新税,保持税收中性。欧盟是世界上电子商务发达的地区之一。欧盟委员会认为,应保证电子商务税收具有确定

性、简便性和税收中性,以避免对市场机制的扭曲,并促进电子商务的发展。欧盟委员会发布的新电子商务增值税方案规定,坐落于欧盟境外的公司,通过互联网向欧盟境内没有进行增值税纳税登记的顾客销售货物或提供应税劳务,销售额在 10 万欧元以上的企业,要求其在欧盟境内进行增值税纳税登记,并征收增值税。1997 年 7 月签署的《波恩声明》中规定,不对国际互联网贸易征收关税和特别税,但不排除对电子商务征收商品税。1998 年,欧盟委员会确立的电子商务税收原则主要是:不开征新税、保持税收中性、推行无纸化记账以及增值税报表的电子化填写等。自 2003 年 7 月 1 日起,对凡是通过互联网向欧盟 15 国的个人消费者出售书籍、软件,以及音像制品的非欧洲成员国的企业,将和其他行业一样向欧盟缴纳增值税。

3. 经济合作与发展组织关注和研究电子商务税收

经济合作与发展组织(OECD)(以下简称"经合组织")主张对电子商务征税,以避免对经济运行产生扭曲作用。经合组织认为对电子商务不征税,而对一般贸易征税,则会导致应税交易方式转向免税交易方式,从而将对经济运行产生扭曲作用。在 2000 年 3 月,经合组织财政事务委员会发布的《常设机构概念在电子商务背景下的运用:对经济合作与发展组织税收协定范本第五条的注释的建议性说明》的修订草案,对服务器、存储于互联网服务器上的网址,经营性与否,是否构成常设机构作了规定。经合组织在 2000 年 5 月 8 日发表的对美国 2000 年经济的调查报告中,建议美国各州对电子商务及邮购销售征税。

4. 联合国坚持对电子商务征收比特税

联合国在 2000 年 1 月发表的《1999 年人权发展报告》中,坚持对电子商务征收比特税(Bit Tax),具体办法是:对每发送 100 个大于 1 万位的电子邮件征收 1 美分税款,并将此项收入用于补贴发展中国家发展互联网贸易。对电子商务征收比特税的目的在于促进世界各国电子商务的平衡发展,缩小发达国家与发展中国家的贫富差距。比特税最早是由加拿大税收专家阿瑟·科德尔提出的,荷兰经济学家卢克·苏特领导的一个欧盟指定的独立委员会于 1997 年 4 月提交的一份报告中也建议开征比特税,对网上信息按其流量征税。如果征收比特税,据测算,其税收收入全球每年将会达 700 亿美元之巨。但是比特税就信息流量征收,然而信息流量的性质不易划分,从而也可能使征税失去公平。

5. 其他国家对电子商务征税收的观点

各国政府都比较重视电子商务的税收问题,一些国际组织也积极讨论和研究,并采取相应的措施。但是,各国对相关电子商务的税收问题所持态度及采取的政策相差较大。

相关案例

国外对电商征税,怎么征税

国际社会对 C2C 电子商务模式税收政策在很大程度上具有一致性和可操作性,各国都努力减少征税对经济的扭曲,建立和维护公平公正的线上线下交易环境。在不区别对待纳税人、坚持税收公平原则的基础上,适当给予C2C电子商务模式卖家一定的税收优惠,结合各国实际条件划分税收管辖权,实名工商注册、税务登记,实行有效的税收监管。

(1) 保持税收中性,不开征新税种

太多数国家都同意对C2C电子商务交易征税,并达成征税时不应开征新税种的基本共识,即保持税收中性。欧盟在1997年的《欧洲电子商务动议》和《波恩部长级会议宣言》一致通过对电子商务征税要保持税收中性,认为开征新税种没有必要;经合组织国家于1997年通过的《电子商务对税收征纳双方的挑战》同样指出不会开征诸如比特税、托宾税等新税种。

(2) 区分征税对象,合理选择税种

新加坡对电子商务征税对象区别对待,但税法没有对C2C电子商务税收问题进行具体规定。新加坡2000年通过的电子商务税收原则指出:网上销售有形货物与线下销售货物等同纳税,网上提供无形服务和数字化商品按3%课税;澳大利亚与新加坡类似,对网上提供有形货物课征销售税,对网上提供劳务等无形货物课征劳务税。

(3) 法定税收优惠,促进经济繁荣

韩国2006年开始对C2C电子商务模式征税,但是其《税收例外限制法》有一定的税收优惠规定,《电子商务基本法》同时也规定,对促进电子商务所必需的基础设施建设项目中支出的费用,在预算内给予部分补贴;新加坡规定卖家从因特网上以非新加坡币取得的对外贸易所得按10%优惠税率课税,相关资本设备可享受50%的资本减免。

(4) 规范网络注册,线下实体登记

英国2002年制定的《电子商务条例》规定C2C电子商务模式中个人卖家在网上进行货物销售时要提供线下登记证明、真实注册机构、姓名、地址和商品含税信息。

(5) 划分税收管辖权,防止税源流失

税收管辖权的划分以属人原则和属地原则为主,各国规定不尽相同。美国早在1996年通过的《全球电子商务的选择性税收政策》中就提出以属人原则对电子商务征税,克服网络交易地域难以确定的问题;加拿大规定提供货物或劳务的卖家居住地税务当局对C2C电子商务模式中的卖家负有征税义务。

(6) 成立专门机构,加强税收监管

日本早在2000年就成立了电子商务税收稽查队,它隶属于东京市税务局,分设个人线上卖家、公司线上卖家等15个部门,涉及B2B、B2C、C2C 3种主流电子商务模式,有效地实现对电子商务征税,合理监督税收流向;同样,法国也成立专门的电子商务税收监察部门,有效地解决了电子商务税收监管问题;澳大利亚整合C2C电子商务模式个人卖家、买主和税务机关三方资源,建立电子税务平台,方便电子商务税收的征管,及时便捷地进行信息交换。

第二节　我国电子商务税收的政策选择和做法

一、我国电子商务税收的政策选择

1. 在近期内，我国应选择"不增加新税"的电子商务税收政策

在近期内，对税收政策涉及电子商务方面，且问题较突出的，做局部性调整，对电子商务的整体性税收政策进行调查研究。世界上大多数国家对电子商务是否征税问题，比较谨慎。美国为促进电子商务的发展，保持电子商务在世界上的领先地位，选择不征新税的政策。欧盟国家对电子商务税收，选择只征旧税、不加新税的政策。相比而言，我国电子商务尚处于发展的初级阶段，国家应从政策上给予鼓励和扶持；另外，我国现有税收征管技术不高、能力不强，所以，尽管电子商务与现实的货物交易一样应该征税，以体现税收的公平、效率原则，但是，不增加新税的政策应该是我国近期对电子商务的税收政策选择。

我国应加快税收信息化建设，增大利用现代化手段的幅度，提高税收征管水平和效率，实现适应信息时代的网络化税收征管新模式，以适应电子商务税收征管的新情况。同时，要加强国际税收协作，通过多边协议以及单边税收规定，减少国际避税和重复征税。

2. 中长远期，我国应选择"据情征税"的电子商务税收政策

随着电子商务的发展，一个国家，乃至各国、国际性组织之间，将对电子商务税收问题发生较大的争端，由电子商务引起的国际税收利益问题将会更加突出。所以，从长远看，电子商务征税是电子商务发展到一定程度时必然要发生的。从一个国家或地区角度来看，电子商务越发展，税收原则问题、常设机构定义问题、税收征收管理问题则越突出。国家间不得不对电子商务的税收问题进行协商，以减少分歧，达成共识，采取普遍征税和较为一致的税收政策。因此，我国在近期内，虽然选择对电子商务不征新税的政策，但是，应该对电子商务及其发展积极关注，调查研究，制定中长期的电子商务税收政策，待条件成熟时普遍实施。

二、我国电子商务税收的具体做法

1. 保证现行税收法律法规的执行

按照我国现行税收制度和法律法规的规定，对电子商务并没有不征税的优惠规定。正常征税，不需要再立新的电子商务税收法律和制定法规。电子商务交易涉及税收的征税对象、征税范围、税种、税目等要素的调整的内容，并不突出。由于电子商务交易在网络上进行，对经营者的实际控制，比传统交易难度大，税务部门力不从心，同时，也需要其他多个执法部门的密切配合。

2. 建立一种适应于网络的电子商务记录系统

建立一种不同于工商登记、税务登记、网站登记的电子商务经营者和消费的记录系统，实现对电子商务平台、网站、电子商务经营者、微商、消费者信息的全面记录。现行的对经营主体要求的工商登记、税务登记制度，在网络上已经遇到了障碍，不仅是因为传统的登记落后，而且管理制度和手段也需要改进。让所有电子商务经营者去办理或者由工商、税务部门上门来办理登记，是不现实的。"五证合一"能解决的只是暂时的办证问题，而不能适应网络时代的发展，必须考虑建立一种长效机制，以适应和促进电子商务监督管理，包括电子商务税收的监管。

3. 实行电子商务税收代理制度

税收征收方式中，最为有效的是代扣代缴方式。适应电子商务交易，建立一种基于电子商务平台、网站的代扣代缴的税收代理制度，是一种新型的代扣代缴方式，能够有效地解决税收的征收缴纳。结合上述电子商务记录系统，运用大数据、网络和计算机技术，实现电子商务平台、网站代扣代缴的税收代理，建立以税务部门为主的监控机制。电子商务平台、网站，负责税收的正常代理，税务部门的精力主要用在监督控制方面。例如，可以重点监控交易、支付两个环节，通过大数据、网络监控系统，掌握电子商务交易、支付的相关信息，重点追踪、稽查监控中发现的突出问题和薄弱环节。

4. 以税务部门为主的电子商务税收协调

通过立法的形式，确定电子商务税收的协调问题，给予税务部门牵头协调的权限。涉及部门多是电子商务税收与传统税收的一个重要差别，电子商务的税收征管，离不开相关方面的支持，只靠税务部门征管将寸步难行。网络监管部门、网络运营商、电子商务平台与网站、金融机构、财政部门、工商机关、检疫检验、食品安全、物流配送、邮局、海关、外汇、外贸、公安、司法等与电子商务税收相关的部门和机构，都是电子商务税收工作需要统一协调的。因此，就电子商务税收工作而言，给予税务部门协调的权限，是十分必要的。

第三节 跨境电子商务概述

一、跨境电子商务的定义和特点

1. 跨境电子商务的定义

跨境电子商务，是指分属不同关境的交易主体，通过网络和电子商务平台进行的贸易，是一种电子商务。跨境电子商务是基于互联网和电子信息技术的一种新型的国际商业活动。我国跨境电子商务起步于20世纪90年代中后期，当时以阿里巴巴、生意宝、中国制造等B2B网站为代表，用电商形式为我国中小企业打开了进入国际市场的大门。2000年后，兰亭集势、敦煌、洋码头等网站成立，影响力极强。2015年左右，网易考拉、唯品会、蜜芽、小红书等移动电子商务上线,天猫、亚马逊、京东等进入市场。

跨境电子商务主要数据

2017 年我国跨境电商交易规模(含零售及 B2B)达 7.6 万亿元人民币,2018 年增至 9.0 万亿元。

2017 年知名度排名:天猫国际、网易考拉海购、京东全球购、小红书、洋码头、唯品国际、蜜芽、达令。

2017 年正品信任度排名:网易考拉海购、天猫国际、京东全球购、小红书、唯品国际、蜜芽、洋码头、达令。

2. 跨境电子商务的优势和特点

跨境电子商务的优势主要表现在以下几个方面:运用互联网开展和拓展国际贸易业务,国际贸易的环节少、成本低,可以促进国际经贸协作和世界经济的发展。跨境电子商务具有网络化、数字化、即时性、便捷性和协作性等特点,具有巨大的发展潜力。

2015 年 3 月国务院批复同意设立中国(杭州)跨境电子商务综合试验区,杭州成为全国首个跨境电子商务综合试验区(首次)。2016 年 1 月 6 日,国务院常务会议决定,在宁波、天津、上海、重庆、合肥、郑州、广州、成都、大连、青岛、深圳、苏州 12 个城市新设一批跨境电子商务综合试验区(第二次)。

《电子商务法》第七十一条规定,国家促进跨境电子商务发展,建立健全适应跨境电子商务特点的海关、税收、进出境检验检疫、支付结算等管理制度,提高跨境电子商务各环节便利化水平,支持跨境电子商务平台经营者等为跨境电子商务提供仓储物流、报关、报检等服务。国家支持小型微型企业从事跨境电子商务。

二、跨境电子商务的模式

我国跨境电子商务主要有海外代购平台模式、直发/直运平台模式、自营B2C 模式和导购/返利跨境电子商务模式等具体模式。

1. 海外代购平台跨境电子商务模式

海外代购平台跨境电子商务模式,是指建立跨境电子商务平台,由符合要求的海外第三方卖家入驻,消费者在平台上订购商品,然后通过转运或直邮模式将商品发往国内消费者的跨境电子商务模式,例如淘宝全球购、京东海外购、易趣全球集市、美国购物网等。这种模式的优点是能够提供丰富的海外商品,以供国内消费者选择,用户流量大;其缺点是消费者对入驻的海外商家不了解,对跨境供应链的涉入较浅,或难以建立充分的竞争优势。

跨境电子商务综合试验区

跨境电子商务综合试验区,是经国务院批准设立的进行跨境电子商务综合改革的区域。国务院批复同意天津等 12 个城市设立跨境电子商务综合试验区时指出:跨境电子商务综合试验区建设要全面贯彻党的十八大和十八届二中、三中、四中、五中全会精神,认真落实党中央、国务院决策部署,按照"四个全面"战略布局要求,牢固树立并贯彻落实创新、协调、绿色、开放、共享的发展理念,以深化改革、扩大开放为动力,借鉴杭州跨境电子商务综合试验区建设"六大体系"和"两个平台"的经验和做法,因地制宜,突出本地特色和优势,着力在跨境电子商务企业对企业(B2B)方式相关环节的技术标准、业务流程、监管模式和信息化建设等方面先行先试,为推动全国跨境电子商务健康发展创造更多可复制推广的经验,以更加便捷高效的新模式释放市场活力,吸引大中小企业集聚,促进新业态成长,推动"大众创业、万众创新",增加就业,支撑外贸优进优出、升级发展。

杭州跨境电子商务综合试验区包括"六大体系"和"两个平台",即信息共享体系、在线金融服务体系、智能物流体系、电子商务信用体系、统计监测体系和风险防控体系等六大体系;线上"单一窗口"和线下"综合园区"两个平台。

2. 直发/直运平台跨境电子商务模式

直发/直运平台跨境电子商务模式,是指通过跨境电子商务平台将接收到的消费者订单信息发给批发商或厂商,然后由其按照订单要求以零售的形式对消费者供货的一种跨境电子商务模式,例如,天猫国际、洋码头、海豚村、跨境通、一帆海购网、走秀网等。这种模式的优点是直接与可靠的海外供应商谈判签订跨境零售供货协议;选择自建国际物流系统(如洋码头等)或者和特定国家的邮政、物流系统达成战略合作关系(如天猫国际等);跨境供应链的涉入较深,后续发展潜力较大。缺点是招商缓慢,前期流量相对不足;前期所需资金量较大。

3. 自营 B2C 跨境电子商务模式

自营 B2C 跨境电子商务模式,是指建立跨境电子商务 B2C 平台,并自备平台上的大多数商品,供消费者选择和购买的跨境电子商务模式,具体又分为综合型自营和垂直型自营两种模式。

(1) 综合型自营跨境 B2C 平台

目前综合型自营跨境 B2C 平台有亚马逊、1 号店的"1 号海购"等。优点主要是跨境供应链管理能力强,有较为完善的跨境物流解决方案;后备资金充裕。缺点是业务发展会受到行业政策变动的影响。

(2) 垂直型自营跨境 B2C 平台

目前垂直型自营跨境 B2C 平台有蜜芽宝贝、中粮我买网、寺库网、莎莎网、草莓网等。其优点是供应商管理能力相对较强。其缺点是前期需要较大的资金支持。

4. 导购/返利跨境电子商务模式

导购/返利跨境电子商务模式,是指通过导购来展示、推介商品,促进成交,从而取得佣金或者提成的中介式的一种跨境电子商务模式,例如小红书、55 海淘、极客海淘、海淘城、小桃酱、什么值得买等。这种模式的优点是利用社交的口碑效应,具有品牌效应,用户忠诚度高;投入少、团队小、模式轻;容易炒作、打造商品爆款。缺点是规模小,商业模式复制弱;对外部供应商依赖性强;经营难度大,竞争激烈。

相关案例

杭州市跨境电子商务企业发起保护消费者权益倡议书

2017 年 3 月 13 日,在浙江省杭州市消保委、杭州市市场监管局共同举办的"纪念 315 国际消费者权益保护日"活动中,杭州市 10 家跨境电子商务企业联合向全市跨境电子商务企业发起以下倡议。

倡导跨境电子商务企业遵守法律法规,依法规范经营。强化守法意识,公平参与竞争,加强法律法规、纠纷调解、消费维权的学习和培训,把依法规范经营理念贯穿经营全过程;自觉接受政府部门、社会组织、新闻媒介和消费者的监督,不断提高规范经营水平。发展行业自律,倡导诚信经营。参与跨境电商行业自治组织建设,培育行业自治体系,完善诚信协议、交易制度、消保维权、售后服务等行业规则,共同营造跨境电商诚信经营氛围。包括严格资质审查,加强商家管理,依法履行第三方跨境电商服务企业主体责任,加强对平台网店等服务对象的主体身份及资质审查,通过全国企业信息公示平台等方式,确保经营主体及资质合法,并依法亮证亮照;加强平台网店等服务对象的经营行为管理,及时向监管部门报告,必要时停止提供服务等。

同时,10 家倡议发起企业郑重承诺:从自身做起,抵制假货,完善跨境网络交易规则,提供优质售后服务,维护跨境消费者的合法权益,努力成为跨境电子商务企业的行业表率,通过实际行动,实现跨境电商行业健康持续发展。

第四节　跨境电子商务的法律法规

》 一、跨境电子商务主体的法律法规

1. 跨境电子商务主体的定义

跨境电子商务主体,是指参与跨境电子商务的跨境电子商务平台、海外商家、国内经营者、消费者等。

跨境电子商务平台,又称跨境电子商务第三方交易平台,是指经营跨境电子商务商家入驻、消费者注册、商品展示、交易、支付结算和物流管理业务服务的电子商务平台。海外商家,是指跨境电子商务的海外提供商品的厂家、商家等。国内经营者,是指跨境电子商务的国内经营自然人、法人或其他机构等。消费者,是指跨境电子商务的国内、国外消费者等。

2. 跨境电子商务出口经营主体的法律法规

(1) 确定电子商务出口经营主体

经营主体分为3类:一是自建跨境电子商务销售平台的电子商务出口企业;二是利用第三方跨境电子商务平台开展电子商务出口的企业;三是为电子商务出口企业提供交易服务的跨境电子商务第三方平台。经营主体要按照现行规定办理注册、备案登记手续。在政策未实施地区注册的电子商务企业可在政策实施地区被确认为经营主体。

(2) 电子商务经营主体的主要法律法规

根据国务院办公厅《商务部等部门关于实施支持跨境电子商务零售出口有关政策意见的通知》的规定,主要支持政策包括:

① 建立电子商务出口新型海关监管模式并进行专项统计。海关对经营主体的出口商品进行集中监管,并采取清单核放、汇总申报的方式办理通关手续,降低报关费用。经营主体可在网上提交相关电子文件,并在货物实际出境后,按照外汇和税务部门要求,向海关申请签发报关单证明联。将电子商务出口纳入海关统计。

② 建立电子商务出口检验监管模式。对电子商务出口企业及其产品进行检验检疫备案或准入管理,利用第三方检验鉴定机构进行产品质量安全的合格评定。实行全申报制度,以检疫监管为主,一般工业制成品不再实行法检。实施集中申报、集中办理相关检验检疫手续的便利措施。

③ 支持电子商务出口企业正常收结汇。允许经营主体申请设立外汇账户,凭海关报关信息办理货物出口收结汇业务。加强对银行和经营主体通过跨境电子商务收结汇的监管。

④ 鼓励银行机构和支付机构为跨境电子商务提供支付服务。支付机构办理电子商务外汇资金或人民币资金跨境支付业务,应分别向国家外汇管理局和中国人民银行申请并按照支付机构有关管理政策执行。完善跨境电子支付、清算、结算服务体系,切实加强对银行机构和支付机构跨境支付业务的监管力度。

⑤ 实施适应电子商务出口的税收政策。对符合条件的电子商务出口货物实行增值税和消费税免税或退税政策,具体办法由财政部和税务总局商有关部门另行制定。建立电子商务出口信用体系。严肃查处商业欺诈,打击侵犯知识产权和销售假冒伪劣产品等行为,不断完善电子商务出口信用体系建设。

(3) 参与跨境电子商务业务的企业向海关申报资料

参与跨境电子商务业务的电子商务企业、电子商务交易平台企业、支付企业、物流企业,应当事先向所在地海关提交以下材料:第一,企业法人营业执照副本复印件;第二,组织机构代码证书副本复印件(以统一社会信用代码注册的企业不需要提供);第三,企业情况登记表,具体包括企业组织机构代码或统一社会信用代码、中文名称、工商注册地址、营业执照注册号,法定代表人(负责人)、身份证件类型、身份证件号码、海关联系人、移动电话、固定电话,跨境电子商务网站网址等。在按照规定提交复印件的同时,应当向海关交验原件。如需向海关办理报关业务,应当按照海关对报关单位注册登记管理的相关规定办理注册登记。

3. 购买人(订购人)身份信息行认证

跨境电子商务零售进口商品购买人(订购人)的身份信息应进行认证;未进行认证的,购买人(订购人)身份信息应与付款人身份信息一致。

》 二、跨境电子商务通关的法律法规

《电子商务法》第七十二条规定,国家进出口管理部门应当推进跨境电子商务海关申报、纳税、检验检疫等环节的综合服务和监管体系建设,优化监管流程,推动实现信息共享、监管互认、执法互助,提高跨境电子商务服务和监管效率。跨境电子商务经营者可以凭电子单证向国家进出口管理部门办理有关手续。《电子商务法》第七十三条规定,国家推动建立与不同国家、地区之间跨境电子商务的交流合作,参与电子商务国际规则的制定,促进电子签名、电子身份等国际互认。国家推动建立与不同国家、地区之间的跨境电子商务争议解决机制。我国对跨境电子商务实行通关无纸化作业方式进行申报和管理,根据海关总署《关于跨境电子商务零售进出口商品有关监管事宜的公告》的规定,跨境电子商务的通关管理主要法律法规如下。

1. 信息传输

跨境电子商务零售进口商品申报前,电子商务企业或电子商务交易平台企业、支付企业、物流企业应当分别通过跨境电子商务通关服务平台(以下简称“服务平台”)如实向海关传输交易、支付、物流等电子信息。进出境快件运营人、邮政企业可以受电子商务企业、支付企业委托,在书面承诺对传输数据真实性承担相应法律责任的前提下,向海关传输交易、支付等电子信息。跨境电子商务零售出口商品申报前,电子商务企业或其代理人、物流企业应当分别通过服务平台如实向海关传输交易、收款、物流等电子信息。

2. 进出口报关申报

电子商务企业或其代理人应提交《中华人民共和国海关跨境电子商务零售进出口商品申报清单》(以下简称《申报清单》),出口采取“清单核放、汇总申报”方式办理报关手续,进口采取“清单核放”方式办理报关手续。《申报清单》与《中华人民共和国海关进(出)口货物报关单》具有同等法律效力。

3. 进口商品消费者的核实

电子商务企业应当对购买跨境电子商务零售进口商品的个人(订购人)身份信息进行核实,并向海关提供由国家主管部门认证的身份有效信息。无法提供或者无法核实订购人身份信息的,订购人与支付人应当为同一人。

4. 跨境电子商务出口统计

跨境电子商务零售商品出口后,电子商务企业或其代理人应当于每月 10 日前(当月 10 日是法定节假日或者法定休息日的,顺延至其后的第一个工作日,第 12 月的清单汇总应当于当月最后一个工作日前完成),将上月(12 月为当月)结关的《申报清单》依据清单表头同一收发货人、同一运输方式、同一运抵国、同一出境口岸,以及清单表体同一 10 位海关商品编码、同一申报计量单位、同一币制规则进行归并,汇总形成《中华人民共和国海关出口货物报关单》向海关申报。除特殊情况外,《申报清单》和《中华人民共和国海关进(出)口货物报关单》应当采取通关无纸化作业方式进行申报。《申报清单》的修改或者撤销,应当参照海关《中华人民共和国海关进(出)口货物报关单》修改或者撤销有关规定办理。

》》 三、跨境电子商务税收的法律法规

根据财政部、海关总署、国家税务总局《关于跨境电子商务零售进口税收政策的通知》,海关总署《关于跨境电子商务零售进出口商品有关监管事宜的公告》,财政部、国家税务总局《关于跨境电子商务零售出口税收政策的通知》以及相关法规的规定,跨境电子商务税收的相关征收管理涉及的主要法律法规如下。

1. 跨境电子商务零售进口税收法规

(1) 跨境电子商务零售进口商品税种和完税价格

根据《财政部海关总署国家税务总局关于跨境电子商务零售进口税收政策的通知》(财关税〔2016〕18 号)的有关规定,跨境电子商务零售进口商品按照货物征收关税和进口环节增值税、消费税,完税价格为实际交易价格,包括商品零售价格、运费和保险费。

(2) 跨境电子商务零售进口税收征税范围

跨境电子商务零售进口税收政策适用于从其他国家或地区进口的、《跨境电子商务零售进口商品清单》范围内的以下商品。

第一,所有通过与海关联网的电子商务交易平台交易,能够实现交易、支付、物流电子信息"三单"比对的跨境电子商务零售进口商品;

第二,未通过与海关联网的电子商务交易平台交易,但快递、邮政企业能够统一提供交易、支付、物流等电子信息,并承诺承担相应法律责任进境的跨境电子商务零售进口商品。不属于跨境电子商务零售进口的个人物品以及无法提供交易、支付、物流等电子信息的跨境电子商务零售进口商品,按现行规定执行。

财政部等部委分别于 2016 年 4 月 6 日《关于公布跨境电子商务零售进口商品清单的公告》(2016 年第 40 号),于 2016 年 4 月 15 日《关于公布跨境电子商务零售进口商品清单(第二批)的公告》(2016 年第 47 号),公布跨境电子商务零售进口商品的具体清单。

(3) 跨境电子商务零售进口商品的纳税人和代收代缴人

订购人为纳税义务人,在海关注册登记的电子商务企业、电子商务交易平台企业或物流企业作为税款的代收代缴义务人,代为履行纳税义务。代收代缴义务人应当如实、准确地向海关申报跨境电子商务零售进口商品的商品名称、规格

型号、税则号列、实际交易价格及相关费用等税收征管要素。跨境电子商务零售进口商品的申报币制为人民币。

（4）跨境电子商务零售进口商品税收申报、担保

为审核确定跨境电子商务零售进口商品的归类、完税价格等，海关可以要求代收代缴义务人按照有关规定进行补充申报。海关对满足监管规定的跨境电子商务零售进口商品按时段汇总计征税款，代收代缴义务人应当依法向海关提交足额有效的税款担保。海关放行后 30 日内未发生退货或修撤单的，代收代缴义务人在放行后第 31 日至第 45 日内向海关办理纳税手续。

【法规概要】

跨境电子商务主要法规

1. 国务院办公厅《关于促进跨境电子商务健康快速发展的指导意见》，于 2015 年 6 月 16 日，国务院办公厅以国办发〔2015〕46 号发布。

2. 国务院办公厅转发商务部等部门《关于实施支持跨境电子商务零售出口有关政策意见》的通知，于 2013 年 8 月 21 日，国务院办公厅以国办发〔2013〕89 号转发商务部、国家发展和改革委员会、财政部、中国人民银行、海关总署、国家税务总局、国家工商行政管理总局、国家质量监督检验检疫总局、国家外汇管理局《关于实施支持跨境电子商务零售出口有关政策的意见》。

3. 财政部、国家税务总局《关于跨境电子商务零售出口税收政策的通知》，于 2013 年 12 月 30 日财政部、国家税务总局以财税〔2013〕96 号发布，自 2014 年 1 月 1 日起执行。

4. 财政部、海关总署、国家税务总局《关于跨境电子商务零售进口税收政策的通知》，于 2016 年 3 月 24 日，财政部、海关总署、国家税务总局以财关税〔2016〕18 号发布，自 2016 年 4 月 8 日起执行。

5. 海关总署《关于跨境电子商务零售进出口商品有关监管事宜的公告》，于 2016 年 4 月 6 日海关总署以 2016 年第 26 号发布，自 2016 年 4 月 8 日起施行。

6. 财政部等 11 部门《关于公布跨境电子商务零售进口商品清单的公告》，于 2016 年 4 月 6 日，财政部、国家发展和改革委员会、工业和信息化部、农业部、商务部、海关总署、国家税务总局、国家质量监督检验检疫总局、食品药品监督管理总局、国家濒管办、国家密码管理局以 2016 年第 40 号发布。

7. 财政部等 13 部门《关于公布跨境电子商务零售进口商品清单（第二批）的公告》，于 2016 年 4 月 15 日，财政部、国家发展和改革委员会、工业和信息化部、环境保护部、农业部、商务部、中国人民银行、海关总署、国家税务总局、国家质量监督检验检疫总局、国家新闻出版广电总局、食品药品监督管理总局、国家濒管办以 2016 年第 47 号发布。

(5) 跨境电子商务零售进口商品的减免税

跨境电子商务零售进口商品的单次交易限值为人民币2 000元,个人年度交易限值为人民币2万元。在限值以内进口的跨境电子商务零售进口商品,关税税率暂设为0%;进口环节增值税、消费税取消免征税额,暂按法定应纳税额的70%征收。超过单次限值、累加后超过个人年度限值的单次交易,以及完税价格超过2 000元限值单个不可分割商品,均按照一般贸易方式全额征税。

2. 跨境电子商务零售出口税收法规

(1) 退(免)税的纳税人界定

适用财政部和国家税务总局规定退(免)税、免税政策的电子商务出口企业,是指自建跨境电子商务销售平台的电子商务出口企业和利用第三方跨境电子商务平台开展电子商务出口的企业。为电子商务出口企业提供交易服务的跨境电子商务第三方平台,不适用退(免)税、免税政策规定,可按现行有关规定执行。

(2) 退(免)税的范围

电子商务出口企业出口货物(财政部、国家税务总局明确不予出口退(免)税或免税的货物除外,下同),同时符合下列条件的,适用增值税、消费税退(免)税政策:第一,电子商务出口企业属于增值税一般纳税人并已向主管税务机关办理出口退(免)税资格认定;第二,出口货物取得海关出口货物报关单(出口退税专用),且与海关出口货物报关单电子信息一致;第三,出口货物在退(免)税申报期截止之日内收汇;第四,电子商务出口企业属于外贸企业的,购进出口货物取得相应的增值税专用发票、消费税专用缴款书(分割单)或海关进口增值税、消费税专用缴款书,且上述凭证有关内容与出口货物报关单(出口退税专用)有关内容相匹配。

(3) 免税的范围

电子商务出口企业出口货物,不符合上述规定条件,但同时符合下列条件的,适用增值税、消费税免税政策:第一,电子商务出口企业已办理税务登记;第二,出口货物取得海关签发的出口货物报关单;第三,购进出口货物取得合法有效的进货凭证。

(4) 申报办理

电子商务出口货物适用退(免)税、免税政策的,由电子商务出口企业按现行规定办理退(免)税。

活动项目设计

"海淘"商品涉嫌仿冒较多

中国消费者协会为了加强对"双十一"网购商品价格、售后服务及质量状况的社会监督,于2017年10月至2018年1月组织开展"双十一"网购商品价格、质量、服务调查体验活动。在2018年2月7日公布的《2017年"双十一"网络购物价格、质量、售后服务》报告中,在"海淘"商品鉴定方面,本次调查体验实际购买了"海淘"商品93个样品,涉及37个品牌。

体验人员联系品牌商标权益人或授权人，协商出具商品鉴定结论。截至目前，仅有 19 个品牌商标的权益人或授权人对 53 个样品出具了鉴定结论，其中 38 个样品为正品，16 个样品涉嫌仿冒，并公布了鉴定结果《2017 年"双十一""海淘"样品真假鉴定情况一览表》。

（1）53 个样品中，5 个为电器样品，涉及飞利浦、博朗 2 个品牌。根据商标权益人或授权人的鉴定结论，均为正品；母婴用品涉及花王、嘉宝、帮宝适、惠氏等 4 个品牌 10 个样本，均为正品。

（2）化妆品涉及资生堂、CPB、兰蔻、科颜氏、美宝莲、雅诗兰黛、倩碧等 7 个品牌 19 个样品，根据商标权益人或授权人的鉴定结论，11 个样品为正品，8 个样品涉嫌仿冒，涉嫌仿冒品的商品分别为京东平台"美亚国际海外专营店"销售的资生堂洗颜专科洗面奶、聚美优品平台"极速免税店"销售的雅诗兰黛特润修护肌透精华露、蜜芽网平台销售的资生堂洗颜专科洗面奶与蜜芽精选商家销售的雅诗兰黛多效智妍精华霜、拼多多平台"jdf 美妆"店铺销售的资生堂洗颜专科洗面奶与该平台"雅他关妆"店铺销售的雅诗兰黛 ANR 眼霜、淘宝网平台"卡莱雅护肤世家"店铺销售的资生堂安耐晒防晒霜、网易考拉海购平台"自营直邮仓"销售的雅诗兰黛 ANR 眼部精华霜。

（3）鞋类涉及阿迪达斯、沙驰、爱步、斯凯奇等 4 个品牌 10 个样品，根据商标权益人或授权人的鉴定结论，7 个为正品，3 个涉嫌仿冒，涉嫌仿冒品的商品为贝贝网平台阿迪达斯品牌入驻商销售的阿迪达斯三叶草史密斯鞋、国美在线平台"海昆运动专营店"销售的阿迪达斯贝壳鞋、拼多多平台"蔡小姐的鞋"店铺销售的阿迪达斯椰子鞋。

（4）箱包类别涉及 Coach、MICHAEL KORS 2 个品牌 9 个样品，根据商标权益人或授权人的鉴定结论，4 个为正品，5 个涉嫌仿冒，涉嫌仿冒品的商品分别为当当网平台"奢淘全球购专营店"销售的 Coach 购物袋、国美在线平台"欧尚奢侈品箱包专营店"销售的 Coach 波士顿女包、京东平台"佰旺海外专营店"销售的 MICHAEL KORS 球理包、拼多多平台"ishop 轻奢一号"店铺销售的 Coach 贝壳包、淘宝平台"月月小姐美国代购"店铺销售的 Coach 波士顿女包。

根据以上中消协的调查资料，结合跨境电子商务的相关法律法规，请你联系自己网购的实际情况及体验回答以下问题：

① 分析跨境电子商务出现假货的主要原因，谈谈如何解决跨境电子商务的假货问题。

② 跨境电子商务有什么优势和特点，你认为我国发展跨境电子商务应当在法律法规方面采取什么措施。

>> **思考与练习**

1. 讨论我国电子商务税收的政策选择和做法。
2. 论述电子商务对税收的影响。
3. 试述杭州跨境电子商务综合试验区的"六大体系"和"两个平台"。
4. 论述跨境电子商务税收的法律法规。

参考文献

〔1〕 韩晓平.电子商务法律法规[M].北京:机械工业出版社,2012.

〔2〕 郭鹏.电子商务法[M].北京:北京大学出版社,2013.

〔3〕 王丹.电子商务法律实务[M].上海:上海交通大学出版社,2013.

〔4〕 严晓红.电子商务法律法规[M].北京:清华大学出版社,2010.

〔5〕 张楚.电子商务法[M].北京:中国人民大学出版社,2011.

〔6〕 孙占利.电子商务法[M].厦门:厦门大学出版社,2013.

〔7〕 夏露.电子商务法规[M].北京:清华大学出版社,2011.

〔8〕 严晓红.电子商务法律法规[M].北京:清华大学出版社,2010.

〔9〕 尹衍波.电子商务法规[M].北京:清华大学出版社,2011.

〔10〕 王芸.电子商务法规[M].北京:高等教育出版社,2010.

〔11〕 孔令秋.电子商务法规[M].北京:北京交通大学出版社,2011.

〔12〕 李晓秋.电子商务法案例评析[M].北京:对外经济贸易大学出版社,2011.

〔13〕 王忠元.电子商务法规[M].北京:中国人民大学出版社,2010.

〔14〕 邵贵平.电子商务物流管理[M].北京:科学出版社,2010.

〔15〕 宋文官.物流基础[M].北京:高等教育出版社,2006.

〔16〕 陈文煊.电子商务中知识产权保护的公共政策[J].电子知识产权,2012 (05).

〔17〕 田明华,钱军,张卫民.中国电子商务立法研究[J].北方经贸,2001(09).

〔18〕 王永钊.基于电子商务环境下的物流服务平台分析与设计[J].铁路采购与物流,2014(01).

〔19〕 禾火.再谈互联网知识产权[J].互联网天地,2009(07).

〔20〕 中国互联网络信息中心.中国互联网络发展状况统计报告[R].2013.

〔21〕 法律快车.www.lawtime.cn.

〔22〕 温希波,等.电子商务法[M].北京:人民邮电出版社,2018.

〔23〕 中国互联网络信息中心(CNNIC).第43次《中国互联网络发展状况统计报告》[EB/OL].(2019-02-28).

〔24〕 信陵神州.盘点:2017年支付行业大事记[EB/OL].(2018-01-04).

〔25〕 电子商务研究中心.首部《电子商务法》解读报告[EB/OL].(2018-12-27).

〔26〕 人民法院报.最高人民法院知识产权案件年度报告(2018)摘要[EB/OL].(2019-04-25).